清华五道口
互联网金融丛书

CONSUMER FINANCE
Business Model Change and
Risk Management

消费金融
模式变迁与风险管理

陈红梅 ◎ 著

清华大学出版社
北京

内 容 简 介

本书分为三篇，共有11章。上篇共包含5章，主要是对消费金融在近10年的表现予以跟踪分析，尤其对参与主体、产品形态、业务模式、行业生态等方面的创新做法与各种变革进行阐述。中篇共包含4章，主要是剖析消费金融业务中出现的风险点与面临的新问题，如现金贷、P2P业务、欺诈风险、行业黑产、生态链运作模式中的跨界问题，等等，以及金融科技手段在助力风险管理方面的做法与发挥的作用。下篇共包含2章，指出行业在市场逐步规范过程中，金融机构应铸就风险管理等核心能力，提升金融服务的质效。

本书通过观察与调研消费金融业务模式近10年的发展历程，剖析其中的典型做法与创新模式、发生的典型风险，总结经验、沉淀有效创新，为转型中的传统金融机构、新型平台的从业人员提供有关行业发展、模式变迁与风险管理方面的参考。

本书封面贴有清华大学出版社防伪标签，无标签者不得销售。
版权所有，侵权必究。举报：010-62782989，beiqinquan@tup.tsinghua.edu.cn。

图书在版编目（CIP）数据

消费金融：模式变迁与风险管理/陈红梅著. —北京：清华大学出版社，2019.11（2023.1重印）
（清华五道口互联网金融丛书）
ISBN 978-7-302-53955-1

Ⅰ.①消… Ⅱ.①陈… Ⅲ.①消费贷款–研究–中国 Ⅳ.① F832.479

中国版本图书馆 CIP 数据核字（2019）第 219244 号

责任编辑：张　伟
封面设计：王天义
责任校对：王荣静
责任印制：丛怀宇

出版发行：清华大学出版社
网　　址：http：//www.tup.com.cn, http：//www.wqbook.com
地　　址：北京清华大学学研大厦A座　　邮　编：100084
社 总 机：010-83470000　　邮　购：010-62786544
投稿与读者服务：010-62776969, c-service@tup.tsinghua.edu.cn
质量反馈：010-62772015, zhiliang@tup.tsinghua.edu.cn

印 装 者：三河市东方印刷有限公司
经　　销：全国新华书店
开　　本：148mm×210mm　　印　张：9.625　　字　数：224千字
版　　次：2019年12月第1版　　印　次：2023年 1 月第4次印刷
定　　价：69.00元

产品编号：084650-01

前 言

　　为什么要专门写一本关于消费金融的书？消费金融业务作为零售业务中的一个组成部分，在国内多数大型金融机构中，迄今为止所占信贷规模的比例并不大，开展业务的时间也不长。但是，在消费升级的宏观环境下，加大消费领域支持力度和改善消费金融发展环境的一系列政策措施的出台，为消费金融的发展提供了广阔的市场前景。更重要的是，近10年来，消费金融快速发展，国内移动互联技术、大数据与人工智能等金融科技也在蓬勃发展；金融科技的应用价值充分地体现在消费金融业务的发展与变革上，如线上获客与运营模式、大数据风险管理等，拓展了金融服务的边界，也提高了金融服务的效率。因此，本书透过消费金融市场这些年爆发式的增长，从本质上关注在金融科技推动下出现的众多有价值的创新、给传统金融机构与金融服务带来的改变，也直面在创新中出现的各种挑战。

　　在经历了漫长的萌芽期后，于近10年，消费金融市场呈现爆发式增长的态势，出现了一系列的创新做法与变革，当然在发展过程中也一直面临各种挑战。当前时期，消费金融行业逐步进入理性发展阶段，面向未来，如何完善消费金融支持实体经济的机制体制、推动消费金融提高服务质效、解决行业面临的各种风险，成为国内消费金融行业发展的重要课题。

本书对国内消费金融近10年的发展,以第三方的独立视角进行观察、调研与评价,希望在剖析行业种种热点、尝试和风险的基础上,总结经验,沉淀有效创新,提出建设性建议与方案,助力金融机构合理评估创新与风险,在更高起点上推动业务开展,促进行业健康发展。

本书全面阐述了消费金融从萌芽到规范的各个发展阶段,以及在此过程中消费金融所呈现的新特点,如行业生态、参与主体、业务模式、产品形态等方面的创新与变革。除此之外,本书也深度剖析了在发展与创新过程中出现的典型风险现象,如助贷模式的演变发展与风险问题、P2P网贷平台"爆雷"、现金贷乱象、互联网模式下盛行的网络黑产与欺诈风险等。

在此基础上,本书从行业持续、健康发展的角度,分析了大数据、人工智能等金融科技在消费金融业务客户渠道安全、欺诈排查、信用评估、预警管理等方面的核心应用情况,以及所体现出来的核心能力与价值。例如,典型智能风控技术在业务关键风险防范上的作用。本书还提出,为充分激发金融科技的潜力,提高消费金融风险管理的有效性和适配性,需要建立风险技术化管理体系,将金融科技全面融入风险管理系统支持、业务管理、人才建设、政策指导与资源配置等方面,实现金融科技在金融业务中的高级应用。

本书不是单纯讲述信贷业务方法、技术、系统的图书,也不是消费金融的年度统计报告;没有更多地从宏观角度阐述消费金融发展的意义,也没有用大的篇幅细述广为人知的案例,更多的是以笔者自身多年在商业银行、互联网金融、大数据、新型网络银行的业务实践经验为基础,进行调研与评价;在剖析行业创新与失败的基础上,总结经验,提出建设性建议与方案。在此尤其感谢杨威女士等同事与朋友在本书的撰写与校对过程中给予的大力支持。希望在金融行业进入强监管时代，传统金融机构寻求转型、金融科技创新做法历经沉淀并产生价值的关键时刻，助力金融机构建设核心风险管理能力，提升金融服务质效，在更高起点上打造创新业务与服务模式。

这是一个最好的时代，国内金融科技的实际发展时间不过10余年，因强大的科技爆发力和庞大的市场需求，金融科技在国内的发展极为迅猛，备受世界瞩目；这是一个最好的时代，金融科技有充分发挥价值的市场：拓展金融服务的边界，提高金融服务的效率，降低金融服务的成本，提升风险管理的能力。每一个金融从业人员既是学习者也是开拓者，有挑战，更有机会。笔者作为在这一时代的实践者，聊且以此书作为自己从业经历中一个阶段性总结；也希望能够为从业人员和广大读者在国内消费金融行业特色、典型风险、模式创新、金融科技等方面提供一些参考资料。

陈红梅
2019年6月

目 录

上篇
消费金融新表现

第一章 消费金融业务
第一节 消费金融发展阶段 // 007
第二节 消费金融的新表现 // 014

第二章 参与方的发展情况
第一节 传统商业银行 // 039
第二节 持牌消费金融公司 // 045
第三节 互联网金融平台 // 057
第四节 互联网小贷公司 // 062
第五节 互联网银行 // 066

第三章 典型产品类型
第一节 小额现金贷 // 077
第二节 场景金融 // 094
第三节 社交金融 // 100

第四章 消费金融5W
第一节 who // 115
第二节 where // 117
第三节 what // 120

第四节 why // 122
第五节 how // 126

第五章 消费金融生态链

第一节 资金 // 136
第二节 资产 // 140
第三节 大数据与征信 // 145
第四节 增信 // 152
第五节 不良资产 // 156

中篇
风险管理与金融科技

第六章 产业链机构合作问题

第一节 助贷模式的风险 // 171
第二节 增信机构面临的问题 // 178
第三节 大数据及模型的误区 // 183

第七章 资产端主要风险

第一节 风险现象 // 196
第二节 主要风险类型 // 213

第八章 金融科技

第一节 金融科技概述 // 223
第二节 风控技术创新 // 230

第九章 风险管理

第一节 关键环节风险管理 // 241
第二节 风险技术化体系 // 259

下篇
发展方向与趋势

第十章 消费金融发展趋势

第一节 完善机制及规范发展 // 271
第二节 强化风险管理的能力 // 275
第三节 提高金融服务的质效 // 279

第十一章 金融科技发展趋势

第一节 金融科技在业务中应用趋势 // 289
第二节 金融科技助力银行行业变革 // 295

上 篇

消费金融新表现

什么是消费金融(consumer finance)？消费金融(简称"消金")是指零售银行业务中为消费者所提供的贷款服务，产品种类包括信用卡、小额信用类贷款、汽车抵押贷款等，客户包括优质(prime)客群和次级(sub-prime)客群。"消费金融"这一术语适用于任何类型的消费者的融资，然而更多时候，消费金融指的是替代金融(alternative finance)，即在传统金融机构所提供的服务之外为低收入人群提供的贷款服务。"替代"有两层含义：一是指提供服务的机构是非银行的机构，是传统银行业的替代机构；二是指提供的服务是传统金融机构所提供不了的，主要目标客群是传统金融机构受限于各种原因所未服务到的人群。

美国的替代金融服务即是指这种特定类型的消费金融服务，由非银行机构提供次级贷款或接近优质贷款，即向信贷资质相对较差的人提供的贷款服务。银行业在发展小额消费信贷服务时意愿不强，尤其是在向信用评级较低的客群提供此类贷款时还面临多方面的约束和限制，消费金融服务这一业务模式就是在这种错位竞争的情况下于20世纪中期蓬勃发展起来的，提供贷款的机构是独立于银行所有的公司。经历了几十年的发展，替代金融服务品种繁多，包括发薪日贷款、租赁自住协议、典当、退款预期贷款、次级抵押贷款和汽车贷款，以及非银行支票兑现、汇票和余额转移，其中，某些服务和银行提供的服务相似，提供替代金融服务的机构包括各类非银行金融机构，P2P（peer-to-peer，互联网借贷）和众筹机构也会提供此类服务。

  这些公司除了提供次级贷款外，也服务于有贷款需求但可以接受高利率的优质客户。上述优质客户选择替代金融服务是有原因的。例如，银行所提供的信贷产品并没有像今天这样丰富，对细分市场覆盖不够充分，他们从银行很难获得适合自身情况的个人信贷；还有，他们不喜欢银行的氛围，不喜欢与银行员工和分支机构打交道，反而提供替代金融服务的公司环境给他们的体验更好。经营消费金融业务的公司通常会收取较高的利率以补偿风险，但是贷款具有更大的灵活性，并且对客户的资质要求低于银行。人们选择替代金融服务的一个很重要的原因就是此类服务能降低他们每月偿还债务所需的资金，即他们通过再融资降低月供，当然，他们为此付出的代价是需要更长期限来偿还新贷款。

  国内消费金融业务经历了漫长的萌芽期与孕育期，在监管与行业政策、市场需求、科技技术发展的多重力量的推动下，近 10 年以前所未有的速度蓬勃发展,在参与主体、产品形态、业务模式、行业生态等方面都发生了巨大的变化,出现了多种创新的做法,与成熟市场的消费金融业务相比呈现出更具自身特色的发展路径,同时,成熟市场中积累的有益经验和良好做法也是值得借鉴的。

第一章
消费金融业务

第一节　消费金融发展阶段

一、萌芽

1985 年，中国银行珠海分行发行了国内第一张信用卡"中银卡"，仅支持在珠海地区使用，发行量也不高，但以此为标志，国内个人消费金融服务进入萌芽期。但国内个人消费金融行业历经 10 余年未再有更深入的发展，直到 1998—2000 年，为了支持国内城镇住房制度改革，中国人民银行积极调整信贷政策，先后下发了《关于加大住房信贷投入，支持住房建设与消费的通知》[1]以及《关于开展个人消费信贷的指导意见》[2]等文件，鼓励各大商业银行开展针对个人客户的消费信贷业务。这些监管政策的下发不仅极大地促进了国内个人住房贷款业务的发展，同时也拉开了个人贷款行业发展的序幕。

---

[1] 1998 年，中国人民银行发布。
[2] 1999 年，中国人民银行发布。

二、快速发展

2002年3月,中国银联成立,实现了银行卡跨行、跨区和跨境使用。多家银行成立信用卡中心进行专业化经营和全成本独立核算,推动了信用卡业务更高效地开展,实现行业发展过程中的第一次转型。因此,2003年被业界称为中国信用卡发展元年,信用卡产业从此飞速发展。2006年,人民银行个人征信系统上线运行,全国信贷记录实现全面共享,为信用卡业务的大规模发展营造了良好的信用环境。2009年,信用卡交易总额占社会消费品零售总额比例已经突破27%[1],也是这一年行业完成了发展初期的"跑马圈地"式的粗犷发展,增速趋缓,进入精细化管理阶段。

2009年3月,中国人民银行和银监会(现已重组为银保监会)根据十一届全国人大一次会议上的政府工作报告精神,发布了《人民银行 银监会关于进一步加强信贷结构调整促进国民经济平稳较快发展的指导意见》,其中提到"积极研究、制定和落实有利于扩大消费的信贷政策措施,有针对性地培育和巩固消费信贷增长点,集中推进汽车、住房、家电、教育、旅游等与民生密切相关的产业的信贷消费","支持有条件的地方试点设立消费金融公司",消费金融公司开始进入试点期,第一批4家试点消费金融公司于2010年成立。

随着中国经济进入新的发展阶段,更为强调以供给侧改革进一步激活内需,支持城乡居民的消费升级。2015年11月,国务院发布《国务院关于积极发挥新消费引领作用加快培育形成新供给新动力的指导意见》,提出"支持发展消费信贷,鼓励符合条

---

[1] 《2009年中国信用卡产业发展蓝皮书》,银行卡专业委员会课题组。

件的市场主体成立消费金融公司,将消费金融公司试点范围推广至全国"。为了贯彻落实该指导意见,2016年3月,《中国人民银行 银监会关于加大对新消费领域金融支持的指导意见》发布,从消费金融组织体系培育、消费信贷模式与产品创新、强化新消费领域金融支持、改善消费金融发展环境等方面给出了更多支持,国内消费金融迎来新的发展机遇期。

值得一提的是,这一时期恰好也是国内互联网金融从无到有、迅速发展起来的时期。2007年,第一家P2P平台"拍拍贷"成立;2013年6月,"余额宝"诞生,通过互联网在当年年底实现了服务客户4 303万人[1],产品规模达到1 853亿元,互联网金融元年正式到来。互联网金融瞄准那些无法从传统银行机构获得贷款的个人客户群体,切入一个相对"蓝海"的市场,从而获得业务规模的"爆发式"增长,特别是2013—2015年,以P2P网络借贷为代表模式的互联网金融运营平台达到2 595家。[2] 各大电商平台和互联网流量平台也纷纷涉足消费金融领域,如2014年2月京东上线了京东白条产品,开始为用户提供先消费、后付款的线上消费金融服务;同年4月,58同城金融服务平台上线,涉足贷款及理财业务;2014年支付宝线上消费金融服务开始测试,并于2015年4月正式上线花呗产品。除此之外,还有若干场景分期平台、助贷平台等多种类型的机构专注于为消费金融提供服务。市场进入空前繁荣阶段,这从侧面反映出我国不同层次客群差异化的融资需求与金融供给相对单一之间的矛盾,反过来也成为支持消费金融蓬勃发展的需求源泉。

---

[1] 公开信息。
[2] 网贷之家《2015年P2P网贷行业年报简报》。

三、规范调整

消费金融行业的规范调整是伴随着业务发展紧密进行的，从这几年的情况来看，规范调整的方式基本是在某项业务发展到特定阶段而采取有针对性的政策与措施，并伴随着业务的发展持续跟进与规范。以校园贷为例，随着2013年分期乐及2014年趣分期的相继成立与快速发展，众多互联网企业开始进入校园，大力发展校园信贷业务。但由于一些校园贷平台出现了诱导借贷、利率超高、违规催收等问题，2016年4月，教育部与银监会联合发布了《教育部办公厅 中国银监会办公厅关于加强校园不良网络借贷风险防范和教育引导工作的通知》，明确要求各高校建立校园不良网络借贷日常监测机制和实时预警机制，同时，建立校园不良网络借贷应对处置机制。2017年6月28日，银监会、教育部、人力资源社会保障部联合发布了《中国银监会 教育部 人力资源社会保障部关于进一步加强校园贷规范管理工作的通知》，明确要求未经银行业监督管理部门批准设立的机构不得进入校园为大学生提供信贷服务，同时鼓励商业银行和政策性银行针对大学生合理需求研发金融产品与服务。与校园贷情况类似，曾经繁荣一时的P2P网络借贷、熟人借贷、现金贷等特定业务，在监管不断规范的情况下，其中有问题的业务平台开始逐渐退出，各类金融服务逐步被纳入金融监管体系。

从行业宏观层面来看，2016年之前监管政策导向上更多的是促进互联网金融的健康发展；2016年开始进入规范发展阶段，特别是2017年，消费金融行业的发展进入快速转型期。经过前些年的市场培养，行业消费信贷需求得到快速释放，同时，金融科技也大大提高了互联网消费金融业务的服务效率，行业发展一路高歌猛进，尤其是2017年现金贷在利率畸高、暴力催收等舆论浪潮中仍处于疯狂的状态,从 4 月开始,各级监管机构针对此种现象纷纷给出监管指导意见。当年 4 月,P2P 网络借贷风险专项整治工作领导小组办公室下发《关于开展"现金贷"业务活动清理整顿工作的通知》及《关于开展"现金贷"业务活动清理整顿工作的补充说明》,首次将"现金贷"业务纳入互联网金融风险专项整治工作,要求对开展"现金贷"业务的平台进行清理整顿,并将监管的基调定为"引导'现金贷'业务健康有序发展"。10 月趣店海外上市,其业务模式引发了社会舆论的广泛关注。11 月 21 日,互联网金融风险专项整治工作领导小组办公室下发了《关于立即暂停批设网络小额贷款公司的通知》;12 月 1 日,互联网金融风险专项整治工作领导小组办公室联合 P2P 网贷风险专项整治工作领导小组办公室发布了《关于规范整顿"现金贷"业务的通知》,通过上述监管文件分别对网络小额贷款、现金贷业务进行了严格的规范并开展清理整顿工作,现金贷规模出现断崖式下降,行业中多家现金贷平台连夜进行业务调整与转型。

四、稳健发展

2018 年政府工作报告中指出,过去 5 年传统消费提档升级、新兴消费快速兴起,网上零售额年均增长 30% 以上,社会消费品零售总额年均增长 11.3%;并提出增强消费对经济发展的基础作用,发展消费新业态新模式。

在行业政策方面,2018 年 8 月 18 日,银保监会印发《中国银保监会办公厅关于进一步做好信贷工作提升服务实体经济质效的通知》,要求关注消费金融质效,鼓励消费金融发挥拉动经济的作用;9 月 20 日,国务院发布《中共中央 国务院关于完善促进消费体制机制 进一步激发居民消费潜力的若干意见》,要求进一步提升金融对促进消费的支持作用，鼓励消费金融创新，规范发展消费信贷，把握好保持居民合理杠杆水平与消费信贷合理增长的关系；10月11日，国务院办公厅公布了《完善促进消费体制机制实施方案（2018—2020年）》，要求在风险可控、商业可持续、保持居民合理杠杆水平的前提下，加快消费信贷管理模式和产品创新，加大对重点消费领域的支持力度，不断提升消费金融服务的质量和效率；11月，中国人民银行发布的《中国金融稳定报告（2018）》对住户部门杠杆率［居民债务余额/GDP（国内生产总值）口径］进行了详细的阐述，数据显示2017年末我国住户部门杠杆率为49.0%，低于国际平均水平（62.1%），但高于新兴市场经济体的平均水平（39.8%）。

除了相关政策指导行业发展外，2018年10月17日，中国银行业协会正式成立消费金融专业委员会，通过该专业委员会发挥四方面的重要作用：一是努力提高服务实体经济质效，促进消费转型升级；二是积极落实监管要求，引导行业合规稳健发展；三是充分发挥桥梁作用，搭建沟通交流平台；四是加强行业自律，规范市场行为。消费金融专业委员会的成立有助于消费金融行业走向合规、稳健、高质量发展新阶段。

因此，2018年消费金融行业整体发展方向是在风险可控、商业可持续的情况下创新发展消费金融，审慎中有利好。消费金融市场结构也逐步由银行信用卡产品一枝独秀，发展为消费金融公司、互联网消费金融及其他机构百花齐放的格局。

图1.1展示了国内消费金融的发展史，从监管政策更迭出发，展示了在国内消费金融市场的不同发展阶段，各细分领域的业务发展脉络。这其中，监管政策引导促进了新的业务模式及新的业务主体的诞生发展，同时监管政策也对行业乱象或其他不规范做法形成监督、管理、整治机制，引导行业规范化发展。

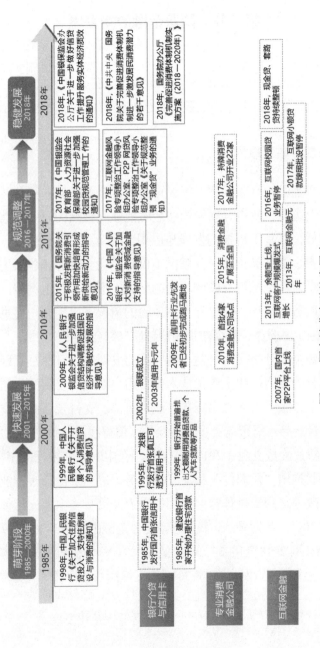

图 1.1 国内消费金融的发展史

第二节　消费金融的新表现

复盘国内消费金融这些年的发展，在业务形态、参与主体、运作模式、产品特点、科技渗透等方面出现如下的变化与创新。

一、消费金融互联网化

消费金融的互联网化，极大地拓展了服务的客户群体。互联网的"无边界"使得互联网消费金融能够以极高的效率覆盖海量用户群体，并基于科技的发展与应用，推动更多、更便捷、更创新的消费金融产品出现。互联网不仅是消费金融的销售渠道，更重要的是通过金融与互联网场景的结合，形成了线上消费、交易与金融服务的闭环，在提升客户体验的情况下，为客户提供"不离场"的金融服务，从而增加用户黏性与综合价值。

消费金融互联网化得益于两方面的发展：一方面是互联网和移动支付的发展。线上支付技术使得用户在线交易便捷化与数字化，使金融服务嵌入交易场景中成为可能。支付宝、微信支付等移动支付产品不断覆盖更多消费场景，使得线上、线下都能灵活、方便、快速完成支付；2017年12月，在中国人民银行的指导下，中国银联推出"云闪付"移动支付业务，进一步提升银行业支付效率、改进客户支付体验。根据中国人民银行《中国支付体系发展报告2011》数据显示，我国移动支付金额由2011年的0.99万亿元[1]，增长到2018年的277.39万亿元[2]，年平均增速超过120%。根据中国人民银行官网发布的《2018年支付体系运行总体情况》报告，

---

[1] 《中国支付体系发展报告2011》，中国人民银行支付结算司。
[2] 《2018年支付体系运行总体情况》，中国人民银行。

统计数据显示，电子支付方面，移动支付业务量快速增长。2018 年，银行业金融机构共处理电子支付业务 1 751.92 亿笔，金额 2 539.70 万亿元。其中，网上支付业务 570.13 亿笔，金额 2 126.30 万亿元，同比分别增长 17.36% 和 2.47%；移动支付业务 605.31 亿笔，金额 277.39 万亿元，同比分别增长 61.19% 和 36.69%。另一方面是居民网购交易规模不断增长，在社会消费零售总额中的渗透率不断提高。根据国家统计局的数据，2018 年全国网上零售额 90 065 亿元，比上年增长 23.9%，全年实物商品网上零售额 70 198 亿元，比上年增长 25.4%，占社会消费品零售总额的比重为 18.4%[①]；2018 年"双 11"天猫成交总额突破 2 135 亿元，京东累计下单金额达到 1 598 亿元。网络购物逐渐成为居民消费的重要形式。此外，大型电商平台对新零售模式非常重视，纷纷推进线下零售和线上零售相互融合，线上零售消费场景不断丰富，线下零售同步提升消费体验，进一步推动线上消费的增长。

上述两个方面的发展相互促进，为互联网消费金融（简称"互金"）的发展孕育了丰厚的土壤。2014 年，京东与阿里依托消费场景分别开始提供消费金融服务，京东推出"白条"业务，阿里推出"天猫分期"业务，随后推出蚂蚁"花呗分期"业务，此类服务缓解了用户购买手机、电脑、家电等高单价产品时的资金压力。除了上述电商平台外，苏宁、国美、小米等公司，都纷纷加入消费金融业务争夺战，围绕消费者打造金融产品与服务，希望借此构建平台"生态"。

消费金融的互联网化不只是营销渠道的互联网化，更重要的是服务模式与风险管理模式的互联网化。首先，客户触达方式发

---

① 《2018 年国民经济和社会发展统计公报》，国家统计局。

生变化，与客户的接触渠道从线下走到线上，不再依赖线下销售团队，打破了销售团队运作方式受时间和空间的限制；并且移动化的趋势更加明显，手机APP、微信公众号都成为金融服务的入口。客户的触达方式也逐渐从直接的客户触达变为间接的客户营销，如通过和流量平台进行合作，采取场景嵌入、流量购买、流量互换等方式获得客户。其次，互联网顺应了客户对金融服务的体验诉求。客户更希望金融服务流程简单透明、申请和使用过程更便捷、结果反馈更迅速，使用过程有良好的互动，用户在自主体验过程中可随时得到必要的协助等。消费金融的互联网化将金融服务通过互联网运营思维提供给客户，在扩展金融服务的广度和宽度的同时，也提升了客户的服务体验。这些变化对现有的消费金融体系也产生正向的刺激作用，传统金融必须在服务模式上有所创新，才能满足用户对于服务体验的需求。最后，伴随互联网经济的发展以及互联网对于线下经济的渗透，一方面越来越多的行为和活动都将是可数据化、可被记录的，数据成为产品设计与业务决策的基础，这为风险管理提供了有力的信息支持；另一方面，线上营销模式与服务模式也带来了新的风险挑战，如线上客户身份识别、防范羊毛党、黑产与欺诈等，这些对传统金融风险管理模式提出了挑战。因此，传统风险管理需要有所创新，在保留现有好的做法的同时，需要有能力利用数据、科技手段解决新型风险问题，推动风险管理通过数据向技术化管理转型。

二、市场层次逐渐形成

消费金融市场参与机构的数量和类型日益丰富，呈现群雄逐鹿的局面，市场层次也逐渐形成。目前从事消费金融业务的机构主要有如下几类：第一类是银行，商业银行是消费金融最重要的参与主体，开展的业务类型以信用卡和消费信贷产品为主。信用卡是商业银行消费金融成熟业务，进入市场早，产品与模式较为成型；商业银行消费信贷产品包括传统金额更大、还款期限更长的抵押类产品，以及信用类贷款产品。商业银行在资金体量和成本上有巨大的优势，有着丰富的行业经验、严格的风控标准和完善的系统，这些都是其他类型公司不容易超越的。第二类是银保监会批准成立的消费金融公司，拥有消费金融经营牌照，借助牌照和股东资源在消费金融领域具备相当的资金优势。持牌消费金融公司利用自身优势和消费场景结合，通过消费金融服务拉动产品销量增长。截至2018年底持牌消费金融公司已达24家。第三类是依托电商平台、网贷平台发展起来的消费金融机构，如京东金融、国美金控、P2P借贷平台以及专注于垂直领域的其他机构。互联网平台系消费金融公司的主要优势是拥有线上获客渠道，在数据与客户运营方面具有一定的积累。

传统商业银行的消费金融产品，如信用卡，出于风控要求与运营成本考虑，聚焦于具有人行征信、有稳定工作、稳定收入来源的金字塔顶层人群。消费升级带来消费需求的不断扩大，尤其是三、四线城市和农村年轻居民消费的增长，激发了这些客户群对消费金融服务的需求，而如信用卡等传统消费金融业务依赖人行征信进行风险评估、依赖银行网点辐射范围提供服务的经营模式，不可避免存在服务盲点。此时，互联网消费金融顺势补位，场景分期平台、P2P平台、线上现金贷平台主要覆盖无人行征信记录的线上、线下人群，以"长尾"客户为主，依赖于大数据和金融科技进行客户筛选、风险评估和审批，与传统银行机构进行错位竞争。以现金贷为例，根据国家互联网金融安全技术专家委员会(以下简称"互金专委会")的数据,2017年一年我国365个主要城市/地区中,互联网现金贷累计客户数量将近1亿,其中,广州、北京和深圳的客户数超过300万,上海的客户数超过200万。在互金专委会的400万样本客户中,近66%的客户年龄在20~39岁,其中20~30岁的客户占比超过一半。从性别来看,男性为主,未婚比例较高;从受教育程度来看,90%的客户为本科及以下,其中高中及以下学历的客户占比最高;从工资水平来看,借款人月收入大部分在2 000~6 000元。① 可见,此类客户特征与客群结构与传统商业银行的主流目标客群有较大的差异,客户分层上各有定位。

不同类型的消费金融参与主体的目标客群虽各有不同,但在差异化竞争、市场渗透的过程中,界限也开始逐步模糊,商业银行、持牌消费金融公司、消费分期平台、现金贷平台服务的客户互有交叉和重叠。虽然电商平台的消费金融主要服务于自身生态链上的客户,聚焦于互联网消费客户群,但是也会触及部分银行信用卡人群。例如,蚂蚁金服依靠支付宝入口已发展的1亿+花呗用户,其中有近40%的客户有信用卡②,每4个"90后"就有1个使用花呗,全国约1.7亿的"90后"中,超过4 500万已开通花呗③,由此可见电商平台消费分期客户与信用卡客户的交叉程度;而消费金融公司的客户与现金贷客户也是相互渗透,如在捷信消费金融公司发布的"捷赢2017年第四期个人消费贷款资产支持证券化项目"中,有超过65%的资产为现金贷产品,其中对于客户的描述:20~30岁的客户占比约48.84%,30~40岁的客户占比为26.79%;年收入5万~10万

---

① 《2018现金贷行业研究报告》,一本财经。
② 中金研报《拆解消费金融的盈利结构》。
③ 《2017年轻人消费生活报告》,花呗发布。

元的客户占比56.29%，32.47%的客户年收入低于5万元。[①]

随着更多的主体参与到消费金融市场，商业银行业也在主动进行转型，以商业银行信用卡业务为例，多家银行信用卡业务开通线上申请，改变营销方式，向更年轻、无人行征信记录的客户群体提供服务。银行信用卡更多地与外部电商平台、互联网公司合作，意在补充客户渠道与消费场景。银行信用卡和互联网合作方发行的联名卡就是这类合作的典型产品，如中信银行信用卡与阿里巴巴、百度、小米、京东金融合作发行联名卡，光大银行信用卡与京东金融、优酷等推出联名信用卡。此类合作中引入的信用卡客群趋向年轻化、无人行征信记录、不具备传统意义上的稳定收入来源等。由此可见，商业银行信用卡与持牌消费金融公司、互联网平台在业务上已经呈现出一定程度的重叠。

三、多方协作形成生态链

从消费金融业务实践来看，业务生态链逐渐成形，形成资金、客户入口、资产、数据服务各环节的专业分工，通过功能拆解、多方合作的方式，构建完成整体业务流程。以P2P网贷平台为例，平台模式是直接进行资金、资产双方的撮合，但实际业务中，很多网贷平台是专于一端业务的，即有些平台擅长资产端的运营，有些则在理财端下功夫，出现资金、资产规模不匹配，资金或资产站岗的状态。因此，实际业务模式上将资金需求方和资金富余方的归集过程分开处理，再通过不同类型平台之间的业务合作，将资金、资产重新"匹配"。银行、消费金融公司、互联网机构、互联网小贷、专门做数据服务和风控服务的公司以及催收服务公

[①]《捷赢2017年第四期个人消费贷款资产支持证券发行说明书》。

司，在资金、信贷规模、客户场景、技术等方面各有优势，在上述资金资产匹配的业务链条上依托自身优势进行专业互补，在消费金融的生态系统中形成共赢的局面。

生态链上的公司种类繁多、分工各不相同，如营销服务、数据采集、征信服务、风险评估、贷中监控及预警、逾期催收、不良资产处置、资金提供、资金匹配、增信措施、资产转让的二级市场构建、资产证券化等。从资金角度来说，提供消费金融资金的机构有银行、消费金融公司、信托公司、P2P平台等，不同资金提供方的资金成本不同，对资金的安全性要求也不同，即对资金所投的资产的风险容忍程度不同。从资产角度来说，消费金融的资产根据是否与特定消费场景相结合，可分为无场景消费金融和场景化消费金融。无场景消费金融主要指现金贷；场景化消费金融如网购分期、教育分期、旅游分期等。生态链上的工具类公司包括提供风险管理工具的公司，如大数据、人工智能类公司，提供黑名单、身份认证、反欺诈防范、生物识别、智能算法等服务。上述业务环节都有相对独立的机构来执行相应的功能，形成独立的业务模块，在资金资产对接的产业服务链条上嵌入自己的服务。

这种多方合作模式下的信贷业务链条，可以说是一种行业发展到一定阶段的必然选择与必然趋势。如果说原本的传统金融机构是个大而全的金融功能集合体，那么新兴的互联网金融平台，则在向轻型化、具有独特优势的方向发展。这种发展模式导致单一主体并不能支撑整个生态链条中的全部功能，而需要本着分工协作的思路，寻找更为有效率、更为专业化的合作伙伴加入进来，这是一种必然的选择。特定功能和模块交给更为专业、更具优势的企业来完成，对业务管理水平和效率的提升都具有积极意义。正如监管层面对"金融科技"的定位，即金融科技并不直接从事金融业务，而是与持牌机构进行合作，这其实也暗含着多种金融科技服务参与整体业务生态的意思。

随着技术能力的不断提升，业务效率得到极大的提升，这种生态链条的运作模式得以成为现实，客户可以在无感知的情况下享受多方机构提供的整合服务，便捷地获取贷款服务，而不会由于服务方的增多与后台业务整合流程的复杂化而导致服务效率的降低。例如，微众银行在微信钱包里提供的微粒贷，其年报称，该产品的资金来源多达50家银行机构，但是对于终端消费者来说，更多时候感知不到由于自己贷款的资金来源于不同机构而有服务体验上的不同。对于使用过微粒贷的客户，如果不专门查阅借款合同，请问你知道你所借的那笔贷款的资金是来自哪家银行吗？对于更多服务方的参与，客户体验实际上并没有差异。那么，对于终端消费者来说，这种运作模式对于贷款成本有影响吗？从直观理解上来说，业务环节的拆分导致参与的机构增多，各家都要在业务上分一杯羹，自然羊毛出在羊身上。但从实际业务情况来看，终端消费者为消费金融服务所付出的成本并不单纯由此决定，形成最终价格的因素更复杂。一方面，在生态链的模式下，通过合作提高服务能力或服务效率，客观上可能为金融机构或平台降低成本。例如，专业机构的参与可能会降低其他环节所需要付出的成本。举例来说，通过与大数据公司或风险管理服务机构的合作，提升金融机构对反欺诈的识别能力与风险综合判断能力，提高对资产定价的准确性，则可降低风险成本，消费者反而可以享受到和其风险程度相匹配的定价水平的金融服务；反之，则有可能由于劣币驱逐良币，导致消费者为他人的违约付出额外的成本。另一方面，参与机构收益模式不同，一些参与生态链的平台机构的收益模式并不完全依赖于其所提供的功能本身。例如，为金融机构提供精准营销的合作商户,通过金融服务可带来其主营业务销售规模和客户黏性的提升,营销服务本身可以保持微利或不获利;同时更要考虑专业的、大型的营销机构相较于其他营销机构,营销成本还有可能更低,这样的合作便于达成共赢的结果。当然,事物总有其正反两面,除了促进成本降低的有利变化,也可能存在由于生态链上合作机构之间信息不能充分共享带来成本的提高。例如,资金方无法评估合作方所推荐的资产的风险程度,从而提出合作方存入保证金、提供担保措施的要求,这变相地提高了终端消费者获取金融服务的成本。在金融产品最终对客价格已然确定的情况下,通常会按照资产质量和价格去寻找合适成本的资金方,生态链条上其他合作机构的收益则是通过资产价格与资金成本之间的差值来进行分配。

四、产品小额化和短期化

大数据、金融科技的发展,为全线上业务运营的对接、全线上自动化的风险评估提供了可能性。众多机构在消费金融群雄逐鹿的背景下,对线上和线下场景,尤其是线上消费场景的争夺成为焦点和发展趋势。据艾瑞咨询发布的报告称,2013—2017年中国互联网消费金融市场交易规模增速持续保持在200%以上[1],线上消费场景巨大的市场空间使之成为"玩家"必争之地。消费金融场景从传统的高客单价/低频次的房、车等消费场景,逐渐向低客单价/高频次场景拓展。对于低频次的大额消费金融产品,如汽车金融业务,由于客户获取和风险评估无法完全线上化,单笔业务审批时间较长、人力成本较高,业务开展具有较高的壁垒。而在

---

[1] 艾瑞咨询,《2018年中国互联网消费金融行业报告》。

具备大流量的电商平台、互联网平台等，小额、高频的金融服务更符合平台上的客户在场景中的消费行为特征，如京东白条、阿里花呗等，多是几千元甚至几百元的小额授信产品。这样的平台或是自己申请牌照，独立发展消费金融业务；或是和其他资金方合作，联合开展消费金融业务。

实际上，单笔授信金额过小的业务为机构带来的收入绝对值通常有限，在传统的运营模式下，收入与运营成本的不匹配，使得有小额信贷需求的客户无法得到金融贷款服务。因此市场上这种超小额度的信贷产品多以"小额授信+短期限"组合的方式出现，通过引导客户重复使用来提高单一客户的总体贡献，提高资金周转次数，也提高资金的收益。以掌众金融推出的闪电借款产品为例，该产品的授信金额在 500~10 000 元。从该平台截至 2018 年 2 月的产品运营数据情况来看，累计撮合笔数超过 3 800 万笔、交易额超 750 亿元，实际单笔借款金额为千元左右[①]，产品期限为 21 天，是一个典型的小金额、短期限的在线授信产品；截至 2018 年 2 月，平台累计借款用户数超过 400 万人，每个借款用户在平台上成功借款笔数达到 9.5 笔。又如，微众银行 2017 年的年报显示，截至 2017 年已累计发放贷款共计 8 700 亿元，期末贷款余额 477 亿元，增长 55%；其中，微粒贷是微众银行的主打产品，根据微众银行首席运营官万军在"2017 科技金融发展论坛"上的表示，截至 2017 年 1 季度，微粒贷累计放款额突破 3 000 亿元。根据推算，微众银行的平均贷款周转次数是 22 次，平均贷款周期

---

① 掌众金融的产品笔均授信是有所下降的，从其网站上公布的截至 2016 年 1 季度末的运营数据来看，当时的笔均授信在 2 200 多元。从获取的内部更新数据来看，到 2016 年 3 季度，笔均授信就下降至了 1 900 元（累计）。根据闪电借款公众号发布的公开数据，截至 2018 年 2 月闪电借款的笔均借款金额进一步下降，已低至千元左右。

16~20天。①

"小额授信+短期限"信贷产品采用纯线上的申请方式,并且多是在手机移动端通过灵活支用的方式来进行产品部署,较低的单户授信与较短的授信周期,限制了审批过程中可接受的运营成本上限,较高成本的人工参与和较长时间的单件审批是不现实的。同时,从互联网的客户体验和申请便捷性的考虑,用户提供的资信审批要件通常有限,平台从外部获取到充分体现用户信用历史、偿付能力的信息是需要付出数据成本的,为了压缩数据成本的支出,则授信机构对客户的资信评估是不完备的。授信机构在内外部数据支持不到位的情况下,很难对用户资信水平做出精准评估,经常会采取降低额度的方式来控制总体风险敞口。

消费金融公司提供的无抵押、低授信额度、快速审核的消费信贷产品,非常适合嵌入场景中,场景也为这类产品提供了支撑。场景中累积的多维度用户数据有利于客户画像的建立,用来圈定有意向的用户,并提供入口与渠道协助用户完成借贷申请。同时,风控的创新改变了传统的借贷审核模式,为分散、小额、海量的借贷提供了可能。人脸识别、信息交叉验证、黑名单、反欺诈等技术的使用,从注册申请到获得借款服务,实现了全程无须人工审核、全自动化处理,大大提升了金融服务效率,实现了秒级审批、实时到账、随时还款,适合在消费场景内实现金融服务的实际需求,也突破了借款难、程序多而杂等传统贷款服务的困境。

除了场景中的消费金融服务,从2015年起多家平台开始提供无指定用途、无消费场景的现金贷产品,用于解决客户临时性的支付融资需求。"小额授信+短期限"的期限可能短至1个月、几

---

① 雪球,地球的宇宙眼的原创专栏。

周甚至几天，还有非固定期限的灵活期限产品；采取固定利率或按日计息的方式，如果按照年化利率的口径来计算，这些产品的年化利率水平通常较高，并引导客户重复使用，用以补偿单笔贷款期限短以及现金流波动性所带来的问题。但授信机构需避免过度引导客户重复使用短期信贷产品，以免客户进入债务循环中。相对于场景金融，现金贷产品缺少场景的信息与需求的支撑、对资金用途的监控，现金贷产品面临的风险挑战也就更大。

从《2017年消费金融行业报告》[①]中可以看到，在2016年，69.55%的消费者在2016年的借贷次数为1~5次，14.73%的消费者借贷次数在5次以上（不含5次）。从2016年平均借贷金额来看，29.7%的消费者平均借贷金额在1 000元以下，紧随其后的是28.09%的消费者平均借贷金额为1 000~3 000元，24.01%的消费者平均借贷金额为3 000~5 000元。平均借贷金额超过5 000元的消费者占比合计为18.19%。这意味着，有过消费金融产品使用经验者，借贷次数集中在1~5次，借贷金额1 000元以下及1 000~3 000元。

但是市场上也存在单笔授信额度相对略高一些的信贷产品，则经常辅以更长的授信期限，分散借款客户每期的还款压力，1~2年的还款期限使得此类信贷产品的重复使用频次相对降低，但其更高的单次授信金额无疑满足了一些融资客户的需求与产品偏好。例如，同样以线上平台为主要申请渠道的宜人贷，根据其2018年末披露的平台运营数据，平台借款客户人均累计借款金额为7.47万元，而宜人贷的产品贷款期限多在1年以上，授信额度水平与产品期限都明显高于掌众金融的产品。"略高授信额度+较长期限"的常见主流产品中，6期至24期分期较为常见，但也有一

---

① 本报告指导单位为广州市金融局，调查单位为南方都市报金融研究所、融之家。

些更长期限产品,如友信普惠的产品期限多数可达 48 个月,苏宁任性借最长期限可达 60 期。这也显示了不同平台贷款产品的差异化选择。值得注意的是,尽管拉长还款期限使得借款人单月还款压力减轻,但客户在贷款申请时的资信状况会随着时间推移而发生变化,如客户实际还款能力发生恶化,则有可能导致贷款无力全额偿还。在经济下行期间,还款期限越长的产品,面临的不确定性越高。因此,如何在评估客户单月偿付能力和控制产品总期限之间找到平衡,也是考验授信方产品设计及客户管理水平的一个重要方面。

五、市场逐渐规范

从监管政策导向来看,互联网金融行业的发展经历了开放包容、快速发展,到逐步规范、加强监管的演进历程,监管政策关键词从 2014 年的"促进互联网金融健康发展",2015 年的"互联网金融异军突起,促进互联网金融健康发展",2016 年的"规范发展互联网金融",2017 年的"对互联网金融等累积风险要高度警惕"到 2018 年的"健全互联网金融监管",消费金融行业的发展面貌也随之发生变化。

首先,消费金融平台资质日趋合规化。在发展过程中,政策对消费金融在业务资质和资金杠杆等方面进行了相应要求与规范。在业务资质方面,多项政策严格要求未取得牌照的平台不得从事相关金融业务。例如,2016 年 8 月 24 日《网络借贷信息中介机构业务活动管理暂行办法》发布,将 P2P 平台严格定位于网络借贷信息中介,以示与金融信用中介的本质区别。又如,2017 年 12 月 1 日,互联网金融风险专项整治工作领导小组办公室和 P2P 网贷风险专项整治工作领导小组办公室联合印发的《关于规范整顿"现金贷"业务的通知》，规定未依法取得经营放贷业务资质，任何组织和个人不得经营放贷业务，并禁止消费金融公司通过P2P网络借贷撮合等任何方式为无放贷业务资质的机构提供资金发放贷款；禁止消费金融公司通过签订三方协议等方式与无放贷业务资质机构共同出资发放贷款；明确规定信贷资产转让、资产证券化等途径获得的融资与表内融资合并计算杠杆。在放贷主体资质、信息披露等方面监管不断趋严的背景下，具有牌照、纳入正规监管体系的机构具有持续发展业务的优势。

其次，在产品方面，严格整顿网贷平台"校园贷""现金贷"等业务，鼓励各消费金融平台为用户提供更加丰富、规范的金融产品。例如，2017年6月，中国银行业监督管理委员会、教育部、人力资源社会保障部联合印发《中国银监会 教育部 人力资源社会保障部关于进一步加强校园贷规范管理工作的通知》，要求通过发展正规金融"正门打开"，把对大学和大学生的金融服务做到位。又如，2017年12月1日互联网金融风险专项整治工作领导小组办公室和P2P网贷风险专项整治工作领导小组办公室联合印发的《关于规范整顿"现金贷"业务的通知》要求"现金贷"综合利率成本不得超过年化36%。

再次，风险管理回归为消费金融业务持续发展的核心。行业发展初期，部分平台采用高收益覆盖高风险的商业模式。在这种模式下，多数平台对于客户的贷前审批是不完整的，经过简单的身份核实和黑名单过滤，快速放贷。这类业务多为现金贷，面向中低收入人群，大部分用于提前消费和紧急周转，很多用户会陷入反复借贷的死循环中，不停地借新还旧，导致整个行业共债率畸高。当用户资金流无法覆盖债务，逾期是必然，利滚利之下，利息甚至是本金的好几倍，因此导致赖账甚至骗贷。由于贷款额度小、客户失联比例高，部分平台为控制催收成本而只进行短账龄的催收，平台上正常履约的用户，用高额的利息为这些赖账的客户埋单，也就是好客户为坏客户造成的损失埋单。随着监管政策对产品利率的规范管理，高收益不存在了，打破了高收益覆盖高风险的商业模式。随着一系列现金贷规范整顿的政策落地，采用这种模式的很多现金贷平台进行了急速的业务转型，行业回归理性。

消费金融需要依靠数据技术和风控来实现其长期价值，业务模式的创新也只有在数据和风控支撑的前提之下才能持续。以数据及技术驱动的风险管理，涉及大数据评估与引入、数据存储、数据挖掘、模型应用、策略管理等一系列专业化工作，以确保风控策略和模型应用的可靠性，达成对客户进行全面的、准确的立体画像，从而实现全流程多维度风险防控，将风险防控落实在每个环节。

还有，对个人信息安全与隐私的保护是消费金融风险管理数据化、技术化驱动过程中应遵守的原则。大数据与互联网时代，个人信息安全已经成为社会普遍焦虑，垃圾短信或是陌生电话推广并不罕见。中国青年政治学院互联网法治研究中心 2016 年 10 月发起的调研报告的数据显示，在参与调研者中，81% 的受访人接到过知道自己的姓名或单位等个人信息的陌生电话；53% 的受访人经历过因网页搜索和浏览而泄露个人信息的情况；在房屋租买、购车、考试和升学后遭遇信息泄露的受访人高达 36%；因在网站留下个人电话和注册网络金融服务而遭遇各类骚扰和诈骗的受访人比例在 30% 以上；20% 以上的受访人遭遇过针对银行卡、信用卡和网络交易诈骗以及被"短信炮""拨死你"电信骚扰。解决个人信息安全问题，需从个人、市场、社会、法律等多层次进行努力。2017 年全国公安机关 4—7 月累计查破刑事案件 750 余起，缴获信息230亿条，关停网站、栏目610余个。① 全国人民代表大会常务委员会发布的《中华人民共和国网络安全法》于2017年6月实施，严格规范信息中介机构在收集、加工、使用和处理用户个人信息过程中的行为。

最后，防范暴力催收，严格风险管理。伴随着互联网消费金融业务的快速发展，从业机构数量和类型也在不断丰富，越来越多的不同客户群体获得了金融服务；但是行业也面临新问题，如多头借贷、过度授信等，导致相关风险积累，虽然由此贷后处置市场迎来爆发式的增长，但是也为贷后管理工作带来巨大的挑战，暴力催收的现象时有发生。对于消费金融业务，催收是贷后管理中最重要的一种方式，目前市场上从事第三方债务催收的机构已达两三千家，公司管理水平与从业人员素质都存在良莠不齐的情况，行业不可避免出现鱼龙混杂的状况，对催收机构以及催收行为进行明确的约束和监管，是行业发展的需要和必然趋势。

为防范暴力催收，规范催收行为，2017年5月4日，深圳市互联网金融协会向全市各网贷平台下发《深圳市网络借贷信息中介机构催收行为规范》(征求意见稿)，这是国内首份针对催收的地方性文件。2017年10月17日，中国互联网金融协会向会员单位下发了《中国互联网金融信息披露规范》团体标准，规定了消费金融从业机构信息披露原则，并要求从业机构披露催收管理(催收主体，包括外包机构，催收方式，流程及行为规范等)、信用保送、资金来源、规模以及逾期情况等，相关信息的披露有利于规范催收工作，减少暴力催收事件。2018年5月4日银保监会等发布《关于规范民间借贷行为维护经济金融秩序有关事项的通知》，要求严厉打击以故意伤害、非法拘禁、侮辱、恐吓、威胁、骚扰等非法

---

① 《中国个人信息安全和隐私保护报告》，中国青年政治学院互联网法治研究中心。

手段催收贷款,对消费金融合规经营形成明确规范。

在规范催收行业的同时,也要看到暴力催收背后消费金融行业对风控的重视不够和借贷人的过度负债问题。风险管理是全流程的工作,贷前对客户审批不严格、不准确,才会过度依赖后期的催收来控制坏账。监管与行业一直在提倡"文明催收""阳光催收",除了依靠行业规范和自律,还需从根本上解决问题,严格业务全流程管理,将销售、风控和放款等环节统一纳入风险管理范畴,做到充分了解客户,对客户进行全方位的审核与评估,实现风险前置,并加强客户引入后管理,平衡规模发展与资产质量;如果单纯为了追求规模,降低审核标准,就会导致大量坏账无法收回,这样只是将风险问题累积到贷后,依赖催收来挽回损失。

总之,国内消费金融的发展方向一定是在市场环境逐渐规范、监管政策趋向完善、公司治理更加有效的情况下,满足民众所需,促进消费升级、服务实体经济,愈发健康、有序和稳健地发展。

六、金融科技普遍运用

正是由于消费金融业务具有客户分散、授信小额、体量巨大、线上运营等特征,传统的风控手段无法全面覆盖业务所面临的风险问题,在业务创新的情况下,风险管理也非常有创新的必要性。无论是在客户营销、客户准入、风险评估还是贷后催收环节,甚至在提升客户体验方面,金融科技驱动的特征都愈发明显。例如,运用大数据技术和生物识别技术建立用户画像与关系图谱,用于识别客户身份与欺诈排查等。大数据、人工智能、机器学习等新技术在风险管理领域的应用越来越普遍,金融科技正在成为驱动消费金融发展的核心竞争力之一。对金融科技的旺盛需求,催生了大量专业的大数据、人工智能等类型的技术机构，提供金融云平台、大数据征信、算法支持等全方位的服务。例如，BATJ（百度、阿里、腾讯、京东）在其主营业务的基础上，利用自身数据优势，除了开展消费金融业务，也涉足金融科技服务，进行金融科技的输出。金融机构也采取多种模式探索金融科技变革，具体如下。

第一种模式是强化内部科技能力。对于具有科技研发能力的大中型银行，持续进行科技投入，培养内部研发团队，对云计算、大数据、人工智能、区块链等金融科技进行研究，探索如何利用新技术改造现有的系统、产品和服务。工商银行、浦发银行、平安银行等大型银行，不断加大科技投入，满足自身业务的需求。2018年4月19日，建设银行第一家"无人银行"正式对外营业。该网点是全程无须银行职员参与办理业务的高度"智能化"网点，通过充分运用生物识别、语音识别、数据挖掘等金融智能科技成果，整合并融入机器人、VR（虚拟现实技术）、AR（增强现实技术）、人脸识别、语音导航、全息投影等前沿科技元素，为客户呈现一个以智慧、共享、体验、创新为特点的全自助智能服务平台。

第二种模式是自建金融科技公司，向外输出科技能力。部分银行通过单独建立金融科技公司的方式，在建设自身科技优势的同时，也向外输出科技能力与服务。例如，兴业银行于2015年12月设立"兴业数字金融服务股份有限公司"，作为兴业银行直接对外输出科技服务的窗口。兴业数金通过搭建平台、运营平台的方式持有信息资产，为中小银行、非银行金融机构、中小企业提供金融信息云服务，包括接受金融机构委托从事金融信息云服务，已累计为300多家合作银行提供信息化服务，提供的各项服务超过400多项。同样，民生银行于2018年5月成立民生科技，定位于立足母行，服务集团，面向市场，提供金融科技转型所需的解决方案和专业科技产品。

第三种模式是金融机构与科技公司进行深度合作。金融机构与金融科技公司的合作不再局限于营销、资金合作等浅层阶段，而是逐渐进入智能风控、场景合作等深层次合作中。工、农、建、交等大型银行分别和BATJ形成了战略合作，如农行与百度合作成立金融科技联合实验室并共建金融大脑，中行与腾讯合作成立金融科技联合实验室，建行牵手阿里，工行联合京东。

通过不同的发展模式，金融科技给金融行业带来了深远的影响，实现金融服务的创新。在金融机构试图去提供更多金融服务机会、提高金融服务的普惠性的同时，风险可控是业务可持续发展的根本，金融科技为实现这一目标提供了新的工具，金融业务的风险管理越来越依靠金融科技手段，呈现出风险管理科技化的趋势。例如，针对客户下沉，在征信体系无法完全覆盖的情况下，科技手段赋予金融机构打破对体系内数据单纯依赖的能力，引入外部大数据来增加风险评估的维度，实现信用信息的互联互通，利用多方数据进行交叉匹配，认证客户身份与资信材料；针对行业恶意欺诈手段不断翻新，且向专业化、团伙化方向发展，也更具有隐蔽性的特点，机器视觉、设备指纹等技术已经成为日常风控手段。金融科技除了能解决在创新业务模式下传统风控无法解决的问题，其在控制风控成本、提高风控时效性上均使得消费金融这类服务海量客户的业务变得可能。

七、流量、资金与风控

流量、资金和风控被消费金融行业称为三大命门。消费金融业务的竞争，获客是非常关键的一环，因此客户流量对于消费金融公司来说至关重要。在市场竞争激烈、产品同质化严重的情况下，获取大流量以夺得市场份额、增加盈利空间就显得格外重要。在流量获取方面，招联消费金融主打纯线上贷款模式，与支付宝、腾讯信用等互联网渠道合作获客和放贷。捷信消费金融从"驻店式"的线下模式做起，之后也发展了线上渠道。马上消费金融与各大主流线上平台展开全面合作，包括阿里巴巴、腾讯、百度、京东、58同城等。自2017年以来，招联消费金融、捷信消费金融净利润均破10亿元，业绩均实现爆发式增长。2018年，捷信消费金融当年实现营业收入185亿元，同比增长40.59%，成为行业内唯一一家营业收入超百亿元的持牌消费金融公司；其2018年实现净利润13.96亿元，同比增长36.56%。招联消费金融则在2018年实现营业收入69.56亿元，同比增长67.10%；净利润12.53亿元，同比增长5.37%。马上消费金融2018年实现营业收入82.39亿元，同比增长76.51%；净利润为8.01亿元，同比增长38.6%。但同时也有不少消费金融企业净利润在亿元以下，甚至仍旧处于亏损状态。幸福消费金融公司2018年的营业收入达到1.41亿元，净亏损1 327.54万元，但净亏损环比大幅收窄；于2017年发起设立的长银五八消费金融公司，在2018年实现了盈利，当年营业收入达到1.07亿元，净利润1 105.96万元。流量获取成为推升消费金融企业的重要因素。

大的流量平台业务大爆发，流量竞争愈演愈烈，从互联网系，如百度有钱花、360借条等，到持牌机构系，如招联消费金融、马上消费金融等，以及各种非持牌机构等，都在全渠道抢占流量，流量价格越来越高，线上流量红利逐渐消逝，线上、线下成本已有了逐渐趋同的趋势。大平台不仅提供足够规模的流量，并且具有一定的实力，具有相当的担保或是风险承担能力，因此银行、消费金融公司等机构在考虑风险及对等的情况下，极力倾向于和大流量平台合作。由于流量平台同时和多个金融机构合作，在由流量带动用户规模快速扩张的同时，不可避免出现流量"复用"的情况，形成同一个客户多家平台借贷，"多头借贷"情况常见，最终导致部分用户根本不具备还款能力，更有甚者没有还款的意愿。

互联网平台非常专于流量的经营与管理，但是对于金融业务来说，风险管理始终是持续经营的根本，风险管理能力的高低也直接决定金融机构的风险成本。互联网、纯线上的业务模式、客户下沉等带来一系列风险挑战，造成巨大的风险成本，如线上化运作导致客户身份识别难度提升，欺诈风险专业化、团伙化运作导致风险排查难度加大。只是欺诈风险一项就是行业里每家金融机构风险成本中很大的一项支出。随着行业经过"跑马圈地"进入理性发展阶段，流量巨头趋于饱和，只有深耕细分领域的流量（线上+线下），从流量转化为优质资产，对于流量具备筛选与评估的能力、对于风险具备主动管理能力，才能保障机构将风险成本控制在合理的范围，持续经营下去。2017年，监管机构连续发出了《关于开展银行业"违法、违规、违章"行为专项治理工作的通知》以及《关于规范整顿"现金贷"业务的通知》等多项文件，从监管导向上要求持牌金融机构建立自身的风险管理能力，不能单纯依赖外部合作机构，对外部市场风险向传统金融系统的蔓延采取防范措施。

获客成本（流量及流量有效转化）、风险成本都是消费金融业务的成本项，还有一大成本即是资金成本，其对于消费金融业务的盈利也具有非常大的影响。在理想市场中，好的资产自然会撬动低成本的资金，低成本的资金能够匹配给质量好的资产。这种情况下，资金成本的高低影响出借利率的高低，出借利率的高低反过来可以区分借款人的质量。但是在目前的市场中，即使低成本的资金，也保证不了低的对客价格，中间的收益空间是消费金融企业所追求的利润来源，因此导致资金方不得不追求更高的收益来弥补风险，陷入资金成本提高、资产质量继之下沉的状况。为了获取更稳定和廉价的资金，行业中不少互联网金融公司开始与传统金融机构合作。银行、信托、消费金融企业、P2P平台等不同类型机构的资金成本不同，当然对资金安全、风险管理能力的要求也不同，从而形成对资产的分层选择的差异性。

金融市场流动性对资金成本也有很大的影响，如2017年在市场流动性紧张的时候，业内资金成本一度高达15%甚至更高。当资金成本上升，贷款机构可以通过提高产品利率来缓解资金成本上升压力，将高成本转嫁给客户，出现年化利率三位数以上的产品，以产品的高定价覆盖高资金成本、高风险成本的业务盈利模式仍可维系。2017年12月1日的《关于规范整顿"现金贷"业务的通知》对包括利率在内的借款综合成本进行了限定，要求各类机构以利率和各种费用形式对借款人收取的综合资金成本应符合最高人民法院关于民间借贷利率的规定，禁止发放或撮合违反法律有关利率规定的贷款，这导致以高定价覆盖高资金成本、高风险的业务模式无法成立。因此，2017年末至2018年初的一段时间，多家从事现金贷、小额信贷的机构，由于业务盈利模式被打破，不得不缩减业务规模；加之资金短缺甚至资金不能为续，转型的机构也不在少数。

第二章
参与方的发展情况

根据国家统计局数据，2012—2018年零售总额从21.0万亿元增长至38.1万亿元。《2018中国消费信贷市场研究》显示，消费金融市场规模已由2010年1月的6798亿元，攀升至2018年10月的84537亿元。消费金融市场空间巨大，且处于高速发展阶段，吸引不同的机构参与进来。按照机构类型不同可细分为银行、持牌消费金融公司、互联网金融平台，还有新兴的网络小贷公司、互联网银行等。这些机构之间并非泾渭分明，它们通过多样的业务合作、股权投资，共同推动消费金融市场的发展。

第一节 传统商业银行

一、转型的趋势

传统银行是国家投融资的基础体系，承载着调节市场经济、传导宏观政策的主渠道功能；同时，作为社会信用体系的中枢，在保障社会资金安全性方面发挥着关键作用。在整体经济下行压力仍然存在的情况下，伴随着利率市场化进程持续推进，互联网金融继续向银行核心业务渗透，银行业务竞争更加激烈，利润空间受到进一步压缩。在严峻的市场环境下，产能过剩行业资产质量风险持续暴露，政府融资平台贷款业务风险压力持续加大；而新业务的开拓日渐艰难，对公信贷投放政策趋于谨慎，业务增速放缓、贷款占比下降，业务发展进入细分领域、结构性调整的阶段，银行转型需求迫切，尤其是区域性银行。因此，各家银行积极调整信贷结构，转变业务模式，2017年末对公贷款占比77%，较2015年末下降3个百分点[①]，预计将来这一趋势仍将持续一段时间。

在此背景下，各家银行将弱周期的零售业务作为转型突破口，将个人消费金融视为新的业务增长点，个金业务在传统金融体系内得到快速发展。根据易观发布的《2017年中国消费信贷市场发展报告》显示，截至2017年末，国内传统金融机构消费信贷当年增加3.89万亿元，为历史最高增量，2017年末余额达9.80万亿元。但是，从占比来看，在银行的贷款总额中，消费贷款占比仍旧偏低。根据人民银行公布的数据，居民消费信贷占总全国信贷20%左右，刨除近75%的住房贷款，居民消费信贷占比才5%，远低于国外成熟市场的30%。另外，消费金融利率基本对标信用卡业务利率，并普遍高于信用卡利率，远高于对公贷款利率，银行可以在很大程度上保持收益水平，缓冲利率市场化的冲击。因此，大力开展消费金融业务成为银行的必然选择，消费金融成为信贷资源重点投放领域，开展消费金融业务的模式也多样化起来。消费信贷行业规模近几年保持快速增长的态势，占商业银行总贷款的比重持续提升，人民银行公布的数据显示，截至2016年末，招行、平安

---

① 中投投资咨询网。

银行信用卡贷款余额在贷款总额中的占比均已突破 12%，分别为 12.55%、12.27%，光大银行占比也达到 11.83%。

二、模式与产品

商业银行从事消费金融业务有着巨大的优势。作为消费金融市场最早的参与者，从 1985 年发放的第一张信用卡到现在，积累了丰富的经验；除了信用卡，商业银行还发展了汽车贷、消费贷等其他产品。到目前为止，信用卡也还是银行主要消费金融产品，一次授信，循环使用。在信贷规模上，商业银行也占据着绝对的主导地位，即使剔除住房按揭贷款，消费金融市场仍然由银行占主导地位。商业银行具有稳定、低成本的资金实力，相应地在利率定价上也会相对较低。例如，中信银行的"公积金网络信用贷款"年利率最低 6%~7%（一年期），招商银行"闪电贷"产品年利率同样可低至 6%~7%，工商银行融 e 借年利率可低至 5%~6%，而信用卡分期的利率稍高，10%~18% 的水平（一年期）。

目前从行业发展来看，银行主要从以下几个方面来布局、发展消费金融业务。

（1）依托信用卡全方位拓展消费金融。一是充分利用信用卡业务的优势，以信用卡为载体拓展消费信贷业务，通过开展固定期限免息活动、信用卡分期利率优惠活动、特约商户特惠活动等形式大力拓展信用卡应用场景、提高信用卡的使用频率。二是依托自身的品牌效应，大力发展线上渠道。随着互联网渠道的普及，多家银行都均已具备信用卡线上申请的功能，线上办卡越来越方便，除了在银行官网、微信客户端等官方渠道申请办卡外，各家银行为增加客户入口、扩大客户流量，纷纷与互联网平台合作，线上渠道渐成一些银行发卡主渠道，线上客户占比也逐步在提升。例如，工商银行与百度公司合作，在"百度钱包"手机APP内推出工行信用卡在线办卡服务。又如，上海银行与美团合作，在大众点评的"钱包"中提供上海银行与美团的联名信用卡的申请入口。三是依托充足的资金优势，与实体企业（如大型商场、旅游公司、家具家装公司等）合作，拓展信用卡的场景覆盖类型，力推消费信贷发展，例如，光大银行推出与红星美凯龙合作的光大—美凯龙联名信用卡，招商银行推出与天虹商场的招商—天虹商场联名信用卡。

（2）构建新型的消费金融业务体系。银行或者参与成立消费金融公司，或者与消费金融公司合作，实现银行优势与消费金融公司业务的互补。银行通过成立消费金融专营机构，独立运作，搭建从组织架构、系统、业务流程、人才等方面配套的消费金融体系，锁定特定的潜力客群，有针对性地开展消费金融业务。例如，中银和北银消费金融均是银监会批准的首批试点的消费金融公司；已经成立的24家消费金融公司中20家均有银行参股。银行和消费金融公司合作的方式不一，如银行通过同业拆借、信贷方式为消费金融公司提供低成本的资金，2017年捷信消费金融从商业银行拆入资金110.10亿元人民币，中银消费金融从银行拆入资金313.85亿元；招联消费金融2017年获得招商银行给予的期限为1年、金额为150亿元的授信额度。①

（3）寻求跨界合作，实现共赢。银行在拓展"长尾客户"，逐步完善自身风控体系的同时，也寻求不同的风险控制、风险缓释等手段来降低风险、实现共赢。银行加强与不同的场景方合作，

---

① 未央网，两极分化：一文详解持牌消费金融公司竞争格局。

其中，与电商平台合作是比较常见的模式，利用电商平台上积累的客户信息、交易信息、行为信息等，补充客户画像的维度，降低黑产、欺诈风险等带来的损失，充分发挥预审批的作用。例如，银行与购物、装修、旅游等电商平台合作为平台客户提供服务，建设银行与土巴兔合作提供装修贷就是其中一种。银行还可以通过多种方式创新信贷产品，获得适度的风险缓释，如交通银行和浙商银行推出用理财产品质押申请消费贷款的业务；华夏银行和中信银行均开发了住房公积金缴存人申请信用贷款的模式。另外，银行业机构与保险公司合作，保险公司以信用保证保险服务的形式参与到消费金融业务中，转移消费信贷面临的潜在风险损失。表 2.1 展示了一些商业银行与 BATJ 的跨界合作情况。

表 2.1 商业银行的跨界合作

公司	合作银行	主要合作内容
百度	农业银行	共同建立金融科技联合实验室
	中信银行	共同筹建直销银行
阿里巴巴	建设银行	入驻支付宝、开通财富号、线上开卡、互认互扫
	南京银行	打造"鑫云+"平台、鑫e家平台、大数据平台
腾讯	招商银行	AI 反欺诈
	中国银行	中国银行—腾讯金融科技联合实验室
京东	光大银行	大数据风控、用户画像、人工智能
	工商银行	金融科技、零售银行、消费金融、企业信贷、校园生态、资产管理、个人联名账户等方面全面业务合作
	江苏银行	风险管理、客户运营、精准营销、场景拓展
	大连银行	直销银行 APP
	北京银行	联合风控建模、共享用户标签
	浦发银行	风控与反欺诈、精准营销、智能金融

为适应消费金融发展，便于金融科技对业务的支持更充分、更及时，传统银行在组织架构方面也进行了变革。自2013年开始，国内商业银行陆续成立网络金融部，便于推动业务转型。例如，根据公开信息，2014年，建设银行将电子银行部改为网络金融部；中国银行撤销电子银行部，成立网络金融部；农业银行成立网络金融部，并成立了互联网金融推进办公室；平安银行成立公司网络金融事业部和零售网络金融事业部。2015年，交通银行设立网络渠道部（原电子银行部），新成立互联网金融业务中心（负责线上产品，如现金贷等）；招商银行在零售金融总部下设零售网络银行部，2018年，又以原零售网络银行部为依托，升级推出新零售金融总部，该部门将成为全行的平台部门。2017年，工商银行组建网络金融部，统筹全行网络金融业务发展与管理，而早在2015年6月18日，工商银行宣布成立业内首家个人信用消费金融中心，该消费金融中心为工行一级部门，将原来分散在个人金融业务部、银行卡部、信用卡中心、信贷管理部等个人信用消费贷款业务进行整合，全面发展"无抵押、无担保、纯信用、全线上"的消费信贷业务。南京银行、渤海银行等银行都成立消费金融中心，统筹管理消费金融业务。

由此可见，银行在转型消费金融业务上已经做了大量的工作，但在如下方面银行还有提升空间：一是制定以金融科技为支撑的生态战略，充分掌握监管政策与市场情况，做好顶层架构设计，明了金融科技的能力与适用范围。二是建立消费金融业务体系，从业务目标、系统支持、大数据及科技决策、组织结构方面进行整体设计，例如，目前多数银行缺少与消费金融业务相适应的信贷系统与自动决策模块，市场上的信贷厂商多为银行传统业务提供系统，它们也同样面临转型的问题；又如，消费金融业务打破传统前台、后台岗位模式，对系统、数据、模型、金融科技等方面联动和融合要求较高，银行现有部门设置在这方面缺少有效性，在一定程度上制约了消费金融业务的发展。三是以科技手段为基础、以客户服务为中心设计产品，转化传统产品设计理念与流程，融营销、产品流程管理、客户服务、风险管理与系统支持为一体；建立适应业务的全面风险管理体系，合规、有效地利用数据及科技手段为风险管理所用，并针对业务和科技手段所带来的新型风险建立应对预案与措施。四是引进和培养复合型人才，尤其是具备消费金融业务专业化技能的人员，通晓移动互联、金融业务、科技手段的人才将具备竞争优势。

第二节 持牌消费金融公司

一、发展情况

与商业银行相比，持牌消费金融公司更强调"小、快、灵"的特点，即单笔授信额度小、审批速度快、纯信用、线上＋线下模式灵活展业，覆盖商业银行服务不足的客群。从 2009 年银监会颁布《消费金融公司试点管理办法》，并批准首批 4 家消费金融公司；到 2013 年修订该办法，将试点范围扩大到南京、武汉等 16 个城市；到 2015 年国务院将审批权下放到省级部门，将试点范围扩大到全国；再到 2016 年中国人民银行和银监会发布《中国人民银行 银监会关于加大对新消费领域金融支持的指导意见》，明确提出推进消费金融公司设立常态化。一系列的政策，从参与主体、经营区域、经营范围和经营规则等方面都对持牌消费金融公司给予了充分的指导与支持。巨大的政策红利，有效促进了行业的快速发展。截至 2016 年 9 月末，持牌消费金融公司累计发放贷款 2 084.36 亿元，服务客户 2 414 万人，贷款余额 970.29 亿元。① 截至 2018 年 12 月 31 日，全国有 24 家消费金融公司获得牌照，另外还有多家正在筹备审核中。从股东构成来看，大部分持牌消费金融公司的股东方具有银行背景。表 2.2 是对国内持牌消费金融公司的股东构成的梳理。

表 2.2　24 家持牌消费金融公司及其股东构成
（截至 2018 年 12 月 31 日）

名　称	地　区	股　东　构　成
北银消费	北京	北京银行全资子公司，2013 年引入桑坦德消费金融公司，以及利时集团、联想控股、大连万达等
锦城消费	四川	成都银行（51%），马来西亚丰隆银行（49%）
中银消费	上海	中国银行（51%），百联集团（30%），上海陆家嘴金融发展公司（19%）
捷信消费	天津	中东欧最大投资集团 PPF 集团全资
招联消费	广东	招商银行（50%），中国联通（50%）
兴业消费	福建	兴业银行（66%），泉州市商业总公司（24%），特步（5%），福诚（5%）
海尔消费	山东	海尔集团（30%），海尔集团财务公司（19%），红星美凯龙（25%），浙江逸荣投资（16%），北京天同赛伯信息科技有限公司（10%）
湖北消费	湖北	湖北银行（50%），TCL（20%），武汉商联（15%），武汉武商（15%）
苏宁消费	江苏	苏宁云商（49%），南京银行（20%），法国巴黎银行个人金融集团（15%），江苏洋河酒厂（10%），先声再康江苏药业（6%）
马上消费	重庆	重庆百货(30%)，北京秭润(20%)，重庆银行(18%)，阳光保险(12%)，物美控股(10%)，小商品城(10%)

① 银行业例行新闻发布会。

续表

名称	地区	股东构成
中邮消费	广东	邮储银行（61.5%），星展银行（12%），海航集团，拉卡拉支付、广百股份、海印集团（3.5%），三正集团
杭银消费	浙江	杭州银行，生意宝，西班牙对外银行，海亮集团
华融消费	安徽	中国华融，合肥百货，深圳华强，安徽新安资产
晋商消费	山西	晋商银行（40%），奇飞翔艺（25%），天津宇信易诚（20%），山西华宇商业（8%），山西美特好连锁超市（7%）
盛银消费	辽宁	盛京银行（60%），顺峰投资（20%），大连德旭经贸（20%）
陕西长银	陕西	长安银行（51%），汇通信诚租赁（25%），北京意德辰翔（24%）
包头市包银消费	内蒙古	包商银行（73.6%），深圳萨摩耶（26%），百中恒投资（0.4%）
河南中原消费	河南	中原银行（65%），上海伊千网络（35%）
湖南长银五八消费	湖南	长沙银行，北京城市网邻信息技术，长沙通程控股
哈尔滨哈银消费	黑龙江	哈尔滨银行（51%），其他（41%）
河北幸福消费	河北	张家口银行，神州优车
上海尚诚消费	上海	上海银行，携程，深圳德远益信投资，无锡长盈科技
厦门金美信消费	福建	中信银（34%），厦门金圆金控公司（33%），国美控股（33%）
中信消费	北京	中信集团（35.5%），中信信托（34.5%），金蝶国际（30%）

以主发起机构的行业属性作为判断依据，可以将持牌消费金融公司主要分为金融系和产业系两大阵营，中银、北银、锦城、中邮、杭银、华融、晋商、盛银、长银、中信这几家消费金融公司均属于金融系，而海尔、苏宁、马上这几家消费金融公司属于产业系集团作为主发起人，招联消费金融公司略微特殊，招商银行及其旗下的香港永隆银行与中国联通各占 50% 的股权。尽管主发起人以银行等金融机构为多，但绝不能简单忽略股权结构中的其他组成部分。从股东背景入手分析，就能够较为清晰地看出不同消费金融公司在建立初期拟定的发展路线图。

银行+型，消费金融公司试点期成立的 4 家消费金融公司，基本上都是由银行全面主导的消费金融公司。不可否认的是，银行系消费金融公司胜在对金融信贷业务理解较深，业务流程轻车熟路，银行系统内固有的业务能力、管理体系、风险管理水平，是这些消费金融公司本身所具备的显著优势。同时，在业务定位上，银行系消费金融公司可以通过发展小额、分散的信用贷款类产品与银行进行错位竞争。

产业+型，随着消费金融公司试点的进一步推进，监管政策也给出更多的支持，拓展了主要出资人类型，进一步促进消费金融公司股权多样化，银行与产业系企业强强联合的消费金融公司开始出现。例如，兴业消费金融、苏宁消费金融、湖北消费金融、陕西长银消费金融公司等，这些都是有产业背景的消费金融公司典型代表。此类消费金融公司的特征是，股东结构中不仅有商业银行，同时更多是其他产业系企业的加盟。如兴业消费金融公司的股东泉州市商业总公司、湖北消费金融公司的股东 TCL 集团、陕西长银消费金融公司的股东汇通信诚公司。非金融企业投资消费金融公司，除了财务投资方面的考虑之外，更为重要的是这些企业实现了金融方面的布局，并通过消费金融公司的业务运营，为自身体系内的业务开展与客户服务提供抓手。伴随着国内经济发展改革的不断深化，社会经济的发展已经到了"无处不金融"的阶段，对于从事其他产品生产、销售及服务的企业来讲，也需要为其主营业务所服务的客户群体谋求金融服务的支撑，引导金融支持实体经济的发展。通过与银行等金融机构合作成立消费金融公司，可以顺利地跨界到金融领域。而对银行来讲，在发展个人信贷业务的过程中，获客成本和获客难度在明显提升，非场景营销引入的客户或主动上门办理的客户面临风险管理难度较大的客观问题，借款客户的实际资金用途也难以把握。产业系企业原有的客户资源、数据资源、业务场景都是开展消费金融业务不可多得的宝贵财富，产业资源的导入，能够为消费金融业务的开展提供批量化的、有金融信贷需求的客户群体入口，借款客户的资金需求较为明确、资金用途切实，为消费金融业务的开展提供了显著优势。于是，双方的联手就显得顺理成章。

那些以自身集团业务为重要依托的消费金融公司就更为典型。消费金融业务首先可服务于自身体系内的客户需求，与集团主营业务相互促进，进而开拓更为广阔的外部市场。以苏宁消费金融公司为例，苏宁云商集团是该消费金融公司的主发起人。在业务开展上，苏宁消费金融首期推出的产品"任性付"就是嵌入苏宁的消费场景中的，可用于苏宁易购线上商城或苏宁线下门店的商品购买。以苏宁成熟的线下卖场及网上商城为入口，苏宁消费金融公司的业务规模快速增长。苏宁消费金融公司于2015年5月29日开业运营，根据苏宁消费金融发布的半年报显示，截至2016年6月末，公司的"任性付"产品累计发放消费贷款数量超过1 000万笔，在苏宁平台交易中"任性付"订单数量同比增长10倍，支付成功率达到 99.99%，实现营业收入 4 327.90 万元。

在金融、产业互相联合的基础之上，同时还有多家消费金融公司吸纳了数据、技术、互联网等多方面的资源，进一步积累自身在技术能力、数据基础等方面的实力。例如，于 2016 年 2 月获批的晋商消费金融公司，其股东之中除了主发起人晋商银行之外，还包含奇虎 360 旗下的奇飞翔艺（北京）软件有限公司、天津宇信易诚科技有限公司等技术背景企业，以及山西华宇商业发展公司、山西美特好连锁超市两家山西本土的商贸龙头企业，形成"金融＋商业＋技术"的股东架构。晋商银行自身有着银行业的背景以及金融业务经验；奇虎 360 不仅具有互联网技术力量和数据资源，同时具备线上产品研发能力，天津宇信则是金融 IT 服务提供商，有能力在个人信贷系统建设方面提供解决方案；山西华宇和山西美特好连锁这两家商业企业，具备消费金融公司发展所需的潜在客户、场景甚至服务网点。上述三方面的联合，会为消费金融公司的业务发展提供多方面的业务资源与专业能力。

自 2010 年消费金融公司开启试点以来，首批试点消费金融公司较早占据了消费金融市场阵地，但在发展的前几年里，各家消费金融公司的业务开展似乎都是不温不火。分析原因，有如下几点因素不容忽视：一是消费金融公司试点期，同时也是监管政策的探索期。但是，随着 2013 年银监会对《消费金融公司试点管理办法》进行修订后，消费金融公司的资金来源进一步扩大，业务经营的地域范围放开，风险管理自主权进一步提升，消费金融公司的业务发展开始加速。二是消费金融公司的创新能力。监管部门对消费金融公司的贷款产品用途、额度上限等有明确规定，期望消费金融公司通过创新形成对现有金融系统的有效补充。根据银监会数据统计，早期开业的 6 家持牌消费金融公司在 2014 年当年累计发放10万元以下的贷款72万笔，占其全部贷款的91%，其中5 000元以下的贷款45万笔，占其全部贷款的57%，产品额度差异小，同质性高，缺少对市场空间的进一步拓展能力。三是资源整合利用的问题。虽然银行系消费金融公司以银行作为大股东和主发起人，但是在资源调度上并非事事遂愿。一般而言，银行方在网点资源、人力资源、资金来源等方面都具有相当的优势，但银行与消费金融公司的业务经营相互独立，消费金融公司是否能够顺利"借到"银行资源存在非常大的不确定性。例如，从人才引渡方面来看，消费金融公司在业务启动早期通常需要提供更高的薪酬福利及更为广阔的职业发展空间，才能从银行吸引到更多专业人才。从银行网点资源利用、与银行销售人员合作等方面来看，很多银行已经在区域市场具有较为领先的网点优势，同时匹配了相应的客户经理资源，在推广银行自身业务时可通过对管理层的行政管理手段、业务层的绩效指标考核手段等，落实自身的业务目标。但在同样情况下，如消费金融公司希望借用银行已有网点拓宽业务覆盖的地域范围，或是借银行客户经理渠道为消费金融业务引入客户，则面临很大困难。双方独立的业务运营，使得消费金融公司方面无法通过传统的管理手段管理银行方的团队，银行方现成的资源有时难以共享，甚至产生左右手互搏的情形。所以，从业务实践角度而言，多数消费金融公司还是走了自建销售团队、引入助贷机构等"自力更生"的业务拓展之路，无法完全依靠银行资源，与股东银行的资源协同效应是非常有限的。

对于金融与产业联合的消费金融公司，产业集团发挥其客户引流、管理渠道、资金实力等资源优势，而金融机构贡献其更专业的金融业务能力、更低成本的资金，双方联手并进。但在业务实践过程中，也要解决内部资源的整合与协同的问题。以零售商业为重要股东背景的消费金融公司为例，大型卖场、连锁商超、汽车经销商等，这些都为消费金融业务的发展提供了一个绝妙的业务场景。尽管商业集团层面对这个消费场景有着完整的把控能力，但在实际业务开展过程中，却难免出现各种冲突。第一，作为集团内部原有的强势业务短期之内对消费金融的依赖度很低，消费金融在业务发展初期并不能对原有的零售业务起到提振作用，导致原有零售条线缺乏与消费金融公司进行密切合作的意愿，无法有效发挥协同效应。第二，商业零售的人力很难为消费金融业务体系所调动或管理，业务开展过程中容易出现管理困境。例如，如果商业零售端的业务人员缺乏激励措施，则不会积极配合消费金融业务的拓展；而如果激励太过，又容易引发内部人欺诈问题，而消费金融公司方面又很难对商业零售体系的销售人员进行风险指标方面的严格考核。第三，零售商业企业的客户积累和数据积累有些时候并没有看上去那么有效。例如，商业零售企业没有建立实名制客户体系，家电零售企业的复购率较低，客户行为数据稀疏等问题，都是普遍存在的。

二、业务模式

相比于其他消费金融参与主体，尤其是未持牌的机构，持牌消费金融公司有着明显的竞争优势。首先，在牌照背书与品牌上具有非常大的优势。市场准入制度是金融监管部门进行事前监管的核心内容，而获取金融牌照则是市场准入的关键。持有金融牌照，不仅在开展金融业务的过程中明确了自身的业务边界和相应的业务依据，更是获得一种市场准入的资质。在监管部门对消费金融公司牌照的严格管理之下，仅有符合一系列准入要求的机构才能够获准成立消费金融公司，这无疑为持牌消费金融公司的资金实力和管理能力做出了极好的信誉背书。其次，获得资金的成本合理。持牌消费金融公司的主要资金来源渠道包括接受股东境内子公司及境内股东的存款、向境内金融机构借款、经批准发行金融债券、参与境内同业拆借等。资金来源渠道多样化，特别是具有大中银行股东背景的消费金融公司，资金成本优势更为明显。最后，信贷业务风险管理体系相对完整。很多消费金融公司具有银行股东背景，其核心管理人员也多来自银行体系，公司的风险管理框架也多借鉴银行做法。同时，银保监会对持牌消费金融公司的资本充足率、资产损失准备充足率等关键指标均有着严格的指标监管要求，对业务流程、外包管理、内外部审计制度已有明确规定，受到来自外部监管的压力，消费金融公司也具有非常强的审慎经营意识。另外，在业务层面，消费金融公司可对接人行征信系统，催收回款有约束力，有利于风险控制。

消费金融公司牌照属于全国性牌照，其展业范围不局限于注册地区，这对消费金融公司发展多种业务模式是有巨大优势的，同时，对区域性商业银行而言，更是希冀借助这一点，通过发起设立消费金融公司，依托消费金融业务进入全国个人信贷市场。消费金融公司业务拓展，多采取如下几种模式。

第一种是寻找线下助贷机构进行合作。通过与不同线下助贷机构合作，将线下获客的触角延伸至各个区域和各个消费领域，实现快速组织销售力量和占据线下市场的目标。助贷机构的管理对消费金融公司来讲却是一个现实的挑战，如信贷市场上"飞单"的情况非常普遍，共债问题突出；内外勾结、违规操作等风险防范难度大。老牌消费金融公司北银消费曾爆出的合作机构"欺诈门"事件，本质上就是对合作机构的管理不足造成的。从根源上讲，助贷机构与消费金融公司的客户定位本身就存在差异。其中，最为明显的就是双方在风险容忍度上的差异，消费金融公司的风险容忍度要明显低于一些助贷机构，因此助贷机构营销来的部分客户无法通过消费金融公司的审批，导致通过率偏低，双方的合作效果不佳，从而出现某些助贷公司承揽风险管理的职责并从中提供担保，但是这种方式并不能从根本上遏制业务风险的发生。

第二种是发展线上展业。很多消费金融公司不约而同地将目光投向线上，在发挥地域优势、布局线下渠道时，同步开展线上业务渠道的部署，依托互联网实现跨地区的客户获取。例如，马上消费金融公司，其在业务开展之初就将展业重点定位在线上，以互联网渠道谋求业务规模增长。但不得不说的是，线上业务在开展过程中也面临很多实际的难题。例如，大流量平台流量成本一路走高，而独立门户网站或 APP 的客户流量有限；线上渠道身份核实和反欺诈难度较大，通过率难以保证，等等。诸如此类的问题对互联网渠道的客户获取、审批准入、贷后管理都提出了挑战。

第三种是拓展与各种消费场景的合作。通过此类合作，能够为消费金融公司带来批量的、稳定的客流，同时获取到客户在消费场景中的各类行为信息，帮助消费金融机构聚焦到风险可控的客群身上。在线下，通过与 3C（计算机类、通信类、消费类电子产品）卖场、家电卖场、培训机构、医疗美容机构等不同类型的线下商户进行合作，获得消费场景入口。随着消费金融机构对于优质商户的争夺日益激烈，很多类型的商户合作竞争早已陷入一片"红海"，线下商户的话语权较大，留给消费金融机构的腾挪空间越来越有限。在线上，互联网消费持续繁荣，互联网消费金融市场规模也随之保持高速增长。艾瑞咨询统计的数据显示，2017 年中国互联网消费金融放款规模达 4.384 7 万亿元，而 2018 年整体市场规模估计已逼近 10 万亿元，并预计仍将保持较高速度的增长。[①] 因此，与电商平台的合作无疑是一个非常好的选择。各大电商平台都已经是消费金融公司竞争合作的伙伴，如阿里、京东是把握着 C（消费者个人用户）端客户入口的"大户"，早已跨界到金融领域，拓展了自己的线上消费金融业务。

三、挑战与机遇

消费金融公司普遍成立时间短，风险体系建设与业务发展同步进行，在业务开展过程中普遍面临如下风险管理方面的挑战：首先，消费金融产品风控抓手偏单一，风险评估侧重对审批准入的把控，贷中管理缺乏有效的抓手。消费信贷产品普遍用于支付借款人的商品或服务购买，当款项借出后，除了还款动作之外，很难再观测到借款人的其他行为信息。而对银行体系而言，本身拥有个人客户的借记账户信息，同时还有信用卡等这类能够监测客户交易行为的贷款产品，能够为贷中风险评估提供更多依据。其次，消费金融市场的欺诈问题突出。无论是线上业务或是线下业务，消费金融公司都面临越来越严峻的欺诈问题。线上渠道技术欺诈呈现爆发式增长，极大地影响了线上渠道的审批通过率和业务运营；线下渠道则根据渠道展业方式的不同，面临内部人欺诈、外部中介团体欺诈、合作助贷机构欺诈等情形。最后，数据积累尚未完成。对于多数成立时间较短的消费金融公司而言，其内部的数据积累不足，尚无法基于内部数据完成风险预测模型的训练，从而影响到消费金融公司的风险评估与风险定价的准确性。

[①] 艾瑞咨询，《2018 年中国互联网消费金融行业报告》。2017 年统计数据口径增加银行互联网消费金融规模。

尽管消费金融公司的业务发展面临现实的困难与抉择,但在国内城乡居民消费升级的经济发展过程中,消费金融的市场仍旧广阔。如何能够在激烈的市场竞争中,依托自身优势,走出一条可行的业务发展之路呢?

第一,打破传统藩篱,着力实现股东优势的内化。需要充分调动消费金融公司各方股东的优势,发挥协同作用,从客户资源、业务场景、技术能力、数据支持等方面入手,对已有资源进行真正整合,将这些股东资源内化成为消费金融公司自身的实力。可采取决策层资源倾斜、管理层加强合作、业务层强化考核等多种手段,使得原有的优势业务条线真正能够在消费金融场景中使上力;也需要尽快提升消费金融业务的影响力,使金融服务能够快速形成对原有股东业务的支撑能力。

第二,真正夯实自身的业务管理能力,提升风险识别能力、评估能力以及风险定价能力。金融的核心在于资金融通,资金互通是建立在信用基础之上的,对客户信用水平的识别与评估正是风险管理的关键所在。风险管理能力是所有经营风险的金融企业的核心竞争力之一,消费金融公司也不例外。特别是在面对客户量巨大、单笔授信金额较小的消费信贷业务时,更需要建立基于数据计量的风险评估能力,从数据引入、数据分析、数据挖掘出发,实现量化风险评估与风险定价。

第三,要在产品创新方面下大力气,开发更多符合市场需求、利于业务管理的创新产品。研究并开发循环类授信产品、客户管理型产品等,通过创新产品吸引更多客户的同时,进一步增加客户黏性,并通过产品设计,对客户的信贷行为形成持续性的密切监控,丰富风险管理抓手,同时不断提升客户价值。

第三节　互联网金融平台

本书将发展消费金融业务的电商平台、场景分期平台、现金贷平台、P2P 网络借贷以及各类垂直领域的互联网平台等都统一归类为互联网金融平台。

一、电商平台

电商平台依靠其与消费者之间的天然关系，恰到好处地推出消费金融服务。首先，电商平台有着庞大的客户群基础，这为消费金融业务的发展带来了目标客户；其次，这些客户具有较为明确的购物需求和丰富的交易历史数据，平台可以轻松掌握客户的现金流、消费习惯和消费能力，有助于建立准确的客户画像和信用风险评级模型；再有，电商平台在场景中提供消费金融产品，方便快捷地解决客户消费、融资问题，消费金融成为电商建设平台生态、提高客户黏性与综合价值的关键。2014 年 2 月，京东消费金融推出互联网消费金融产品京东白条；2014 年 7 月，阿里巴巴推出天猫分期，也进入该领域；2015 年 4 月，百度推出百度有钱，正式进入互联网消费金融领域；2015 年 11 月，苏宁消费金融推出了苏宁任性付，"随借随还"业务。除了上述电商平台，很多其他电商平台也纷纷推出消费金融服务，为符合条件的用户提供"先消费，后付款"的信用分期付款服务。基于电商平台的消费而提供消费金融产品带动了消费金融领域的创新，同时极大地刺激了居民消费潜力。这些电商平台开展消费金融业务通常是通过与其合作的具有小贷、保理或消费金融牌照的公司，从自身平台客户的消费分期开始，逐步发展到其他消费场景分期，甚至现金贷。

电商平台主要消费金融产品可参见表 2.3。

表 2.3 电商平台主要消费金融产品

电商平台	产品	经营方式
京东	白条 1.0	京东自营产品，赊购模式，白条为消费者和京东之间的交易凭证
	白条 2.0	包含第三方店铺的整个京东商场，白条成为消费者与商场店铺的信用购买手段
	白条 3.0	走出京东商城，覆盖线下消费场景，对接小贷公司，客户在使用白条＋产品（旅游、装修等消费场景）时，实际是向小贷公司申请了贷款
	金条	通过小贷公司为京东客户提供无抵押现金贷
阿里巴巴	花呗	通过小贷公司、商业保理公司，为在淘宝、天猫平台及其他场景中的消费者提供消费贷款
	借呗	通过小贷公司提供综合性消费现金贷
苏宁易购	任性付	通过消费金融公司推出的小额消费贷款，可在苏宁购物时使用，最长 45 天免息，可分期还款
	任性借	通过消费金融公司推出无抵押现金借款

资料来源：中信建投证券发展研究部。

二、场景分期平台

场景分期平台主要依托互联网的方式，为客户提供快捷的商品分期服务。分期平台目前多以细分垂直领域为主，以特定的消费场景服务于特定的用户群。与电商平台不同的是，场景分期平台往往是与商品服务方合作，代消费者将资金支付给商品服务的提供者，之后再由消费者分期向分期平台偿还。场景分期平台将消费金融服务延伸到多类场景中，这也是互联网消费金融的必然选择。这些场景金融目标客户定位为年轻人，围绕"衣、食、住、行、学"等提供服务。例如,这类平台有较为标准化的 3C 分期,还有经营模式差异化较大的装修、旅游、教育、医疗、农业等垂直场景。在这些垂直细分领域,往往难以形成巨头进行垄断经营,因此独具相应的优势,吸引了大量的投资者和机构合作,这其中也包括部分电商平台参股投资,如蚂蚁金服、京东金融等都参与了场景分期平台的投资,房司令等平台也与支付宝、芝麻信用进行业务合作,寻求获客和征信方面的支持。表 2.4 是部分场景分期平台及股东方。

表 2.4 部分场景分期平台及股东方

分期平台	专注领域	融资轮次及主要股东方
分期乐	3C 分期	D 轮(京东、经纬中国、险峰长青等)
房司令	租房分期	E 轮(梅花天使创投、玖富集团、华兴资本、明道金控领投等)
会分期	租房分期	C 轮(联络互动、源码资本、京东金融等)
米么金服	医美、轻奢等线上线下	C 轮(顺为资本、海尔投资、曦域资本、熊猫资本等)
农分期	农机分期	C 轮(BAI、顺为资本、真格基金、源码资本等)
什马金融	农业分期	C 轮(铜板街金融科技集团、华创资本、汉能创投、顺为资本、北极光创投等)
即科金融	医疗、家装、旅游、教育、3C 等	A 轮(红杉资本)
买单侠	手机、医美分期	C 轮(真格基金、红杉资本、顺为资本、京东金融等)
美利金融	二手车分期	A 轮(京东金融、晨兴资本等)
人人分期	3C 分期	人人网
课栈	教育分期	A 轮(春晓资本等)

资料来源:中信建投证券发展研究部及公开信息整理。

三、现金贷平台

现金贷平台主要为客户直接发放小额现金贷款,其主要特点是资金无明确用途、无特定场景。从网贷天眼统计的数据来看,现金贷平台背景既有上市系也有国资系和投行系。在现金贷平台的经营过程中,流量、资金和催收是保证现金贷公司经营的三大要素。流量是客户来源的主要方式,主要的流量渠道有贷款超市、流量入口、同业平台、广告营销和手机应用商城等。资金来源主要有银行、信托、消费金融公司、P2P 和 ABS 证券化产品。大部分头部现金贷公司都有来自银行和其他持牌金融机构的资金,且持牌机构的资金占较大比重。现金贷业务在贷前审批中主要防范欺诈风险,侧重将催收作为止损的主要手段。由于现金贷业务额度较小、客户分散,上门催收的成本较大,因此在贷后管理上普遍采用电话催收的方式。头部现金贷公司通常会自建内部催收团队,而长尾现金贷公司往往采用委外催收的方式。

我国现金贷行业发展迅速,从 2015 年到 2017 年短短 2 年多时间,现金贷行业增加了近 3 000 家机构。据业内不完全统计分析,截至 2017 年,我国有 1 000 万~1 500 万活跃现金贷用户,按人均借款 2 000 元/年计算,当前现金贷市场规模在 300 亿元左右。

然而,在现金平台高速发展的背后也存在几个最为突出的问题:首先,利率畸高,据一本财经统计,现金贷平均年化利率为 158%,部分"发薪日"利率高达 598%。其次,风控极为简单,主要防范欺诈风险,客户共债者比例超过 60%,坏账率极高,平台依靠高定价覆盖高风险。最后,催收极不规范,各类暴力催收现象时有发生。

四、P2P 网络借贷

P2P 平台通过点对点的方式,针对大量未被传统金融机构覆盖的长尾客户提供特定服务。P2P 本身不具备放贷资质,在个体和个体之间通过互联网平台实现直接借贷,属于民间借贷范畴。按照监管要求,平台主要为借款人和出借人之间实现直接借贷提供信息收集、信息公布、资信评估、信息交互、借贷撮合等服务,是信息服务中介而非信用中介,自身不得为出借人提供任何形式的担保。

P2P 平台主要包含借款人(资产端)、投资人(资金端)和平台方三个角色。按照业务开展的方式主要分为两类模式:一是纯线上模式。借款人和投资人的获取、风险评估、交易撮合、放款等流程都在线上完成。二是线上结合线下模式。投资人通过线上方式获取,借款人的开发是在线下进行,通过设立门店、成立销售团队的方式,寻找借款人并进行实地考察,这一方式比较适合单笔金额较大的业务。例如,友信金服集团下,人人贷的业务模式偏向第一种,而友信普惠的业务模式是第二种。在资产端,按资产类型分,有信用贷款、房产抵押贷款、车辆抵押贷款、票据业务等不同类型。其中,借款人向平台发布借款需求,用于个人消费或是紧急周转,平台会综合借款人征信、工作、收入等多方面信息进行评定,而后进行放款,是 P2P 网贷平台参与消费金融市场的一种方式。

国内 2007 年第一家 P2P 公司成立,2012 年 P2P 进入爆发期,进入行业鼎盛时期,以每天 1~2 家平台上线的速度增长,零壹数据监测到的 P2P 网络借贷平台最多的时候达 6 063 家。2015 年,行业进入规范发展期,随着监管政策的落地,资金池、期限错配等隐患模式被禁止，大量不合规平台被淘汰，引导行业整体由野蛮生长进入优胜劣汰、健康发展的阶段。截至 2018 年 12 月 31 日，6 063 家 P2P 平台中正常运营的平台数量为 1 185 家（占比 19.5%），同比减少 46.8%，异常平台（不含转型、有争议和良性退出的平台）数量为 4 672 家（占比 77.1%）。[①] 历经 10 余年的发展，P2P 对国内金融创新的贡献体现在互联网思维对金融服务理念与模式的改变。

第四节 互联网小贷公司

在互联网小贷出现之前，国内小贷行业已经走过 10 余年的时间。2005 年人民银行批准在 5 个省试点组建小贷公司，以补位传统金融机构，在助农助微等方面作出贡献。小额贷款公司兴盛于 2010 年，人行数据显示当年小贷贷款余额增长 155.5%，自此，小贷公司数量保持高速增长，在 2015 年机构数达到最多，为 8 910 家，贷款余额为 9 412 亿元。但从 2015 年之后，在经济增速下滑、互联网冲击、行业政策以及公司治理等多重因素的影响下，传统小贷行业不断萎缩，截至 2019 年 3 月末，全国共有小额贷款公司 7 967 家，较 2015 年末减少了 943 家；贷款余额 9 272 亿元，一季度减少 273 亿元，较 2015 年末减少了 140 亿元。[②]

传统小贷行业面临发展的挑战。一是外部环境发生变化。二是资金来源限制严格。其资金来源主要来自股东自有资金、捐赠资金以及不超过两个银行业金融机构资金。从实际情况来看，小

---

① 零壹数据，《2018 中国 P2P 网贷行业年报》。
② 中国人民银行网站，小额贷款公司统计数据报告。

贷公司从金融机构获取的资金非常有限，基本上只能使用自有资金放贷。三是业务发展区域的严格限制。传统小贷公司经营范围都需要在本地，部分公司的业务经过特许后才可以扩大到全省范围。融资渠道单一，融资成本高，经营区域受到严格限制，再加之风险管理模式的落后，严重限制了其发展速度与规模。

一、网络小贷的缘起

2015年7月，中国人民银行等十部门发布《人民银行 工业和信息化部 公安部 财政部 工商总局 法制办 银监会 证监会 保监会 国家互联网信息办公室关于促进互联网金融健康发展的指导意见》，突破了2008年《中国银行业监督管理委员会 中国人民银行关于小额贷款公司试点的指导意见》中要求的经营地域在县域范围内的限制，首次为"网络小额贷款公司"的成立提供了政策指导依据，即"网络小额贷款是指互联网企业通过其控制的小额贷款公司，利用互联网向客户提供的小额贷款"，"网络小额贷款应遵守现有小额贷款公司监管规定"。网络小贷公司主要通过网络平台获取借款客户，运用其积累的客户信息评定风险，确定授信方式和额度，在线完成申请、审核、审批、发放和回收全流程贷款业务。因此，互联网小贷是小贷公司的一种，属放贷机构，二者均由地方金融办负责牌照发放和监管事宜，后者在经营区域上有限制，网络小贷则可以利用互联网渠道跨区域获取客户。在此政策的积极支持下，网络小贷公司迅速进入互联网消费金融市场，成为上市公司、互联网企业布局消费金融市场的渠道，企业数量增长迅速。需要说明的是，P2P网贷平台为信息中介机构，不具有放贷资质，与网络小贷存在本质性的差异，但P2P网贷平台的借款产品和网络小贷的产品均属于网络借贷的范畴。

截至 2018 年底，全国共批了 261 家网络小贷牌照，其中完成工商注册的 243 张。[①] 牌照的区域分布受当地政策的支持、互联网经济活跃程度的影响，广东省最多，有 60 家网络小贷公司；其次是重庆市，有 43 家；江苏省、江西省和浙江省分别排名第三、第四和第五。这 5 个省市批设的网络小贷总数排名全国前五，占全国批设总数的 67.05%。从股东背景来看，上市企业、互联网企业拥有的网络小贷公司数量最多，互联网金融公司也拥有相当数量的网络小贷牌照，有的企业旗下甚至拥有不止一家网络小贷牌照，如京东及京东金融共持有 5 家网络小贷牌照，蚂蚁金服和苏宁分别持有 3 张网络小贷牌照，还有小米金融、万达财富、恒大金服、乐视、百度等均持有网络小贷牌照。

二、主要业务模式

网络小贷主要业务模式有三种：一是与 P2P 网贷平台合作。2016 年银监会发布的《网络借贷信息中介机构业务活动管理暂行办法》第十七条确立了借款限额的规定：同一自然人在同一网络借贷信息中介机构平台的借款余额上限不超过人民币 20 万元。此条规定被行业称为 P2P 网贷平台的限额令，部分平台为规避限额令的要求，选择通过网络小贷公司消化大额标的。另外一个重要的合作驱动原因是，由于 P2P 是非放贷机构，在缺少专有资质以及网络贷款监管趋严的情况下，一些 P2P 平台倾向于申请具备放贷资质的网络小贷牌照，因此，多家 P2P 网贷平台直接申请或由其股东申请获取网络小贷牌照。二是直接开展信贷业务，消费金融，

---

① 网贷之家。

尤其是现金贷业务,如趣店持有两张网络小贷牌照,并且这两家网络小贷公司均注册在江西省。借持有的牌照获得放贷资质,是互联网企业申请网络小贷的重要原因。三是为现金贷平台提供资金。网络小贷牌照除了赋予机构放贷资质,在快速发展的现金贷市场,网络小贷牌照更大的意义在于一种"信用背书"。拥有网络小贷牌照的公司往往通过 ABS、"联合放款"、P2P 等渠道获得资金,而这些形式获得的资金则绕过了原本在杠杆率上的限制,间接突破了其原有的杠杆比例。2017 年现金贷快速增长,这一年是网络小贷牌照数量爆发性增长的一年,也是网络小贷牌照二级市场异常火爆的一年,一年时间不到牌照身价暴涨数十倍。

2017 年爆发的包括"现金贷"乱象在内的一系列问题已经涉及网络小贷领域,因此互联网金融风险专项整治工作领导小组办公室针对网络小贷给出了专项整治通知,于 11 月 21 日发布《关于立即暂停批设网络小额贷款公司的通知》,明确要求自 2017 年 11 月 22 日起,各级小额贷款公司监管部门一律不得新批设网络(互联网)小贷公司,禁止新增批小贷公司跨省(区、市)开展小额贷款业务。2017 年 12 月互联网金融风险专项整治工作领导小组办公室、P2P 网贷风险专项整治工作领导小组办公室下发的《关于规范整顿"现金贷"业务的通知》,更是要求小贷公司以信贷资产转让、资产证券化等名义融入的资金应与表内融资合并计算,合并后的融资总额与资本净额的比例暂按当地现行比例规定执行。

网络小贷牌照从 2015 年因适应市场发展的需要而出现,是在消费金融升级、扩大以及互联网金融发展的浪潮中从传统小贷的运营模式中进行创新而来的,在服务长尾客户中起到积极作用。到 2017 年底暂停新增,从短短几年的发展历程中不难看出存在一定的牌照乱用的现象。例如,利用牌照优势,打着消费金融、服务长尾客户的幌子,开展超高利率的现金贷业务,为现金贷输血;还有,随着存量网络小贷牌照价格走高,不乏有些企业依靠背景和资金优势获取网络小贷牌照后,并没有急于开展业务,而是待价而沽。当然,这种现象的出现也和网络小贷的审批机构与批设条件有关。由于目前网络小额贷款公司等非金融机构的监管现状是,虽然各地方政府大多专设金融办(局),但是缺少统一管理的上层机构。各省金融办批设条件不同,为了招商引资所提供的政策支持也不同,这种情况下不可避免会出现企业利用区域政策的差异而进行套利的行为。另外,各地省级金融办制定的网络小贷监管政策难免存在监管要求不统一的问题,网络小贷经常涉及跨地区经营,这就必然会遇到异地监管问题,然而各地政府对网络小贷公司监管标准不同,也易出现监管漏洞。因此,为促进网络小贷的健康发展,必须全面考虑牌照审批权限的定位,针对跨省业务开展推出全国性的统一监管措施。而在业务开展中,需要网络小贷公司发挥网络贷款的优势,回归服务实体经济,在满足消费金融需求和小微企业融资时,进行实质性风险管理,有能力充分评估借款人的风险情况。

第五节 互联网银行

一、创新的尝试

除了传统银行之外,新兴的民营银行也在加快消费金融领域的布局。2014年,银监会批准了第一批民营银行。从设立目的而言,民营银行可以认为是对现代银行体系建设的一种补充和完善。

在第一批设立的民营银行中，微众银行与网商银行作为开展线上贷款业务的试点银行，获得了线上贷款业务备案许可，即在线上贷款业务豁免亲见贷款人本人的要求，全程线上完成贷款业务的申请、审批和放款，通过科技手段解决用户身份认证的问题，实现"亲见亲签"的目的。此试点行为突破了现行的《个人贷款管理暂行办法》(中国银行业监督管理委员会令〔2010〕2号)。随后在2016年成立的新网银行和亿联银行也采取同样的模式开展线上贷款业务。从这个意义上讲，业内更愿意将上述银行称为互联网银行。

《个人贷款管理暂行办法》是我国第一部个人贷款管理的法规，主要规定银行业金融机构个人贷款业务的受理与调查、风险评价与审批、协议与发放、支付管理和贷后管理等，共分8章、47条。其中，第十七条要求贷款人应建立并严格执行贷款面谈制度。国际个人贷款业务惯例和我国银行长期实践表明，面谈制度可以有效鉴别个人客户身份，调查借款人的信用状况和还款能力，有效防范个人贷款风险。因此，该办法进一步强化贷款调查环节，提出了贷款调查的具体要求和方式方法，重点强调必须建立并严格执行贷款面谈制度，确保贷款的真实性，把握借款人交易真实、借款用途真实、还款意愿和还款能力真实，严防虚假按揭业务的发生，从源头上保证个人贷款的质量。

二、网络银行案例

以互联网线上方式开展银行业务，最早出现于欧美国家，1995年10月18日，互联网银行Security First Network Bank（SFNB）由美国联邦银行管理机构批准设立，是在网上提供银行金融服务的第一家银行。SFNB脱离传统具有物理介质的实体银行模式，完全依赖网络开展业务，客户不受物理空间及时间限制，只要能登录其网站并拥有其网络账号便能享受该行提供的服务。SFNB上线后几个月内就获得6 000多万美元的存款，账户平均交易额达到20 000美元。① SFNB搭建了一套三个层次的网络安全系统为网上交易护航。在1998年被加拿大皇家银行以2 000万美元收购其除技术部门以外的所有部分，在被收购后，SFNB转型为传统银行中提供网络银行服务。但SFNB的出现，为之后的互联网与金融的跨界融合拉开了序幕。

微众银行由腾讯发起成立，是国内首家具备线上贷款业务资质的民营银行，定位为普罗大众和小微企业提供小额便捷的贷款、存款、理财和支付结算等服务，促进普惠金融的发展。2015年微众银行依托微信和手机QQ，采用用户邀请制，通过白名单预筛选出最符合其客户定位的用户，推出微粒贷，从申请、开户到借款、还款，全在个人手机上完成，不受时间和空间的限制，操作简单、便捷。微粒贷自从推出后，业务规模快速增长。根据微众银行2018年年报，截至2018年末，微众银行资产达2 200亿元，比年初增长了169%；其中，银行管理贷款余额超过3 000亿元，表内各项贷款余额1 198亿元，比年初增长了151%；各项存款余额1 545亿元，比年初增长了2 795%。银行全年营收达到100.30亿元，净利润24.74亿元，比上年增长了71%。截至2018年末，有效客户数超过了1亿人，覆盖了31个省、自治区、直辖市。微众银行授信的个人客户中，约80%为大专及以下学历，76%的客户从事蓝领服务业或制造业。微众银行主要通过手机移动端为客户提供7×24小时无间断服务，50%的借款发生在非工作时间，为典型的

---

① 世界上第一家全交易型网络银行。

互联网金融业务。

阿里巴巴的网商银行和微众银行是同时发起、性质相同的民营银行，但其定位与微众稍有不同，客群更多地聚焦于小微企业与农户，其核心产品是网商贷。其主要业务是围绕阿里巴巴、淘宝、天猫等电子商务平台，向卖家推出经营性贷款，满足卖家的融资需求。根据其年报显示，截至 2018 年末，网商银行资产总额 959 亿元，营业收入 62.84 亿元，较上年增长 46.9%，实现净利润 6.71 亿元；截至 2018 年末网商银行累计服务小微企业和小微经营者客户 1 227 万户，户均余额 2.6 万元。①

四川新网银行成立于 2016 年 12 月，由新希望集团有限公司、四川银米科技有限责任公司、成都红旗连锁股份有限公司等股东发起设立，是继腾讯微众银行、阿里网商银行之后的第三家获得线上信贷业务备案许可的民营银行。和微众银行、网商银行不同，新网银行没有互联网巨头作为股东，业务的开展也没有强大的流量背景。因此，新网银行结合自身定位在业内打造了"万能连接器"的品牌形象，即一端连接资产，如二手车、3C 消费金融公司等，通过资产端辐射更广泛的客户群体；另一端连接资金，通过与数十家同业的金融机构和银行机构建立连接，最大限度地提升资金融通效率。借助上述两极链条，新网银行在开业后短期内实现了业务规模的跨越式增长。截至 2018 年末，新网银行资产总额 361.57 亿元，其中贷款和垫款总额 257.16 亿元，占资产总额 71.12%，较上年末增长 154%；2018 年实现营业收入 13.35 亿元，营业支出 8.78 亿元，净利润 3.68 亿元；截至 2018 年末，新网银行客户已覆盖 31 个省（区、市），客户总数 1 905 万人，累计放款 5 733 万笔，累计放款金额 1 601 亿元，人均贷款 8 404 元，笔均

---

① 网商银行 2018 年年度报告。

贷款金额 2 793 元。新网银行称其近 80% 的客户来自三、四线城市和农村地区，他们大都缺乏信用记录，从未享受过正规金融机构授信服务。①

上述具备线上贷款备案许可的民营银行借助技术手段实现业务创新，主要服务于传统银行客户服务的盲区。在服务模式上，不设物理网点，一行一店，没有现金业务，主要采取互联网在线的方式展业，绝大多数业务均通过在线申请、实时审批并在线完成签约；其业务相对聚焦在支付、融资、理财等小额高频业务领域，主要收入不外乎贷款业务的利息差以及理财产品代销产生的手续费与佣金等，这一点与传统银行区别不大。由于上述银行的贷款业务全流程线上开展，其风险管理能力面临多重考验：一方面民营银行所经营的客户较传统银行客户资质还是有所下沉，违约风险较高；另一方面全流程线上经营，欺诈风险以及其他由线上运营带来的风险较为突出。风险管理更需具备综合能力，平衡好资产规模快速增长和保持资产质量稳定二者之间的关系。因此，互联网银行无一例外地运用大数据、金融科技等，在服务模式、客户群体、风控管理等领域进行创新，尤其是在风险管理上主动应用大数据、人工智能等技术手段和模型实现对个人及小微企业的风险评估。

虽然面临挑战，但民营银行参与消费金融业务还是具有得天独厚的优势。相对于其他类型机构，民营银行的资金成本较低，资金体量大，融资途径多；在关键金融数据、信息的获取上可通过连接人行征信系统，查询人行征信信息并上报征信信息。除了牌照的天然优势外，进军消费金融，也是银行业务与经营的选

---

① 新网银行 2018 年年度报告。

择。从国家政策方向来看，大力发展普惠金融，为中低收入人群提供合理范围内的金融服务是国家支持的方向；从业务营利性和发展空间来看，目前银行传统对公业务发展空间有限，价格空间小，且有大型银行占据市场资源，新兴的民营银行没有竞争优势。另辟蹊径，发展消费金融对于民营银行来说是不二选择，尤其是民营银行在开拓新业务模式的过程中结合金融科技，则非常有希望闯出一片新天地。因此，除了上述提到的民营银行，其他民营银行业也以不同形式开展消费金融业务，有的背靠股东数据推出个人信贷产品；有的通过线上线下联动，接入助贷公司开展消费金融服务；还有的根据地域优势，通过商会等群体开展自营业务。例如，温州民商银行的消费金融产品有"商人贷""旺商贷"等，其客户以温州地区的用户为主，除了对借款人的借款用途有明确要求外，往往还要求借款人"具有温州地区常住户口或拥有当地产权房""在温州地区居住满一年"等。

科技进步与金融业务的创新一直是紧密相关的，20世纪50年代，电子计算机的出现大大提高了计算效率，电子会计记录法取代了手工记账程序；70年代，银行自助设备ATM（自动柜员机）出现；90年代互联网技术、移动终端普及，金融业务开始自主办理；如今，随着大数据、云计算、人工智能等金融科技快速发展，银行服务无所不在，推动银行业务进入智能化阶段。科技与金融一定是朝着一个越来越密不可分的方向发展。互联网银行就是在互联网、大数据、科技高速发展、跨界融合的情况下产生的，弥补传统银行金融服务不足，起到互补的作用，同时，也挑战了传统银行的运作思维，激发了传统银行的创新意识。

第三章
典型产品类型

在国内消费金融市场，占主流的产品基本属于个人消费类的、短期的信用贷款。按照提供的金融服务是否有消费场景可分为无指定消费场景的现金贷和在场景交易中的消费分期业务等。当然还存在以某些特定客群命名的产品，如校园贷；利用特定营销手段获得客户的信贷产品，如社交金融。总之，对于如何进行产品分类尚无统一标准。2017年12月《关于规范整顿"现金贷"业务的通知》中指出，"具有无场景依托、无指定用途、无客户群体限定、无抵押等特征的'现金贷'业务快速发展，在满足部分群体消费与资金周转需求方面发挥了一定作用，但过度借贷、重复授信、不当催收、畸高利率、侵犯个人隐私等问题十分突出，存在着较大的金融风险和社会风险隐患。"由此，表3.1借用该通知中对现金贷定义所用的维度，再辅以其他要素，用是否有场景依托、特定用途、客户群体限定、抵押物等几方面作为产品特征要素，对市场上消费金融产品进行分类。

表 3.1　消费金融产品分类

信贷产品	消费场景	特定用途	指定客群	抵押物	特定营销手段
3C分期、旅游分期、医美分期、培训分期	√	√			
校园贷			√		
现金贷					
信用卡余额代偿		√			
工薪贷			√		
生意贷		√			
社交金融、熟人借贷					√
二手车贷款			√	√	
一手车贷款	√		√	√	
装修分期	√	√	√		

注：√表示具有此项特征。

其中，培训贷款是机构向个人提供满足其参加技能培训、证书培训和其他培训所需资金的金融产品；客群可为学生，也可以是在职人员，或是非在职状态的已毕业人员。信用卡余额代偿依托信用卡账单还款的场景，当持卡人无力还款时，第三方机构提供资金进行偿还。所谓余额代偿，代偿的是持卡人的消费账单的余额，资金是以贷还贷的方式间接进入消费市场，因此从这个角度，信用卡余额代偿可视作消费金融产品之一。个人汽车贷款所购车辆按注册登记情况可以划分为一手车和二手车。一手车贷款是指机构向个人发放用于购买自用车的贷款。而二手车贷款则不同，通常二手车贷款用途不确定，有用于公司经营的，也有用于紧急周转的个人消费类贷款；贷款形式上有抵押车辆入库的贷款，也有只安装GPS（全球定位系统）非押车的贷款，还有只需提供车辆所有权相关信息作为资信材料的信用贷款。

这些产品中，3C分期、旅游分期、医美分期、培训分期、装修分期等是属于在各细分消费场景中所提供的金融服务，有线上也有线下消费场景；除消费场景外，社交场景属于比较特殊的场景，和消费、交易、支付等都不直接相关，伴随社交场景的挖掘，市场上也曾出现社交金融，但严格意义上说社交金融更类似一种营销手段，而非场景。而无任何场景依托的现金贷产品也是消费金融市场中非常大的一个分支。以下即针对典型信贷产品在国内的发展情况与发展中所面临的问题进行剖析。

第一节　小额现金贷

一、从 Payday Loan 到现金贷

美国的 Payday Loan，即发薪日贷款，是一种为了短期资金周转而诞生的小额现金贷款。借款人短期拆入资金，到了发薪日时就可以用当月的工资收入偿付该笔小额贷款，从而解决短期资金不足的问题。这类贷款以借款人的工作及受薪记录为信用风险评估依据，由州政府发放营业执照的机构运营并接受州立法机构监管。借款人主要集中在工薪阶层，也外延到领取政府发放的退休金或社会福利等人群。这类贷款发端于20世纪90年代，伴随着"信贷民主化"运动兴起，到现在已经发展几十年，在金融市场上服务较为固定的群体并形成较大的市场规模。

发薪日贷款的模式被引入国内后，形成了国内的现金贷产品。伴随着互联网金融市场的发展，涌现出一批专门做小额现金贷的

平台，从 2015 年至 2017 年仅两年多的时间，现金贷行业增加了近 3 000 家机构，其中，手机贷、掌众金融、现金巴士等都是典型的代表平台。现金贷行业的迅猛发展态势，体现出了市场需求之旺盛。

根据之前媒体透露的数字，在小额现金贷平台发展如火如荼的 2016 年，手机贷的贷款月新增 4 亿元左右，掌众金融 4.3 亿元，现金巴士约 2 亿元。① 以掌众金融为例，2014 年上线，截至 2016 年 1 季度，上线仅 700 多天的"闪电借款"产品，已经实现累计交易额 36.5 亿元，累计借款笔数 162.6 万笔。其中，2016 年 1 季度累计借款额突破 10 亿元，达到 10.95 亿元，累计借款笔数接近 50 万笔，3 月单月借款笔数达 17.9 万多笔，单月借款额首次突破 4 亿元，且每月保持 10% 左右的增长。②

2017 年 11 月 17 日，"2017 年互联网金融合规与创新论坛"上宣布一组监测数据：目前从事现金贷业务的平台多达 2 693 家。其中，利用网站从事现金贷业务的平台最多，为 1 366 家。以安卓市场累计下载量前 100 的现金贷平台作为样本统计，现金贷平台运营公司所在地区主要集中在上海、北京、广东，样本内上述三地的现金贷平台分别达到 34 家、22 家和 17 家。而互金专委会的数据统计也展示了类似的结论，截至 2017 年，国内现金贷累计客户将近 1 亿人，其中，广州、北京和深圳的客户数都超过 300 万，上海地区的现金贷客户数超过 200 万。另据业内不完全统计分析，截至 2017 年我国有 1 000 万~1 500 万活跃现金贷用户，按人均借款 2 000 元/年计算，现金贷市场规模在 300 亿元左右。

---

① http://mt.sohu.com/20161010/n469929826.shtml。
② 掌众金融一季度运营报告，https://www.weshare.com.cn/44111.html。

二、国内现金贷的产品形态

美国发薪日贷款的典型特征即期限短（14 天左右），年化利率水平高（高达 391%）[1]，申请简单，贷款到账速度快，主要针对低收入的蓝领人群和少数族裔人群。国内的小额现金贷承接了发薪日贷款的一些典型特征，但也有明显的不同。

首先是信用贷的性质不变。国内小额现金贷款仍是一种纯信用贷款，无须借款人提供抵质押品或者担保方，可凭借个人预期收入和信用历史来申请贷款。国内小额现金贷产品的目标客户多是"薄信用、无信用"的群体，即他们的人行征信报告可能无信贷账户记录，或者信贷记录时间过短。针对此类客户，借款平台通常会通过其他方式来刻画、评估客户的信用水平，如参考客户是否在其他借款平台有欺诈或违约记录（甄别客户是否属于"黑名单"），或者参考客户在本平台内部信用历史，又或采集客户其他方面的信息来辅助资质及信用水平的判断（如购物消费数据、社交数据等）。

其次是小额度不变。美国发薪日贷款的授信金额一般在100~1 000 美元，国内的小额现金贷产品多数授信金额也集中在500~5 000 元。有些平台宣称的最高授信金额可达万元，但是多数新客户在实际申请过程中很难达到该额度上限。另外还有一些现金贷款产品授信额度高些，最高可达 20 万元，但通常是采用线下获客方式，依托销售人员采集更多客户资料。

最后是高利率不变。为防止高利贷（不合理且超额的利率）的出现，美国一些州限制了贷款（包括发薪日贷款）的名义年化利率（APR）。受到国内监管政策及法律法规的限制，国内的小额

---

[1] http://finance.sina.com.cn/zl/bank/2016-05-12/zl-ifxsenvm0316048.shtml。

现金贷产品多数会将收费拆分成利息、手续费等不同部分，以规避《最高人民法院关于审理民间借贷案件适用法律若干问题的规定》对民间借贷利率上限的限制。但计算综合费率，国内的小额现金贷也处于较高水平。资金成本较低的平台能够提供低费率的现金贷产品，通常年化利率水平与信用卡相当（如蚂蚁借呗），但多数现金贷平台的产品综合费率很高。高费率弥补了现金贷业务在经营过程中获客成本与风险成本，并带来了较为可观的收入。

但是国内现金贷相对于发薪日贷款也有变化。

一是目标客群和授信用途有变化。基本的发薪日贷款是为借款者提供一种短期、无抵押贷款，借款者使用下一次薪水来进行偿付。典型的发薪日贷款会涉及雇佣关系和收入状况的审查（通过工资单和银行对账单）。而国内小额现金贷面对的主要客户群体包括如下几类：①蓝领客群。他们普遍月收入在两三千元，没有存款或其他固定资产，工作稳定性也不是很强。此类客群在风险偏好较为审慎的传统银行类金融机构几乎是无法获得贷款的，在早前属于一个空白市场，使得一些互联网金融平台从此类客群切入市场。这类客群的定位与美国的发薪日贷款的客户群体非常类似。但除此之外，国内的现金贷也服务一些其他的客群。②刚进入职场的年轻客户群体。这些客户刚刚进入职场，虽不属于蓝领客群，但还处在其职业生涯中收入水平最低的一个阶段，恰恰又是他们消费支出需求旺盛的阶段，租房、购物、社交等需求都需要资金支持。针对这类客户所进行的信用评估主要还是依据其工作单位及薪酬收入维度。③大学生客群。国内也有一些现金贷平台选择在校大学生作为主要客群之一。学生客群没有稳定收入来源，但消费需求旺盛，因此催生了大学生客群市场。2011年《商业银行信用卡业务监督管理办法》中规定：在发放学生信用卡之前，发卡银行必须落实第二还款来源，取得第二还款来源方（父母、监护人或其他管理人等）愿意代为还款的书面担保材料，并确认第二还款来源方身份的真实性。此项规定增加了信用卡营销的难度，实际是为了保证国内信用卡业务良性、持续地发展，避免在学生客群中出现大面积的违约风险，但也客观上造成了很长一段时间以来信用卡发卡行未能渗透进入大学生市场，因此现金贷、场景金融都试图切入此部分没有被银行开发的市场。近两年在学生贷款产品上出现的问题也表明此部分市场的开发需审慎进行。④生意类客户。此类客群更为特殊，贷款需求一般不是为了消费支出，而是为了支持生意经营的周转，所申请的现金贷授信额度一般也比纯线上实时现金贷款的授信额度略高一些，但仍以10万元以内为多。后两类客群基本已经不属于传统发薪日贷款的目标客户范畴，借款人无收入或是无法评估借款人的收入。

二是申请渠道及流程体验有变化。美国的发薪日贷款长期以来以简单的申请流程为其重要特征，在申请过程上，放贷方一般只需要审核收入证明或工作证明，如工资单、银行结算单等。在申请渠道方面，美国发薪日贷款线下渠道仍占据非常重要的位置。美国大概有两万个线下发薪日贷款网点，便利的网点也是支持发薪日贷款发展的因素之一。线上申请渠道方面，借款客户通常需要通过直接上传或是传真等方式提交申请所需的附件资料。也有研究表明，美国的一些网上申请渠道并不对客户的收入情况或资信情况进行审核，从而面临更高的违约率。

相较美国的情况，有些国内的小额现金贷业务流程更加简单。以移动互联渠道作为客户入口的平台较多，一般只需要填写简单的个人资料，并对身份证明拍照上传即可。很多线上申请平台已经省略工作证明或收入证明材料的上传与验证环节，取而代之的是外部数据的接入和对手机信息的抓取。以手机贷为例，借款客户需要填写身份信息、职业信息、联系人信息，外部对接信用卡、京东、网银等多项信息验证，同时自动抓取联系人、APP 列表等手机信息，此过程中除身份证件外无须上传任何附件材料，最快 3 分钟即可放款。

相较于线上申请的急速审批、放款，线下渠道则时效性略低，申请材料较多。但线下申请渠道由于补充了更多的客户信息，借款人能够申领到的借款额度通常要比线上更高，资金需求大的生意周转类客户更为青睐这种方式。线下申请渠道的资金到账时间一般要 3~5 天，但也有很多平台可做到次日放款。

三是贷款期限及计息方式有变化。国内小额现金贷的贷款期限与还款方式主要是超短期限的按日计息。这一类还款方式非常类似于美国的发薪日贷款，采取按日计息的方式，贷款期限多在 7~30 天。多数情况下，客户需要在贷款申请时即选择好贷款天数；还有一些产品则允许客户事后自主选择还款时间（随借随还），但一般最长不超过 30 天。除此之外，还有短期分期还款。采取 1~6 个月的短期贷款期限，按月等额本息的还款方式发放贷款。也有平台采取按日计息的方式，客户可随时还款，并根据实际借款天数与未还本金计算应还利息。目前后者主要出现在蚂蚁金服、京东金融等较大平台上，其他小平台采取随借随还方式的较少。当然，虽然在市场上不占主流，中长期分期还款的方式还是存在的。对于额度较高的现金贷产品，为了减轻客户每月的还款压力，通常采用拉长还款期限、摊薄每月还款金额的方式开展。一笔 2 万元的贷款均摊至 24 个月之中，每月还款金额可能不足千元，在不考虑客户收入能力变化和新增负债的情况下，与目标客群较低的月收入水平相匹配。此类产品的还款期限一般从 6 个月至 24 个月不等，最长可达 36 个月。

四是授信方式有变化。小额现金贷平台多会以授信方式管理客户可借额度，在对客户进行风险评估的基础之上，匹配不同的授信额度，在此授信额度范围内客户可自主支用。多数平台并不支持循环使用授信，客户需要先将当前未结清欠款偿还完毕后，方可申请下一笔借款。即使是两次申请的授信额度的总和在客户的总体授信额度范围内，也需要还清前一笔，才能支用下一笔。

目前在蚂蚁借呗、京东金条、微粒贷等产品上提供授信额度循环支用的方式。例如，蚂蚁借呗和京东金条都可以在可用额度范围内随时支用剩余额度，无论上一笔欠款是否结清；微粒贷则需要满足可用额度范围内以及单笔不超过一定额度这两个条件。循环授信产品在客户还款后，可用授信额度即可恢复。

三、现金贷的商业模式

在现金贷业务商业模式中，流量、资金和催收是最重要的组成部分，也是保证现金贷公司经营的三大要素。通过流量快速地获取客户是现金贷最主要的获客方式，流量获取可以通过贷款超市、流量入口、同业平台、广告营销和手机应用商城等。通常流量的收费方式有三种：按照注册或申请用户数付费，即 CPA（cost per action）；按照成交付费，即 CPS（cost per sale）；当然也有两者结合的方式。资金来源主要有 P2P、消费金融公司、信托、银行和 ABS 证券化产品。大部分头部现金贷公司都有来自银行和其他持牌金融机构的资金，且持牌机构的资金占较大比重。

由于现金贷业务客户分散、单户额度较小，落地催收的成本较大，因此在贷后管理上普遍采用电话催收的方式。不同现金贷公司在贷前审批与风控通过率上几乎没有差别，而在贷后催收方面却不相同。相对于尾部现金贷公司以委外为主的方式，头部现金贷公司则会结合内催和委外催收的优势，建立内催团队，并辅以委外催收的手段。规模较大的头部现金贷公司，通常自建庞大的内催团队，充分利用催收策略和技巧来提高催收的收益。面对逾期用户，催收人员会高频率致电客户、客户亲属甚至客户通讯录中的其他电话号码，也曾出现以轰炸通讯录的方式来向客户施压，达到催收回款的目的；也发生过催收人员向客户提出在其他平台申请贷款以偿还原平台款项的办法，"以新换旧、以贷还贷"。暴力催收、共债风险的累积和传导，不仅带来了社会问题和舆论问题，更为现金贷业务的健康发展带来了巨大隐患。

四、现金贷发展中的问题

Payday Loan 将小额、无抵押贷款提供给低收入、高风险借款者，而这些群体在过去找不到其他贷款渠道。尽管贷款费用非常昂贵，但收入较低的家庭也愿意使用这种贷款。国外发薪日贷款一直以来也饱受争议，并在其实践地受到来自法律和社会的非议及挑战。例如，由于发薪日贷款收取比传统银行贷款更高的利率，因此存在这种贷款方式攫取低收入群体财富的说法，并将这些人困在一个"债务旋涡"里，这使得他们每两周就要支付相关的贷款费用，直到他们存下足够的金额偿还本金，才能逃离这个债务循环。

20 世纪 80 年代末美国市场上还没有经营发薪日贷款的网点，到 90 年代就出现了大约 500 家门店，至 2008 年超过 2 万个。从监管层面上而言，不同的州的监管严格程度差别较大，2014 年顶峰时有44个州允许经营发薪日贷款业务，2016年仅有36个州允许。2016年5月，谷歌宣布自7月中旬起，发薪日贷款以及类似产品将被禁止出现在谷歌的广告系统，原因是这些贷款产品导致借款人无力偿还，深陷债务旋涡，禁止这类广告有利于保护用户免受有害金融产品的欺骗。6月，美国监管部门消费者金融保护局（Consumer Financial Protection Bureau，CFPB）发布了关于发薪日贷款的新规征求意见稿，该新规内容主要包括：为借款人提供长期贷款选择，中止"债务陷阱"（debt traps）现象，采取措施确保借款人有偿还能力等。

同样，英国在2015年对发薪日贷款颁布了更为严格的法规，如对发薪日贷款的利率和费用进行封顶，所有贷款的利息和费用每天不得超过0.8%，在严格监管的影响下，出现了破产和巨额亏损的企业。英国金融行为管理局（Financial conduct Authority，FCA）称发薪日贷款数2015年上半年由2013年同期的630万英镑下降至180万英镑。2016年1月，发薪日贷款放款机构Cash Genie破产，此前6个月，它曾因未经客户允许就循环贷款而被迫补偿9.2万名客户2 000万英镑。而英国具有代表性的发薪日贷款公司Wonga创建于2007年，为没有信用分数或者信用分数较低、从其他大型金融机构拿不到贷款的"次贷人群"提供金额从50英镑到750英镑不等、为期5~30天的在线小额贷款。在申请贷款时，用户只需要提供个人基本资料、银行或信用卡账户信息等，Wonga的算法库会在数秒内算出申请者的信用风险，给出审批结果，审批通过的贷款15分钟左右打入用户账户。由于这些"次贷人群"还款能力和还款意愿都要相对差些，Wonga以"高利率补贴高风险"的模式运营，贷款年化利率十分高昂，管理费和违约利息也不菲。正因为如此，很多平台借款人深陷债务泥淖，无法抽身，Wonga被诟病为高利贷。针对逾期客户，Wonga 采取了"以暴制暴"的手段来进行催收，甚至不惜杜撰出虚假律师事务所和警察来给欠债不还的客户发恐吓信和打骚扰电话。为此，Wonga 不但收到了 260 万英镑的罚单，公司形象也一落千丈。在一系列丑闻之后，Wonga 陷入破产的边缘，2018 年 8 月底，Wonga 被行政管制[①]。作为英国最大的短贷平台 Wonga，其破产重组对国内的网贷平台亦有重要借鉴意义。

从国内情况来看，现金贷也主要是满足无法从传统金融机构获得贷款的客群的融资需求。尽管现金贷的发展曾如火如荼，但是有些早期运营的平台也在试图转移业务重心、拓宽业务种类。如 2015 年正式上线的一家分期平台，初始产品定位为纯线上、纯信用的现金贷产品，以期借助大数据风控实现线上信用贷款的实时审批。在业务发展一段时间之后，该平台转向消费产品分期，开始探索消费场景下的金融分期，逐渐把产品重心从现金贷中转出，公司 PC（个人计算机）端几乎不再维护，官网已经无任何关于业务的介绍内容，也不向移动端进行引流。该平台消费分期产品仍旧正常经营，但现金贷产品基本停止。再如，一平台的最初业务模式是信用卡余额代偿，但由于缺乏支付账户作为依托，实际授信也不关联客户的信用卡未偿金额，本质上是向客户信用卡账户进行授信额度支付的一款现金贷产品。在业务发展的过程中，该平台逐渐布局和上线了培训贷款、租房贷款、家装贷款及其他消费贷，并在医疗美容、教育培训领域占有一定优势。可见，现金贷产品在国内的发展同样面临难以回避的问题。

第一个问题就是产品的高风险特征。现金贷产品要素中最明显的特征就是无场景依托、无指定用途，这一特征是和场景金融相对比而定义的。顾名思义，场景金融是基于场景中进行交易的

---

① 《英国最大短贷平台 Worga 倒闭给我们的启示》

消费品产生的，将借贷行为嵌入消费场景中，由于了解用户借款所购买的商品和服务，授信金额通常与交易金额匹配，资金多是打给消费品提供方，消费者通常接触不到资金，会排除大部分欺诈风险，因此场景金融面临的风险主要是客户的信用风险。而现金贷在授信时并不需要知道借贷人真实消费意图，不需要有消费场景，资金会以现金的方式打给借款人。因此，现金贷在风控上的挑战更高，不仅要判断授信额度是否合适，评估借贷人的还款能力，同时还要防范欺诈风险。欺诈风险目前也是国内现金贷经营平台面临的首要问题。相较于信用卡等能够监控持卡人每笔交易、场景金融能够了解客户资金用途和额度，现金贷的贷中管理过程手段非常匮乏，授信额度较难衡量，管理措施滞后或授信额度不合适，都可能造成较大的风险。国内也有平台，本是根据消费场景提供消费贷款服务，后在此基础上又增加授信额度，此部分高出消费品金额的额度也会以现金贷的方式提供给借款人，不限制资金用途和使用方式，如蚂蚁金服既提供基于消费的花呗，又提供无指定用途的借呗。此种模式将交易场景和现金贷进行结合，对于借款人的行为有更多的观测数据。

同时，产品本身的高利率特征，也造成了客户群体的逆向选择问题。对于那些收入处于成长期的客户而言，一旦其资信水平到达一定程度，肯定会倾向于其他金融机构或平台，以更为合理的价格来享受金融服务，而留存在平台上的总是那些风险较高、收入较低的客户群体。

此外，对于那些还款期限偏长、授信额度略高的产品，尽管通过拉长还款期能够缓解借款人的月还款压力，但也需要认识到，在较长的还款期限内，经济环境的变化、客户工作的变动都会导致还款能力发生变化，随着期限的拉长，不确定性也在增加。

因此，现金贷产品的定价就显得尤其重要，无法正确评估目标客群的风险水平，或是简单地采用统一产品定价策略来应对（这也是目前市场上很多平台所采取的策略），则会造成产品定价策略与业务风险不相匹配。对于处于不同风险水平的客户，应以差异化的定价为其提供服务。产品定价绝非越高越好，过高的利率水平所引发的逆向选择问题会导致平台所面临的风险水平过高，资质较好的客户无法接受过高的借款成本转而选择其他融资渠道，也会有客户因无法支付过高的借贷成本而造成违约。

第二个问题就是现金贷平台资产类型单一。如前所述，国内的现金贷业务多选择传统金融机构不做的客户群体为市场切入点，这里面包含一部分风险较高的"次级"客户群体。目前经营现金贷的平台的违约率都处于较高水平。高昂的风险成本极大地侵蚀了平台收入，也存在即使非常高的贷款利率和手续费也无法覆盖风险的可能性。

国内多数线上小额现金贷平台发展时间还非常短，很多平台的上线时间不过一两年，但业务规模却突飞猛进，规模的蹿升以及未经历完整的行业周期，掩盖和稀释了一些风险问题。根据美国发薪日贷款公司公开的年度报告显示，其所面临的坏账和经济发展与失业率的变化高度相关。而国内很多平台单纯经营现金贷，资产类型单一，缺少资产组合管理的基础，一旦此类业务产生系统性风险，经营机构将遭遇重大风险损失。虽然个人业务通常被认为具有天然的分散特性，但现金贷产品所针对的客群已经具有非常一致的风险特征，且最易受经济衰退或失业率上升的影响。在大多数情况下，预期损失可以用定价来覆盖，集中度的风险则一般需要资本来覆盖，而国内多数互联网金融平台则不具备这个能力，虽然知易行难，平台还是要寻找多样化资产类型的经营之路。

第三个问题是共债问题突出。美国发薪日贷款一个非常显著的特征是客户的黏性高，如果借款人到期无法还清贷款本金和利息，可以提出延期，或借入一笔新的资金偿还前一笔欠款，客户仍旧留在该平台。但国内情况则是，多数现金贷客户的再次借款是以前一笔欠款已经结清为前提的，即使是提供展期服务的平台，展期条件也明显变得更为苛刻。因此，在客户发生无力偿还的情况时，经常会倾向于换另一个平台进行"借新还旧"，拆东墙补西墙。这使得国内现金贷客户的共债问题非常突出，一个客户经常涉及多个平台的借款，一旦客户资金流出现断裂，将引发一系列的违约问题，任何一个平台都不想做最后一根"接力棒"。同时，由于多数经营现金贷产品的平台并没有接入人行征信中心，对违约失信客户缺少相应的威慑和惩罚机制，个别客户会在多平台间进行恶意欺诈，扰乱市场。因此，有效的信用机制、透明的信息披露、良性的市场竞争，以及以客户为中心的连续性金融服务都是让现金贷健康持续发展必不可少的基础。

第四个问题是风险管理不成体系。传统的发薪日贷款依据客户的收入证明来评估还款能力，而国内小额现金贷普遍存在不审核或无法审核收入证明和工作证明材料的问题，甚至很多平台所谓的风险审批就是以排除"坏客户"的目的来进行，即只要该客户不属于已经发生问题的黑名单客户，就可能通过审批。这种风险评估的方式本质上忽略了对客户未来风险水平的预测和评估，"非黑"并不意味着"好"，导致引入客户的资质的进一步下沉。更为重要的是，不同于场景金融，授信额度由特定场景中的交易额来确定，多数平台现金贷确定授信额度没有任何理由，只是参考同业或是任意确定。授信额度机制的缺失对客户的还款能力和意愿都有很大的影响。因此，除了欺诈风险的管理，信用风险的评估、额度机制的建立都是必不可少的。

目前国内小额现金贷平台多数都建立了客户审批系统，对于再次借款客户也会根据其以往在本平台的信贷历史情况，酌情采取额度提升、利率降低的措施，吸引客户再次借款。但是，在客户的融资需求变化方面还缺少研究，贷款产品单一并缺少创新性，这使得客户流失严重，新客户引入成本高企不下，风险管理压力日趋加大。随着行业的发展，平台需要逐步建立起全流程风险管理体系，业务重点从贷前审批逐步过渡到向贷后管理要质量、向贷中管理要效益的状态。

五、行业规范与发展

现金贷行业主要针对年轻且收入低、工作不稳定、信用资质差的客群提供融资服务；但过度的信贷服务给这些客户带来了更多的问题，如债务积压严重、多头借贷、拆东补西、以贷养贷等。现金贷平台在商业利益和风投资本的驱使下，以交易规模、客户数量等为核心经营指标，并通过"高收益覆盖高坏账"的方式实现短期暴利，在"劣币驱除良币"的市场竞争中，多数平台没有建立完善的风控体系，也不是以风控作为平台的核心能力。多头借贷、借新还旧的行为使得现金贷行业行走在"击鼓传花"的风险边缘。

2017年4月7日，银监会下发《中国银监会关于银行业风险防控工作的指导意见》，首次提及"现金贷"；2017年4月18日，P2P网络借贷风险专项整治工作领导小组下发《关于开展"现金贷"业务活动清理整顿工作的通知》及《关于开展"现金贷"业务活动清理整顿工作的补充说明》，基本肯定其对于建立多元化的金融体系的积极意义,并要求各现金贷公司自查与自律。从表 3.2 中可以看出,从 2017 年 3 月起,各地相关监管部门针对现金贷业务都给出了相应的指导与要求。虽然整个现金贷行业也有合规的诉求和想法,却没有积极落实到行动中;相反,更多的现金贷公司选择在这个时间点进入市场,加剧了行业乱象的产生。

表 3.2　现金贷重要监管文件列表

时　间	监 管 机 构	地方性政策或措施
2017 年 3 月 22 日	北京金融监管部门	《网络信贷信息中介机构事实认定及整改要求》
2017 年 4 月 18 日	上海市互联网金融行业协会	向会员单位下发《现金贷产品统计表》,对涉及现金贷业务的情况进行摸底排查
2017 年 4 月 18 日	北京银监局、金融局	"现金贷"排查方案
2017 年 4 月 19 日	广州互联网金融协会	《关于开展"现金贷"业务活动清理整顿工作的通知》
2017 年 5 月 4 日	北京市网贷行业协会	《关于开展"现金贷"业务自查申报的通告》
2017 年 6 月 11 日	上海金融办	《上海市网络借贷信息中介机构业务管理实施办法(征求意见稿)》
2017 年 6 月 29 日	中国人民银行等国家十七部门	《关于进一步做好互联网金融风险专项整治清理整顿工作的通知》
2017 年 7 月 3 日	深圳市金融办	《深圳市网络借贷信息中介机构备案登记管理办法(征求意见稿)》
2017 年 7 月 5 日	深圳市互联网金融协会	《债权转让协议必备条款指引(征求意见稿)》《居间服务协议必备条款指引(征求意见稿)》《借款协议必备条款指引(征求意见稿)》

续表

时间	监管机构	地方性政策或措施
2017年8月1日	广州互联网金融协会	《关于识别和暂停"现金贷"等产品中学生贷款的通知》
2017年8月17日	上海市黄浦区互联网金融风险专项整治办公室	召开闭门工作会议,对现金贷利率作出了封顶要求
2017年11月8日	宁波市鄞州区处置非法集资联席会议办公室	《关于进一步做好互联网金融风险专项整治清理整顿工作的通知》
2017年11月6日	重庆市金融办	《关于开展小额贷款公司现金贷业务自查的通知》
2017年11月21日	互联网金融风险专项整治工作领导小组办公室	《关于立即暂停批设网络小额贷款公司的通知》
2017年11月22日	厦门金融办	《关于进一步规范网贷机构管理工作的公告》
2017年11月29日	广州互联网金融协会	《关于小额现金贷款业务的风险提示》
2017年12月1日	互联网金融风险专项整治工作领导小组办公室和P2P网络借贷风险专项整治工作领导小组办公室	《关于规范整顿"现金贷"业务的通知》
2017年12月7日	银监会非银部	《非银部关于转发〈关于规范整顿"现金贷"业务的通知〉的函》
2017年12月8日	P2P网络借贷风险专项整治工作领导小组办公室	《关于印发小额贷款公司网络小额贷款业务风险专项整治实施方案的通知》

续表

时间	监管机构	地方性政策或措施
2017年12月25日	广州市金融局	《关于转发省互金整治办P2P网络借贷风险专项整治整改验收和参与"现金贷"业务相关通知的函》
2017年12月26日	上海监管部门	《关于规范在沪银行业金融机构与第三方平台合作信贷业务的通知（征求意见稿）》

2017年11月21日,《关于立即暂停批设网络小额贷款公司的通知》的下发,标志着现金贷整治序幕正式拉开;随后的一段时间内密集发布多个监管文件,从综合利率上限、持牌要求、资金来源、经营资质、催收等方面,对现金贷进行全方位的、史无前例的严厉监管。12月1日,互联网金融风险专项整治工作领导小组办公室和P2P网贷风险专项整治工作领导小组办公室联合下发了《关于规范整顿"现金贷"业务的通知》。该通知明确了"现金贷"业务开展必须遵循的基本原则,并对此前现金贷一些灰色地带的问题都做了针对性的规定。

在产品特征方面,监管文件做了标准界定,即"无场景依托、无指定用途、无客户群体限定、无抵押"的信贷产品,同时强化了综合年化利率36%的法律红线;对放贷方,明确提出了放贷机构需具备贷款资质的要求;在资金来源方面,限制发放"网络小贷"牌照,也就限制了现金贷公司最有可能获得贷款资质的途径,也全面限制了现金贷公司从银行、P2P和消费金融公司获取资金的渠道。种种监管规定有助于行业规范与健康发展,但短期内也给各类现金贷机构带来了一定的影响。

短期内,由于资金来源被控,业务开始迅速缩量。有大量现金贷平台纷纷下线高利率的产品,也有多家平台优化金融产品设计,如将年化利率下调至36%以下,芝麻信用宣布停止与利率过高和催收不当的平台合作,支付宝要求所有消费金融类生活号上入驻商家的综合年化利率降至24%以下;当然,也有些现金贷机构开始尝试转型。

在无法借新还旧的情况下,客户无法维系以贷养贷的做法,无力偿还负债,大量现金贷客户集中违约。现金贷平台纷纷启动提前收债或加大追债的力度,甚至有的平台采用极端催收手段,如打爆借款人通讯录、发布非法图片甚至上门强催等。然而,从数据来看,催收回款率还是出现了大幅下降,2017年11月前后的M2~M3的催回率普遍下降30%~40%;到2018年春节前后,受新规和春节效应的双重影响,催回率更是出现了新低。

市场长期发展趋于理性化,风控重新成为业务持续发展的核心;在客户还款意愿方面,侥幸心理渐去,行业逾期率逐渐回落。现金贷业务借助金融科技打破了客户金融服务在时间和空间上的限制,满足了大量未被银行服务到的客群的需求;而此类业务的关键在于把控服务的适度性,推行"负责任的信贷服务",从产品要素设计、支持的消费领域、服务的客群等多方面进行专业性、合理性以及商业可行性的判断。

第二节 场景金融

一、场景金融概述

什么是场景?用直白的语言来解释,就是将客户的借款事实放在一个特定的交易背景当中,由此金融机构或平台能够比较容易地掌握客户借款的资金用途与需求额度，有些场景本身也是对借款客户资质的背书。目前个人消费金融市场上最主要的场景有教育、旅游、购物、家装、租房、医美等。以针对学员培训而提供的"培训贷"为例，首先，能够进入这个消费场景的借款人已满足了一定门槛要求。培训学校为了保证通过率、就业率指标，一般需要参训学员在学历、年龄、教育程度或专业等方面满足规定的条件。其次，消费场景反映出借款人的收入或还款能力。有部分就业导向的培训学校会为学员推荐工作，保证了参训学员在未来可获得相对稳定的收入，往期学员的就业情况和收入水平都能够成为"培训贷"场景下对借款人收入能力的判断依据。最后，该场景内的借款用途明确，资金流向一般能够得到控制。参训学员的贷款目的是缴纳培训学费，学费金额明确，借款人所需要的授信额度容易确定；授信资金可由金融机构或平台定向支付给培训学校，有效规避了借款人对授信资金的挪用。

但对于场景的理解尚有一些误区。一方面，消费金融对"场景"的应用其实由来已久。个人按揭房产抵押是银行早期基于场景提供的个人消费金融服务。在该场景下，借款资金用途明确，资金流定向可控。但与现在经常提及的消费场景所不同的是，此类贷款产品的授信额度通常较高、期限长、有抵押，消费过程与贷款申请过程明显拆分成两个环节，即时性欠缺。信用卡作为个人消费金融的重要载体工具，也尝试引入消费场景。以某股份制商业银行信用卡中心 2012 年推出的"瞬时贷"产品为例，在合作商户的消费场景内，实现了实时办卡、实时消费。具体流程是，客户在合作商户卖场内挑选中意的商品或服务，在支付价款时，现场通过 PAD（平板电脑）办理信用卡，实时审批授信，客户就可直接为所购商品或服务付费。所办理的信用卡会邮寄至客户指定地址，客户按账单进行还款或办理分期即可。另一方面，从场景类型来看，众多消费金融公司或平台与线下商户开展多种合作，在3C卖场、家电卖场、培训机构、医疗美容等线下商户驻点办理消费贷款，并掀起对线下消费场景的激烈争夺。但"场景"并非单纯指线下的消费场景，也同样适用于线上，典型的如淘宝、京东的电商平台上为客户提供的消费贷款，在购买支付环节，客户可以选择"花呗"或"白条"产品，本质上都是在线上消费场景内嵌了消费信贷服务的过程。

二、场景的争夺战

随着个人消费金融概念的火爆，对于消费场景的争夺越发激烈。

首先，场景可批量获取客户。从客户营销角度而言，单笔支付金额较高的消费场景本身就有信贷的潜在需求，这些场景自然地成为金融机构批量转化客户的入口。加之场景方出于提高自身销售量、提高客单价、增强客户黏性的考虑，可进行适当的补贴，分担金融机构获取客户的营销成本。目前除了支付金额较高的场景嵌入金融服务，也出现很多对于小额消费提供分期支付的金融服务。

其次，场景聚焦用户特征。同一类场景下批量获取的信贷客户特征比较一致，消费能力大体相当，具备类似的消费需求。举例来说，家装场景中，客户多数是为自有住房进行装修，这就意味着客户具备购买自有住房的资金实力，在本地拥有稳定居所。向具备这类特征的客户提供信用贷款，并向其他金融需求进行延伸服务，做到通过场景圈住一批客户，打开深入客户多方面的金融信贷需求的通道。

最后，也是最重要的，场景是风险管理的需求。场景中的客户资质、消费需求、交易行为、资金流向等信息，可用来对贷款用途的真实性进行判断，防止欺诈、骗贷；对客户资质水平进行评估，预测客户还款能力；同时，控制交易和资金流向，形成了资金、信息、商品的闭环。一些信贷场景具备在一定期限内较强的客户黏性，金融机构能够及时获取到借款客户的贷中、贷后信息。举例来说，在就业导向的培训场景下，由于学员需要在一定期限内完成学习，金融机构通过培训学校能够充分了解借款学员的最新情况，及时掌握可能出现的退学、无法毕业等特殊情况，并快速采取保全措施。在学员毕业时，有一些培训学校会为学员推荐就业单位，并且统计就业去向，更新联系方式，这些都为贷后客户触达管理提供了良好基础，避免借款人发生失联情况。

三、场景绝非万能

在场景下，购买行为伴随着个人信贷需求，场景成为个人消费金融服务一种重要的市场切入方式及风险管理模式，因此场景成为消费金融必争之地。但是场景绝非万能。

首先，单靠场景无法完全杜绝欺诈。如消费者在家电卖场采购厨房电器，又如核心企业的下游中小经销商（个人）向其采购，这些都是有明确资金用途的"真场景"。场景下的定向支付在资金安全和真实性保证方面已经有了很大提高，但场景内的个人信贷仍旧面临三种典型的欺诈情形：第一种情形是定向支付目标厂商/商户与借款人的合谋欺诈。例如，针对下游经销商采购款的授信过程中，核心厂商利用其在供应链中的核心地位，伪造交易事实，借用下游经销商身份申请信用贷款。由于贷款资金会统一支付给核心厂商，通过批量虚假申请，核心厂商可由少积多地获取到一笔金额不菲的低成本纯信用贷款，也无须占用自身的授信额度。第二种情形是借款人个人的欺诈申请。个人利用贷款流程漏洞，制造虚假交易，骗取贷款。例如购物消费场景下的套现行为，借款人假意购买商品，获取贷款后拒不还款，并将商品变现，实现了定向支付资金的套现过程。这类欺诈情形中伪冒申请较为普遍，如商品交易过程和贷款审批没有良好配合，则会发生实际购买人和借款人并非同一人的情况，购买人利用第三人的身份骗取贷款，自己则取走实物商品去变现。在合作商户或金融机构对商品销售给予大力补贴的情况下，这种欺诈情况会更严重。第三种情况是内部人欺诈，即销售人员或客户经理恶意引导客户申请分期贷款，但并不将贷款所购货品交与借款客户，而是自行处置，套用资金。

其次，每一个特定场景能够带来的客户流量是有限的。例如，与单一家电卖场的合作，形成的信贷规模依赖于该卖场的销售额，因此，需衡量该场景下的模式是否容易复制。例如，在国美卖场的消费信贷与在苏宁卖场的消费信贷可以用非常类似的模式进行切入，由此能够为场景下的信贷业务规模进行"扩容"。这种销售模式下，将原来针对C端的营销任务，转变为"2B2C"的方式，通过大量铺开B端商户合作，获取更多的C端客户。但即使如此，场景的可复制性也是有其局限的，不同的场景下的风险控制会有明显差异。即使都是"培训贷"，就业培训学费分期和提升技能的培训学费分期，在贷后管理方面就不尽相同。对于跨领域的B端机构的合作，在业务流程、风险管理策略及运营模式方面的差异就更大了。如果开拓的行业场景众多，势必对金融机构的产品差异化能力、业务流程管理、风险管理、IT系统支持，都提出较大挑战；但如果业务仅局限在个别行业内，所能带来的信贷规模又有一定限制。因此，通过场景复制来进行规模扩容，还需要依赖金融机构后台硬功夫的打磨，并非简单易事。

另外，由于业务模式比较清晰的个人信贷场景类型较为有限，金融机构或平台对于优质场景的争夺非常激烈，很多特定行业早已不再是一片"蓝海"。在这种情况下，金融机构想要掌握场景的难度明显加大，导致场景方处于优势地位。由于2B合作意味着失去一个B端场景方可能导致较大规模的潜在C端客户流失，因此，金融机构需要不断打磨自己的产品和服务，不断贴合场景方的需求，同时有可能需要支出更多成本来补贴客户。这造成了两个后果：一是场景方利用优势地位压低金融机构提供的贷款产品的价格；二是要求金融机构向C端客户提供更多营销补贴，增加场景方的客户流量。所以这就意味着，金融机构获取优质场景的成本会越来越高。

最后还需提到的是，通常金融场景的构建是金融机构与场景方合作的产物，较少有金融机构跨行业自营。虽然建设银行的"善融商务"是金融机构自建的电商平台，但类似案例确实相对有限。而对于合作模式，场景方也有自主提供金融服务的意愿。例如，大型商超、连锁家电卖场、电商平台等纷纷自建金融板块，为场景下的客户提供金融增值服务，这样就进一步压缩了金融机构的拓展空间。对于这些场景方，场景属于内部资源，对金融机构而言则形成了场景上的"壁垒"，很难突破现有格局。

第三节 社交金融

"社交金融"的概念始于国内媒体对美国 Social Finance（简称 SoFi）公司的报道。SoFi 诞生于 2011 年，尽管当时美国 P2P 行业中 Lending Club 和 Prosper 两家公司已经形成了很大的影响力，但 SoFi 仍旧找到了一条与众不同的业务路线，即以细分为基础，向市场提供差异化的低息学生贷款服务。

一、社交金融的尝试

美国学费贷款市场规模超过 1.5 万亿美元[1]，超过车贷和信用卡贷款，仅次于房贷规模，这一点和国内非常不同。2013 年美国学生的人均欠款为 35 200 美元，其中 93% 的学费贷款为联邦政府所提供。[2] SoFi 公司恰恰看准了这一市场机会，以学校排名和专业热门程度作为学生贷款市场的细分依据，在全美 3 000 多所大学中甄选出排名最靠前的 200 所名校的部分热门专业，运用风险定价机制为这些高资质的学生提供相对于联邦贷款更低成本的贷款，从而在极短的时间内，吸引到大批贷款人将其原来持有的联邦政府贷款替换成为 SoFi 平台的贷款。

SoFi 平台的快速成长，一方面源于其提供风险定价机制下差异化贷款产品的能力，另一方面也受益于 SoFi 平台充分利用了校友之间的情感纽带迅速汇聚投资力量。通过校友融资贷款模式，平台将借款学生与校友及机构投资者联系起来，受助的学生也会反过来鼓励身边的人发扬这种"帮扶"精神，使得 SoFi 平台融资模式在

---

[1] 2018 年美联储数据。
[2] 美国学生贷款超万亿，《中国经贸聚焦》2014 年第 4 期。

校友出资人和学生借款人之间得到快速传播。此外，借款人通过平台贷款还可以得到免费的职业发展咨询服务以及相应的创业辅导，这些都改变了原本冷冰冰的金融贷款业务，增加了更多的人情味和社交氛围。不得不说，社交是促进 SoFi 快速生长的一个隐形基因。

而早在 2007 年，刚刚成立不久的 Lending Club 就曾经作为 Facebook 上的应用，推出了"合作性的 P2P 贷款服务"，以帮助 Facebook 用户之间实现借贷双方的直接联系，希望用更高效的方式匹配熟人之间的借贷需求，协助借款人取得成本更低的贷款。Lending Club 对于借款人和出资人的客群定位是希望双方互为 Facebook 的好友，是一种加载在社交关系上的借贷撮合服务。只要是经过注册的 Facebook 用户，都可以发起资金借入或借出的需求，该需求会被显示在该用户的 Facebook 页面上，让 Facebook 上的其他好友能够看到，从而选择是否和其进行借贷交易。

此项搭载在 Facebook 的 P2P 借贷撮合服务，从诞生之初就具备非常显著的社交基因。不仅 Facebook 本身就是一个具有海量用户的社交软件，同时这项服务基于用户公开在 Facebook 账户上发布其借款或出资的需求来进行信息传递，进而实现交易撮合。另外，为了协助用户快速发现那些他们之前并不知道的社交关系，使得他们可以在有信任基础的人群中实现资金借贷，Lending Club 还开发了一套 Lending Match™系统，用于搜索和识别贷款机会。Facebook 也为 Lending Club 提供了大量潜在用户及身份认证的依据。自 2007 年 5 月 24 日到 2007 年 8 月 23 日，曾有 1.3 万个 Facebook 用户登录了 Lending Club，但在这 3 个月内这些用户通过平台仅仅获得 75 万美元的贷款[①]，加之 2008 年金融危机后美国证

---

① 《Lending Club 简史》。

券交易委员会（the U.S. Securities and Exchange Commission, SEC）加强了对 P2P 贷款公司的监管，Lending Club 不得不暂停了这项业务。Lending Club 创始人苏海德后来谈及这项服务时提道："如果你要向人借钱，你真的希望你的朋友们知道你在借钱吗？如果你要赚钱，如果你要把钱借给别人，你真的希望借给你的朋友吗？答案是否定的。金融是一件非常隐私的事情。"

金融的隐私性确实与相对公开的社交行为本身相互矛盾。由于关注到金融融资的隐私性要求，国内平台在推广"社交金融"时纷纷通过匿名方式对社交金融进行了模式改良。

以国内 A 平台为例，该平台的出借人和借款人的客群定位是彼此认识的通讯录好友。从这个角度而言，平台本质上并没有非常明确的客群定位，只要是互为通讯录好友的人，均可进入该平台进行借贷交易。A 平台采用"熟人风控"模式，即基于资金借出方和借入方之间的彼此熟识的前提，由资金借出方自行对借款人的还款能力和还款意愿进行把关，自行确定是否借款、借款金额以及借款条件。平台在其中起到的作用主要是交易撮合，并通过身份证、银行卡和手机号的绑定确认用户身份，对可能出现的逾期情况提供催收服务。平台并不进行事前风控，而是全部交由出资人自行把握。

在这种模式下，平台并没有对借款客户设置太多门槛要求，也并不对借款人的资质与风险状况做出评价，出借人和借款人的彼此相熟的社交关系是其唯一的"模式"要求。但为了解决借贷行为的隐私性问题，平台采用了匿名方式来撮合借贷交易。匿名方式为单向匿名，即借款人实名、出借人匿名。借款人上传自己的手机通讯录至平台，并发布借款信息，即可等待通讯录内的好友同意借款。出资人能够看到借款人发布的具体借款信息，但借款人并不会知晓究竟是自己的哪位"好友"借钱给他。

表 3.3 展示了上述有代表性的社交金融平台的基本业务模式信息。

表 3.3 代表性社交金融平台的业务模式

平台	性质	借款人定位	出借人定位	风险评估方式	社交要素
SoFi	P2P	经 SoFi 选择的特定院校、专业的学生	校友出资或机构资金	FICO 评分＋平台评估	校园社交因素
Facebook 上的 Lending Club 应用	P2P	互为好友的 Facebook 用户		FICO 评分＋用户评估	依托 Facebook 社交平台
A 平台	P2P	互为通讯录好友		用户评估	通讯录好友＋营销传播

二、再辨社交金融

尽管有诸多打着"社交金融"旗号的业务实践,但是仔细剖析之下,就会发现不同的机构或平台,在应用"社交金融"概念时,其业务模式并不相同。

在 SoFi 的业务模式中,平台通过对学校、专业进行筛选,锁定借款人,平台会根据借款人自身的资质进行事前风险评估及相应的风险定价,因此属于 2B2C 的业务模式。由于选择的目标客户是在校园社交圈范围之内的群体,SoFi 进一步应用了社交关系,实现了平台服务在目标客群范围内的快速传播,并通过校友帮扶、职业指导、定期聚会等社交因素的引入和应用,在资金借贷撮合之外,为平台用户建立了一个交流沟通的渠道,使平台服务具备更高的附加值,进一步促进了平台借贷撮合业务的发展。社交因素是SoFi平台业务发展的黏合剂,但在产品设计、风险评估等维度上,SoFi依靠的还是自身的专业能力。

Lending Club在Facebook上推出的P2P贷款服务,以Facebook好友之间的借贷撮合为主要业务模式,属于2B2C2C的模式。与SoFi不同,这项P2P贷款服务并不就借款人群体作出具体的选择与细分,但平台仍会对于借款人的资质水平进行最基本的把关。要求借款人的FICO评分达到一定水平,从而鼓励负责任的贷款行为。平台除了负责简单的身份认证之外,还会查询借款用户的FICO评分,仅将那些达到基本门槛要求的借款人的申请信息推向他的朋友圈。相较SoFi的情况而言,Lending Club的该项P2P贷款服务更为依赖社交因素,即更依赖2B2C2C模式中C2C部分。所以说,在这种业务模式下,"社交"成为借贷撮合的媒介,更是Lending Club获客的入口。尽管通过社交媒介,该项服务得到了快速传播,从Facebook平台引导至Lending Club平台的客户量很大,但成交量却非常有限。也就是说,尽管社交在传播方面发挥了显著的积极作用,但是在实现客户转化的过程中,并不能达到预期的效果,甚至"社交"的公开性特征成为借贷撮合的阻碍。

A平台的获客模式与Lending Club在Facebook平台推出的P2P借贷服务看起来非常相似,都是通过导入社交网络关系,快速积累用户,但其模式偏向于2C2C。A平台模式下的"2B"和"社交关系C2C"可能都并不存在,即没有平台进行客户初步的筛选,并且通讯录导入的"朋友圈"可能并非都是真的熟识之人,虚假社交关系比比皆是。当背离真实的社交关系,平台所谓的"熟人风控"模式就不攻自破了,而平台自身又未对借款人资质作出任何评估和把关,后期需要面对的风险问题势必非常严峻。

从上述三个社交金融平台的案例来看,前二者的B端合作机构都起到了对客户初筛的作用，对 C 端都采用了 FICO 评分对借款人资质进行基本把关，美国市场较为发达的信用体系为借贷撮合中的风险管理提供了基础。反观国内社交金融平台的业务模式，平台自身却省略了事前风控，无论平台对借款客户的甄选还是信用评分的应用，在国内社交金融平台的模式下均没有体现。

三、社交与金融的差异

在对国内外典型的"社交金融"平台的案例分析中发现，所谓的"社交金融"多是在应用社交要素解决金融借贷过程之中的某一方面问题，或为获客，或为风控。"社交"本身并不能为金融借贷和资金撮合解决所有的问题，社交与金融之间存在鲜明的特征差异。

第一个是社交高频属性与融资的低频属性的差异。社交是人与人之间的交往，为了达到传递信息、交流思想的目的，社交行为有着明显的高频率特征。特别是在移动网络日益发达的当下，依托于移动设备的社交行为变得更加频繁。曾有报告显示，中国人平均一天要打开微信 14.5 次，使用社交媒体的总时长为 48 分钟/天。[①]但反观金融行为，特别是资金融通的金融行为的发生是相对低频的，过高频次的资金借贷通常预示着背后可能蕴藏着较高的风险。2017 年现金贷客户中有频繁多平台进行借贷的行为，从侧面也证明了这一点。

第二个是社交公开化与金融的私密性的差异。以 Facebook、Twitter、微博等为代表的公共社交平台，都拥有非常巨大的用户基数，使用者可以通过平台发布消息、分享观点，平台上的其他用

[①] 凯度集团，《2016 中国社交媒体影响报告》。

户都能够获取到上述信息；而微博、QQ、微信等泛熟人社交平台，则是在一个特定的圈子内实现信息的传递与交流，但作为平台级的社交通信工具，熟人社交所具有的私密性程度会伴随着好友数量的不断增长而下降。在隐私性上，金融行为的特征却完全相反，特别是涉及借贷的金融行为，对交易双方而言，都存在需要保证私密性的客观要求，这与"社交"本身的属性有着很大的冲突。从这一点上看，通过C2C进行金融服务的传播途径和筛选标准是存在问题的；微信的"微粒贷"更多的是发挥2B2C的功能。

第三个是网络社交虚拟化与金融的真实性的差异。伴随着互联网的不断发展，通过网络进行社交活动的行为已经渗透进我们生活的方方面面。但是网络社交存在身份虚拟化的情况，多数网络社交服务并不要求用户实名，并默许虚拟身份的存在。如将网络社交相关的信息直接移植到金融领域，将造成很多的问题。与金钱打交道的金融服务，需要真实的人、真实的身份、真实的需求作为基础。因此在社交的基础上做金融，首先得迈过真实性这一关。

四、金融如何借力社交

社交与金融之间的特征差异，也直接导致了单纯依赖社交是做不好金融服务的。同时，由于社交种类不同，以及业务模式不同，因此很难定论社交金融模式是否成立，社交金融还需回归到金融本质。

对于消费金融，获客和风控是业务发展的基础课题。特别是在个人借贷领域，如何能够批量化地、大规模地获取客户，是业务成长的基础。社交因素的引入，确实为金融获客创造了十分有利的条件。社交本身就带有信息传播的属性，在互联网技术的帮助下，信息可以在非常短的时间内获得快速传播。依托于社交的金融平台或产品，能够借助其所定位的社交圈子进行快速传播。同时，社交圈子是有细分化的趋势的，不同的社交平台通常有着不同的用户定位选择。通过进入一个特定的社交圈子，金融平台能够切入一个对应的客户群体，这也能帮助金融平台解决客户特征聚焦的问题。

回到前面的社交平台案例上，能够看到三个平台或多或少都运用了社交因素进行用户的获取与营销，但也具有明显差别。在 SoFi 模式下，平台首先对借款客户群体进行明确的定位与选择，再通过社交方式在平台已选定的客群内部进行传播，属于 2B2C 的模式；在 Lending Club 的熟人借贷尝试中，社交平台承担了客户初筛的功能，也承担了交易信息发布的功能，属于 2B2C2C 的模式；A 平台模式下则需要通过海量 C 端客户的通讯录导入，来不断加大平台用户基数，属于 2C2C 的模式。在上述三类具有代表性的社交获客方式下，社交因素嵌入最深的是 Lending Club 的 Facebook 熟人借贷服务，用户获取和交易发布都直接依托于社交平台，在实际运营过程中，这种模式也确实形成了快速的传播优势，从 Facebook 上被引导登录 Lending Club 平台的用户数量颇具规模；A 平台的获客方式表面上也借了"社交"的力，通过一个人通讯录的导入就可以批量获取到以该用户为核心的整个社交圈子信息，但实际推广过程中，A 平台也是借由"地面推广＋返现促销"的方式，才获取到大量的 C 端客户加入平台；SoFi 平台的客户定位是经过平台过滤与自主选择的，因此"社交"在获客方面更似"锦上添花"，而非唯一依托。

单有用户量的增长，并不意味着业务规模的直接增长，如何将流量转化为优质资产是要解决的问题。Lending Club 依托 Facebook 社交平台快速获得了用户量的增长，但实际成交量却非常低，客户转化是关键问题，"社交"并不能解决这一问题。A 平台也面临类似的问题，尽管通讯录的导入可以批量圈定客户，但借款客户的朋友圈子中如果没有愿意出借资金的人，则无法形成有效的借贷撮合。为了解决这个问题，A 平台选用的方法是通过"硬营销"来不断扩大平台的用户基数，在人为扩大社交网络的过程中，提高借贷撮合的可能性与成功率。在这种方式下，平台获客与转化实际上已经脱离了"社交"，更损害了"熟人风控"的可行性，为平台的贷后管理埋下了重大隐患。

再来看 SoFi 平台的情况，SoFi 的成交转化没有社交因素的参与，而是源于平台自身提供差异化产品的能力和市场化风险定价的能力。平台在统一利率的联邦学生贷款市场中发现了机会，对优质客群提供低息贷款，从而快速获得客户，并形成有效转化。SoFi 平台对借款人的风险评估能力以及产品风险定价能力，造就了平台业务的成功。在 SoFi 的模式下，社交因素仅是平台出资方和借款方的一种黏合剂，在获取基础用户的过程中起到了一定的传播作用。而有竞争力的差异化产品和平台自身的专业风控能力，才是平台成功的核心要素。当美国联邦贷款降低了学生贷款利率，原有的学生贷款市场机会逐渐消失时，平台也能够迅速作出应对，为平台存量优质客户提供其他类型的延伸贷款服务。

风险能力是金融业务的核心能力，社交因素参与其中可以分为两种方式：第一种是熟人风控。以 A 平台为代表的熟人借贷平台主打的即是熟人风控模式，平台并不对借款人的资质情况与还款能力进行把关，而是将这个风控过程寄予熟人之间的相互了解，以期解决资金借贷中的信息不对称问题。需要说明的是，熟人风控方式并不是完全无效的，在我国，历史悠久的地域性民间标会就是依靠乡里乡亲的信任关系所建立的一种金融机制，也确实能够在一定范围内解决融资风险控制的问题。但是，这种风控解决方案是有极大的限制的。把民间的熟人借贷搬到互联网上，一下子打破了地域、时空的限制，极大地扩展了圈子范围，使得民间熟人借贷过程中由于地缘关系因素所建立的信任关系同时也被打破了，亲情、乡亲、友情在互联网上都被逐渐淡化，相识相熟的前提条件已经很难成立了。而对于现在"社交金融"平台所推崇的二度、三度社交关系，虽能够在一定程度上促进有效转化，但并不能形成有效的风控模式。那些不同类型的匿名借贷撮合方式，又都会或多或少影响出借方对借款方的评估，信息不对称的问题难以解决。上述原因导致"A平台"类的"社交金融"模式出现风险失控的局面。第二种是数据风控，即采用社交数据进行客户评估与风险控制。社交过程本身蕴含着非常丰富的行为信息，加之社交行为的高频特征，使得此类数据的体量与深度都在不断拓展。根据麦肯锡《2015年中国数字消费者调查报告》[①]中的描述，中国是最热爱社交的国家，中国人每天花在社交媒体上的时间达到78分钟，而美国人均是67分钟。巨大的社交数据量为客户特征分析与行为刻画提供了一定基础。但从国内外的实践情况来看，几乎不存在单纯依靠社交类数据进行风控的案例。因此，需妥善利用社交数据，再结合其他维度的数据，形成关系图谱以及客户画像，进行客户欺诈风险排查以及信用风险评估。

依托"社交"的力量,确实能够解决"金融"某些方面的问题。

---

① https://www.sohu.com/a/1670537_114990。

"社交"可以成为批量引入客户的入口、圈住用户的工具，也可以提供相关的社交数据用于客户评估，还可以提供风险管理的一些抓手和线索。但单凭"社交"本身尚无法形成金融业务的闭合系统。尽管社交因素能带来种种好处，但经营信贷业务的平台仍需要对"社交"能够真正发挥作用的环节和领域有更为清晰的认识，不能用错误的方式应用社交要素，造成经营上的失败。

第四章

消费金融5W

根据中国贸促会研究院发布的《2017/2018年中国消费市场发展报告》，2017年我国社会消费品零售总额达到36.63万亿元，同比增长10.2%，消费对国内生产总值增长贡献率达到58.8%，消费正在发挥基础性作用。商务部2019年2月12日公布2018年商务运行情况，2018年社会消费品零售总额38.1万亿元，增长9%，保持了平稳较快发展势头；消费对经济增长贡献率为76.2%，比上年提高了18.6个百分点；网上零售额突破9万亿元，增长23.9%，消费连续5年成为经济增长第一动力。

从消费区域发展情况来看，农村消费增长仍快于城镇。2017年我国农村消费品零售总额达到5.19万亿元，增速达到11.8%；城镇消费品零售总额31.43万亿元，增速达到10%；另外，中西部省份消费增速明显高于东部地区。随着东部地区网络渗透率的增长，网购进入成熟阶段，而中西部地区正处于成长阶段，许多省份居民网络消费增长率超过东部地区。

从消费结构来看，吃、穿、用类生活必需品增速逐渐降低，能够体现生活品质的体育、娱乐和健康保健类等消费增速提升，个性化定制消费受到追捧，具有高性价比的知名品牌深受消费者青睐。

品质消费更关注为消费者带来更好消费体验和身心享受，对商品和服务的科技含量提出了新的要求，创新型产品消费增长迅猛。

从消费的方式来看，互联网以及移动支付发挥了巨大的潜能，带动了线上消费高速增长。根据国家统计局发布的数据，2018年全年实物商品网上零售额70 198亿元，比上年增长25.4%，占社会消费品零售总额的比重为18.4%，比上年提高3.4个百分点[1]，线上成为重要的消费渠道。越来越多企业开始整合线上、线下渠道，为消费者提供更好的消费体验。另外，多线上入口的用户的网购活动更活跃，其网购支出和购买品类比只用移动设备的用户分别平均高出17%和29%。[2]

从消费人群来看，"90后"的消费行为具有明显的个性化、品牌化特点，人均网上消费额较高。"80后"正处于人生转型过程，家庭的需求正在逐步上升，同时也会喜欢购买理财、汽车用品等。《2017年消费升级大数据报告》显示，从2015年至2017年，"70后"对消费的贡献度逐步下降，而"80后""90后"对消费贡献度则持续上升；"90后"消费金额增长迅猛，远高于"70后""80后"，增幅达"70后"的近两倍；从2017年各年龄在移动互联网渠道及线下实体渠道的消费金额占比来看，"90后"移动互联网渠道消费金额占比51.40%，已超过消费金额的一半。

根据国内消费市场的发展情况，对于消费金融业务，可以采用5W来进行描述，即在国内什么样的人使用消费金融服务（who）？需要消费金融服务的客户出现在哪里（where）？客户需要什么样的消费信贷产品及服务（what）？客户为什么使用消费金融服务（why）？怎样提供客户所需的消费金融服务（how）？

---

[1] 国家统计局，《2018年国民经济和社会发展统计公报》。
[2] 麦肯锡，《2016年中国数字消费者调查报告》。

第一节 who

在消费不断增长的同时,消费者的结构以及消费行为也在不断改变。"80后""90后"已逐渐成为主要消费人群。与传统消费群体不同,新兴消费群体的消费观念更加超前,如借贷观念更易被接受,价格已不再是决定消费的唯一因素。在此背景下,当现金无法满足人们的消费需求时,消费金融产品凭借审核快、授信灵活等特点满足了消费者的即时性需求。在针对个人的信贷服务中,长期消费贷款多由房贷、车贷构成,短期贷款增长的情况更能反映中国消费金融的趋势。中国人民银行数据显示,短期消费贷款已由2004年的1 253亿元增长至2018年末的8.79万亿元,增长接近70倍,而同期中长期消费贷款仅增长15倍。2017年以来,中长期消费贷变化曲线逐渐平缓,而短期消费贷款仍保持上升态势,说明在金融业整体去杠杆背景下,消费金融行业仍处于快速发展车道,这也是过去几年越来越多机构开展或转型消费金融业务的主要原因。

消费信贷快速、持续地增长,谁才是消费金融的真正主力军?从不同的报告、不同统计口径、不同消费产品使用的情况中都可以得出基本一致的结论:消费金融主要的客户群体为20~40岁的年轻客群,男性客户占比达50%以上,本科以下学历的客户占80%左右,收入水平以月均收入5 000元上下为主。

从年龄结构来看,用户更偏向年轻群体。《2017年消费金融行业报告》中以京东白条、蚂蚁花呗等和P2P网络借贷平台为代表的互联网消费金融方式在20~40岁客户中最为盛行,合计占比均超过80%;此年龄段的借款人超前消费意识更强,且成长于信息技术快速发展的时代，对新技术、新事物、新产品的接受程度较高，对互联网使用时间较长，因此存在一定的黏性。《2018 中国消费信贷市场研究》的数据也同样显示出 40 岁以下的客户是消费金融的主体，18~29 岁的在校及刚毕业群体占比 36%，30~39 岁群体占比 30%，40~49 岁群体占比 33%，50 岁以上的中老年群体很少使用消费信贷。

从性别结构来看，《2018 中国消费信贷市场研究》显示，使用消费金融服务的男性、女性占比分别为 55.09∶44.91。同样，艾瑞咨询发布的报告显示，中国跨境网络购物用户中男女比例分别为 51.4% 与 48.6%。《消费金融深度研究报告》指出，花呗的男女使用比例为 59.9% 对 40.1%。

从收入情况来看，《2018 中国消费信贷市场研究》的数据表明，月收入在 2 000~4 999 元的群体占据样本总数的 70%，其次为 5 000~9 999 元的群体。《2017 年消费金融行业报告》的数据也给出类似的结论，低收入人群借钱最多。其中，月收入在 3 001~5 000 元的消费者中申请消费信贷的最多。

从教育程度来看，以本科为分界线，专科生及以下的客群占比 57.5%，本科生及以上占比为 24.5%。《2017 年消费金融行业报告》也表明大专以下学历是消费金融的主要使用人群，具体分析用户学历情况，本科及以上学历者仅占 15%，高学历人群较少通过消费金融进行资金借贷。

据中国人民银行数据显示，当前人民银行征信中心数据库已覆盖约 8 亿人，其中仅有 3 亿人有信用记录，有就业信息但缺失信用记录的人口超过 5 亿人，更有超过 5 亿人尚未被征信系统覆盖。由于征信体系不完善、抵押物欠缺等因素影响，小微企业、农民、城镇低收入人群、贫困人群和残疾人、老年人等特殊群体无法从金融机构获取传统信贷服务，他们成为普惠金融重点服务对象。

综合以上数据可见，消费金融的主体在相当程度上是年轻人，且很大比例上没有人行征信记录，无法被传统银行信贷金融服务所覆盖，但同时他们有很强烈的消费需要，消费金融业务在服务没有被传统金融机构覆盖到的人群上具有比较大的市场空间。

第二节 where

获客能力是发展互联网消费金融业务的关键，即如何付出合理的成本获取消费金融的目标客户。互联网、大数据技术逐渐成熟及广泛应用，以及金融外围服务逐渐丰富和完善，为消费金融的客户锁定以及批量获取提供了不同路径和方法。有别于传统获取客户的方式，在提升用户体验的同时，消费金融的客户获取与导入也有了不同的创新，如除了通过广告投放、电话、短信营销、自有场景布局等方式获取客户，还可以通过消费、社交、支付等方式触达客户，并嵌入相应的金融服务，移动终端手机APP、微信公众号逐渐成为金融服务的主战场。又如，与有流量、有场景的企业合作，批量导入有消费金融需求的客户，快速开展消费金融业务。通过各类场景触达客户，利用场景信息优化金融服务甚至定制化金融服务，并防控风险，让金融服务有质量、有效率地服务到实体经济。

通过电商的消费场景可直接寻找到消费金融客户，基于消费交易而提供相应的金融服务，也就是"电商＋金融"的模式。随着电商的发展，电商平台拥有丰富的产品和庞大的用户流量，是天然的自带流量的线上消费金融的场景；同时，场景中的客户信息、交易信息、社交信息可用于提高金融服务的适配性与风险管理的准确性。对于电商平台来说，其客户流量以及消费场景成为其吸引金融机构合作的优势；而嵌入式的金融服务又有利于增加电商平台上客户的黏性以及提升客户的综合价值，从而形成良性循环，此种模式适合 B 端商户和 C 端消费者。这种消费场景与金融结合的模式在运转过程中，由于消费需求的持续存在，客户的行为数据不断积累、风控不断优化，客户管理有抓手，从而此种运作模式更加稳定。淘宝、京东、苏宁等电商平台都开展了这种模式的金融服务。阿里小贷主要服务于商务网站成立以来在网上注册和交易的小微客户群体，注册用户经营范围覆盖全国，涉及的行业几乎无所不有。京东供应链金融成立于 2012 年 11 月 27 日，京东和中国银行北京市分行签订战略合作协议，上线京东供应链金融服务平台，为平台商家提供金融服务。上述的金融服务是针对平台上的商家的，而针对 C 端消费者的金融服务——京东白条在 2014 年 2 月开始公测，之后是支付宝花呗开始测试。从公开的信息看，此种消费金融服务会根据平台上消费者的网购综合情况来确定其审批情况与额度。

虽然通过电商平台等综合性场景入口嵌入金融服务比较直接和有效，但随着移动互联网和移动支付的发展，线下商业和线上商业逐渐融合形成闭环商业生态，旅游、医疗、餐饮、教育等各线下场景的消费及其金融服务也向纵深发展，形成"线下场景＋金融"的模式。例如，在线旅游平台去哪儿网、携程提供消费金融服务，为客户提供更便捷、流畅的支付体验的同时，也深挖平台消费潜力。旅游业与金融业不断深度融合发展，形成新的消费金融产业细分领域——旅游消费金融。又如，餐饮业作为当前国内最大的消费市场之一，行业总规模由 2013 年的 2.64 万亿元增长至 2017 年的 3.96 万亿元，年复合增长率达 10.7%[①]，餐饮业发展消费金融业务的尝试很多，模式不一。其中，快餐消费是整个餐饮市场最为重要的一个领域，肯德基和麦当劳两大超级连锁店，分别有蚂蚁金服入股百胜中国（旗下包括肯德基）、京东白条与麦当劳达成战略合作，其意也是为了能参与到快速增长的餐饮市场。

在金融领域，电商平台和线下消费场景中的数据在金融借贷方面更有价值，可以判断客户的还款能力，毕竟一般而言消费水平与财务实力、还款能力呈正相关。相比之下，社交数据与借贷相关度较弱。虽然社交数据在判断用户财务实力方面作用有限，但社交数据在构建客户的关联关系方面、在欺诈风险排查方面作用更明显。社交与金融的结合更多是以社交作为入口。例如，微众银行的微粒贷是通过用户微信、手机 QQ 作为入口提供的线上个人小额消费信用贷款产品。又如，脉脉也上线了"借钱"功能，其平台拥有超过 5 000 万的用户，可以为该金融产品提供流量支持。脉脉的用户都是基于认证和熟人社交圈子、工作圈子，这些社交关系信息有助于了解客户及其工作和生活情况。

还有一类获客模式是与采购搜索平台、账户信息整合服务平台、金融垂直搜索平台等线上平台合作，上述平台通过其提供的信息服务而拥有大量的客户群体，从而跨界为客户提供金融服务，形成"信息服务＋金融服务"的模式。例如，51 信用卡为信用卡持有人提供账户信息整合工具，便于持卡人进行多账户管理。通过为客户进行账户整合管理，积累客户相关账户数据，并基于此数据对客户进行识别与筛选，提供金融服务。这种模式的特点是在场景中并没有交易产生，如融 360 贷款搜索平台一端为客户提

[①] 2018 年中国餐饮业市场现状分析及发展趋势预测。

供银行、典当、小贷公司等贷款机构的贷款搜索、比较等信息服务，另一端向贷款机构主动推送有贷款需求的客户。这种消费金融入口最直接的优势是拥有海量的用户，并且用户有明确的需求等，在此基础上，平台上还可引导有需求的用户补充提交部分与贷款申请相关的信息。

最后，还有一种消费金融嵌入的方式，即通过支付的场景而提供消费金融服务。支付作为金融的核心功能之一，具有天然的链接场景、资金等各方信息的属性，除了执行消费金融行业支付结算的功能外，在支付过程中积累的信息还能为风险管理提供数据支持。例如，银联商务拥有庞大线下银行卡收单市场，在移动支付领域推出银联云闪付，同时也进军了消费金融市场，尝试推出"全民购"产品。在线下购物支付时，可以通过银联商务或相关的公众号申请贷款，实时审批、授信并用于相应的支付。在线上消费和支付场景流量红利逐渐消退的情况下，线下支付的入口对于拥有银行卡收单业务的机构来说是跨界消费金融的一个优势。

第三节　what

消费金融按照相关政策要求，是针对消费者个人发放的用于购置耐用消费品或是支付其他费用的贷款，消费用途较为广泛，除不得用来买房、投资、炒股外，可用于购车位、装修、教育培训、大宗消费购物、旅游、医疗美容等个人或家庭合法消费。按照贷款申请人对资金的需求可将贷款用途大致分为：用于临时的资金周转，用于日常消费，用于一次性的大额支付。临时的资金周转主要指个人紧急情况的资金需求,如偿还信用卡账单;日常消费如在电商平台购物、分期平台消费等;一次性大额消费则包括装修、购车、培训、婚庆、购买家电等方面的支出。

根据上述需求的不同,所需的金融服务的形式及金融产品的利率、期限、额度会不同,从而形成如下三类消费金融产品。

第一类,针对一次性大额消费所提供的消费金融产品,额度从几万元到十几万元甚至更多,借款期限可以长达2~3年,利率适中。针对这类金融服务,银行的消费贷款在利率方面有绝对的优势,年利率可低至6%左右,额度最高可达到50万元。另外,银行的信用卡也是参与消费金融市场非常主要的产品种类,额度从几千元到几十万元不等,并且针对消费有20~50天的免息期,分期服务的年化利率也远低于市场同类服务的价格。有此类需求的客户,银行并不能服务全部,其对客户群是有所挑选的,从中筛选出顶层客户。例如,为收入较高行业的白领,有人民银行征信记录、在该行有其他业务往来的客户提供服务。因此,持牌消费金融公司也在此类需求市场中有发展空间。持牌消费金融公司发展此类业务的额度与银行没有大的差异,但审核方式、风险控制标准与风险容忍度比银行有所下沉。

第二类,对于满足日常消费的消费金融服务,额度从几百元到一两万元,主要是用来购买家电、3C数码或者预付房租、预交旅游费用等,利率相对偏高一些,需要在几个月时间内分期还清。该类金融服务有不同的提供方式。随着电商平台、消费分期平台的发展,以及线上消费方式逐渐被广大消费者所青睐,电商、分期等互联网金融平台在消费场景中嵌入的金融服务成为非常重要的一种方式。如阿里花呗、京东白条更有针对性地为客户的消费提供金融服务。除此之外,银行信用卡、消费金融公司的信贷产品也为该类消费提供金融服务支持。此类金融服务由于借款期限较短，因此客户对于利率不敏感，选择金融服务时主要考虑便利性。

除了上述两类，还有一类金融服务，额度以千元以下为主，甚至小至百元，期限灵活，短至几天，利率高，按日计息，贷款以现金方式转入银行卡中。提供此类金融服务的机构主要是互联网金融平台，更多的是主营无场景、无指定用途的现金贷平台。由于此类金融服务主要是满足客户紧急现金需求，因此客户在选择服务时主要是考虑审批的简捷性、实时性。

第四节　why

客户为什么选择使用消费金融服务？

首先，国内消费主体发生变化引起消费理念发生变化。"80后""90后"成为消费人群中的主力，年青一代的消费理念由"价格导向"转变为"体验导向"，提前消费、信用消费的理念逐渐成为主流，消费者愿意消费也敢于消费，消费动力更强。根据人民银行公布的数据，从2008年到2018年，仅仅10年的时间，中国城乡居民存款的增长速度已经从18%急剧下滑到7%的水平，储蓄率从2008年以来呈现下降的趋势。这个数据似乎表明中国人普遍持有的先储蓄、后消费的理念，在年青一代中并没有延续下来，年轻人更加注重生活品质，更加乐于享受生活。

其次，消费需求更加多元化，服务性消费比重快速上升，消费者愿意把更多的钱用于健康支出、教育、文化娱乐、交通和旅行；在产品选择方面，39%的消费者仍然愿意购买质量更好但价格更贵的商品。① 例如，教育方面的需求比之前更加旺盛，国际教育、幼儿教育、艺术教育及在线英语等持续 20%~30% 的高速增长；精准医疗和新医美服务以 25%~40% 的速度增长。② 消费金融也会随之进入这个市场去满足消费者日益变化的需求。

最后，随着消费金融行业的普及，越来越多的消费者对消费借贷持开放态度，资金的充足程度与消费金融产品的使用并未有必然关联。《2018 中国消费信贷市场研究》对选择贷款消费的原因进行调研时发现，71.77% 的客户认为是因为他们即使手头有钱，也希望保持一定活钱（流动性）在手上，不愿意一次全部投入。此外，非常想要（需要），无法忍耐等候才通过消费贷款进行消费的比例为 17.28%。有 9.07% 的客户则认为自己是月光族，很难攒下钱，贷款消费对自己来说是某种程度的"强制攒钱"。消费金融市场的信贷结构也发生了明显的变化，《2018 年消费金融行业发展研究报告》数据显示，除房贷、车贷外的短期贷款由 2010 年的 12.7% 增加到 2017 年的 21.6%，消费金融服务在满足客户需求上更加关注客户体验，贷款用途广，申请流程更加简单、便捷，这些都体现在产品设计方面。

在产品设计方面，越发以客户为中心、以便捷为中心。当个人信贷市场逐步覆盖长尾市场时，面对海量个人客户，很多个人信贷经营机构通过提供标准化产品来提高运营效率。但随着市场的不断成熟以及数据技术的持续发展，互联网端"千人千面"的特征逐渐体现，不同客户群体的关键需求是差异化的，管理理念也逐渐从"以产品为中心"向"以客户为中心"转变，根据客户需求不断丰富产品体系，在贷款产品上为客户提供多种额度、多

---

① 《2019 年中国消费市场的 6 个趋势》。
② 《2018 年中国消费升级七大趋势》。

种期限、多种授信方式与还款方式的选择。

从授信方式上来说，信用贷款产品有一次性授信的方式，即每次申请会批核一个授信额度，并一次性打款给客户。而信用卡是循环授信产品，在金融机构风险评估后，客户获取一个授信承诺，在一定期限内，可在该授信额度范围内进行多次支用、反复支用，用款方便。2016年3月，人民银行和银监会下发的《中国人民银行　银监会关于加大对新消费领域金融支持的指导意见》中，关于产品创新一节明确提出鼓励推广"一次授信、循环使用"的创新金融产品。循环授信形式本质上早已出现，此指导意见再次强调是希望在个人信用贷款领域的多种产品上推而广之，让信贷服务的过程更为便捷、灵活。而个人信贷市场上也实际推出了除信用卡产品外的其他循环授信产品，如目前电商金融平台推出的金融产品很多是给出一个授信额度，客户可在额度范围内循环使用，并有着明确的授信额度提升机制。

从市场主要产品情况来看，现金贷款等用途不明确的贷款产品还是以一次性款项支付为主。这里需要说明的是，一次性打款的信贷产品，同一客户的多次申请也不会做完全不相关的单独审批。对于曾经和本机构有过贷款往来的客户，根据该客户历史用款和还款的信息，可设置有针对性的存量客户准入策略。有一些贷款是以现金贷形式，直接支付至客户指定的银行卡账户，授信方后续对该笔资金的使用情况多数无法追溯。另一些产品则是以定向支付等方式向客户给付授信金额，多出现在场景金融、供应链金融等场景下。由于客户申请该笔贷款的用途是明确的，资金支用方向也是确定的，因此金融机构或平台可通过直接向指定的收款方打款的方式完成授信金额给付过程。

信用卡是较为特殊的个人信贷，结合了授信额度与支付工具，既不限定客户的支付对象，又使得交易过程不脱离授信方的管理体系。这里需要说明的是，信用卡的取现交易会将信用卡授信额度转为"现金贷"，从而使得款项用途失去追溯，这也是为何针对信用卡客户的行为评估中经常将取现交易视为相对高风险的交易方式。

还存在可选范围内定向支付的贷款产品。以某家股份制商业银行为例，该银行推出面向个人客户的经营信用贷款产品，客户一旦通过审批，将获得一个授信额度，而在支用该授信的时候，客户需要提供贷款用途资料，贷款银行将根据所提供的资料，核定贷款支付对象，绑定一组特定的收款人，所绑定的收款人一般是借款人生意经营中的交易对象。通过这种方式，同样实现了定向受托支付的过程，掌握资金的实际流向，支付对象可以是一组账户中的一个或多个。还有一类相对特殊的定向支付模式，属于信用卡代偿产品。对于信用卡还款资金不足，或所持信用卡费率过高的客户，选择通过其他信贷置换信用卡的贷款余额。在这种产品授信支用的过程中，多是定向打款至客户指定的本人名下的信用卡账户上，以实现授信支用。这也属于定向支付的一种模式。

从还款方式上来看，个人信用贷款常见的还款方式多样化，包括一次性还本付息、等额本息、等额本金、先息后本、弹性还款等。同时，还款方式与贷款期限密切相关。一般而言，期限较长的产品采取等额本息分期还款方式的较多，相对短期产品则可能采用先息后本方式还款，或者采用按日计息、随借随还的方式还款。

伴随着个人信用贷款市场的发展，信贷产品确实有创新，特别是在产品触达渠道、产品灵活性等方面出现了显著的变化，用户体验成为产品设计中的重要考量因素，以客户需求为中心的管理思路逐渐清晰。但也需要看到，创新产品也并非都来自"互联网金融"公司，有很多创新其实诞生于"互联网金融"概念火爆之前，也有很多创新发生于银行体系。应该说，客群拓展、规模增长、产品创新都需要风险管理能力、流程优化能力、IT 技术能力的提升作为基础，在这些方面，传统大型金融机构的能力仍不容小觑，而新兴金融机构或平台业务上的"弯道超车"，也是要建立在上述后台能力的搭建与提升的基础之上的。

第五节 how

信贷服务的触达渠道可分为线上申请和线下申请。线下申请渠道通常是通过固定网点或专业服务人员提交申请材料，再交由后台完成审批，获取贷款。线上申请渠道包含网站、APP、微信等多种服务入口，也包含通过电话方式完成申请的贷款产品。

早期的个人信用贷款采用线下渠道推广为多。一方面源于银行等传统机构具备线下网点优势，与客户触点多、渠道通畅；更重要的是通过线下作业人员与客户的直接接触，能够对客户的身份真实性、申请资料真实性以及客户资质的相关信息有直观印象。所以说，线下渠道除了协助客户完成业务的办理，还是信息采集的过程，是认知客户（know your customer, KYC）的过程。目前，除了传统银行有线下渠道提供信贷申请服务，其他提供消费金融服务的公司也根据资产类型和产品需要设有线下渠道，如二手车贷款业务等。线下渠道业务的开展依靠销售团队的地面推广，有机构自建团队的方式，也有采取代理团队的方式，或是与专门进行线下资产运营的公司合作。例如，线下渠道中，消费金融公司和实体商家签订协议，当消费者在商家购买商品或服务时，与消费金融公司签订分期协议，然后由消费金融公司向商家垫付商品或服务的费用。在整个流程中，由于消费场景掌握在商家手中，而且通常在同一商家有来自不同机构的消费金融产品可供选择，消费者往往选择商家所推荐的消费金融品牌，造成了各消费金融品牌不得不花费大量的精力与物力去和较大的商家搞好关系，以此来获取市场份额。

伴随着互联网的发展，特别是移动互联网技术的跨越式发展，线上渠道以突破时间和空间限制的优势逐渐得到更多客户的青睐，以互联网为主要客户触达渠道的金融服务开始爆发式增长。网络银行、手机银行、APP、微信入口等线上渠道逐渐获得市场的认可。与线下贷款相比，线上贷款缺少了线下的信息采集环节，因此客户资信评估更多依赖渠道方所拥有的信息、内外部数据的支撑，以及识别技术的能力，在不能面见客户的情况下，解决身份核实等关键性问题，实现KYC。

线上渠道的一种模式是通过互联网平台入口，客户在线上购物消费、预订旅游服务、进行租房时，利用平台场景服务中所提供的消费金融服务的入口，直接进行金融服务的申请，从而构建闭环的线上消费场景以及用户群体。随着线上消费金融规模持续高增长，此种方式成为非常重要的一类渠道，"京东白条"算是最具代表性的产品之一。

另外一种线上模式是客户通过主动登录信贷机构的网站、APP、微信入口，填写个人资料申请贷款，直接获取消费金融服务，这对于有品牌的机构来说是不错的路径。例如，商业银行通过自建APP的模式为客户提供线上申请消费金融业务的入口。当然，为了获取更多的流量，机构也会采用合作的模式广泛拓展消费金融业务触点。中国工商银行自建了"融e购"电商平台引导自有客户消费，挖掘潜在的消费金融业务机会；招联消费金融则与支付宝、美团等开展合作作为其获取更多流量。

还有一种线上模式是用户将借款项目发布到 P2P 借贷平台，并由平台进行资格审核后上线发标；投资人根据自身偏好选择项目进行投资以满足项目发起人的借款需求；最后，消费者按照约定的时间向投资人进行还款付息。

通常所说的线下、线上是触达客户和营销的渠道，并不代表后台风控采取的是人工审批还是自动审批模式，也不是影响贷款决策时效性的决定性因素，两者没有绝对的优劣之分。以光大银行在 2013 年推出的信用卡贷款产品为例，线下合作商户，如消费者购买商品或服务时需要资金，可通过系统实时进件、征信及审批，即使是对一个从未与该行有过业务往来的全新客户，仍可在几分钟内完成整个授信审批过程，后台账户系统则完成记账和支付过程，这是通常所说的线上和线下相结合的方式。另外，线下贷款渠道也使用了 PAD 进件等无纸化的业务申请方式，通过 PAD 也可采集到客户申请过程信息，如申请的提交时间及地点、填写时长等。

消费金融线上、线下渠道各有优势，很多涉及强体验场景的业务，发展线下渠道具有优势，而线上渠道能给客户更便捷的体验。例如，苏宁消费金融有手机 APP，提供在线申请、快速审批、立即使用的全流程消费贷款服务；为了方便客户，苏宁与其他渠道方合作，不用下载 APP 即可申请和使用苏宁消费金融消费贷产品；为了拓展场景，苏宁与商户合作，引入教育、旅游、租房、家装等商户，客户可在合作商户线上或线下渠道直接申请教育贷、旅游贷、租房贷、装修贷等多场景消费分期服务。又如，捷信消费金融从 2010 年开业起，就选择下沉到二、三线城市，以 3C 产品、家用电器、摩托车等消费品为主要消费场景，采用"驻店式"模式，为那些未被银行等传统金融机构覆盖的人群提供金融服务。截至 2018 年末，捷信消费金融在中国的业务已覆盖 29 个省、自治区和直辖市，312 个城市，其通过超 25 万个贷款服务网点，服务的活跃客户超过 1 400 万。[①] 而近些年，捷信的业务模式正在快速从单一的线下模式转变成线上线下相结合的模式。捷信针对细分客户群推出不同的线上产品，消费者可以根据自身需求去选择申请，最快可实现当天审批、当天放款。同时，捷信专门为贷款客户开发了线上移动 APP 服务平台，捷信的客户可以通过使用手机 APP，在线享受到方便快捷的服务。因此不管哪种模式，重要的是以最贴近客户的方式，在客户需求的时刻、需要的场合，为客户提供所需要的金融服务。

---

① 捷信官方网站。

第五章
消费金融生态链

从近些年的业务实践可以看到,消费金融市场的合作越来越普遍,传统机构对合作持更加开放的态度。由于在消费金融业务的资金与资产对接中涉及多个环节,如营销服务、数据采集、征信服务、风险评估、贷中监控及预警、逾期催收、不良资产处置、资金提供、资金匹配、增信措施、资产证券化等,由这些业务环节细化出相应的功能模块,进而出现独立运作的、专业化的市场主体,形成消费金融的生态链。生态链上各类机构都有自己的优势,合作的目的是向金融消费者提供更加完整的、更加高效的金融服务,形成共赢的局面。

如图 5.1 所示,消费金融生态链主要由资产方、资金方以及围绕资金与资产的有效对接而提供服务的其他机构组成,其中资产、资金、风险管理是关键环节。随着金融创新与信息技术的深度结合,各方参与的形式越来越丰富,尤其是提供撮合服务的机构。其中资产方有各种消费场景,如日常购物、装修、租房、旅游、医疗美容、教育、婚庆等传统公司和线上平台,如社交、搜索、信息服务甚至广告营销所形成的流量集合方。资金方包括商业银行、消费金融公司、信托机构、小额贷款公司、P2P 网贷平台等。

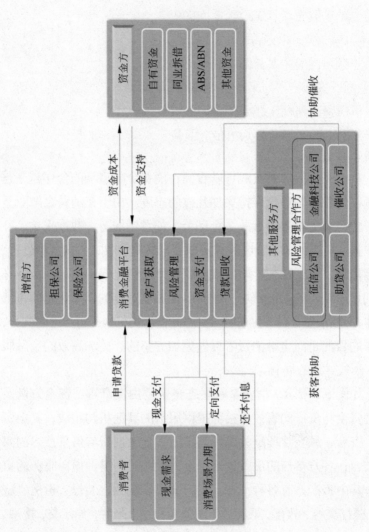

图 5.1 消费金融生态链

而为资金、资产匹配提供服务的机构包括贷款营销机构、助贷机构、贷款推荐平台、围绕风险管理与征信的大数据公司与金融科技公司、增信机构等。其中，围绕风险管理与征信的服务机构提供专业化的外部支持，涉及客户身份验证、欺诈排查、预警、资产清收等，由此出现了大量大数据征信、金融科技、人工智能、模型、催收服务等机构。增信方则包括保险公司、担保公司等。

互联网、金融科技的发展不会改变金融业务的本质，也不会减省中间环节，可以通过对信贷生态链条的功能拆解，采取横向与纵向的多方合作的方式，重新构建整体业务流程。以 P2P 网贷平台为例，P2P 网贷平台模式实现资金方和资产方的直接对接，平台扮演信息中介的角色，提供撮合服务。在国内市场，为提高撮合效率，服务平台还对资产进行风险评估、筛选及分级。部分 P2P 平台资金和资产的规模不能对等，资金端运营比较好的 P2P 公司，除了满足本平台资产端的需要外，也会和其他资产方合作，将资金投向双方约定的资产；而资产端运营较好的 P2P 平台，也广泛寻求与其他资金端的合作，形成在资金端、资产端的横向合作。

这种多方合作模式形成的消费金融业务生态链，有其存在的意义。如果说原本的传统金融机构是个大而全的金融功能综合体，那么，新兴的互联网金融平台则在向着轻型化、专业化的方向发展，依靠其优势切入消费金融市场；虽然单一机构在这种发展模式下并不能完成整个金融链条中的全部功能，但是可以本着分工合作的思路，寻找更为有效率、更为专业化的合作伙伴来加入自己的链条中，从而共同形成业务闭环。特定环节和模块交给更为专业、更具优势的企业来完成，对业务管理水平和业务效率的提升具有积极意义。

第一节 资　金

消费金融的资金来自个人或机构，个人资金主要是通过 P2P 平台撮合理财人的资金与借款人的需求；而机构资金主要来源于银行、消费金融公司、信托、小贷公司等。

一、主要资金方

银行在所有的资金方中最受青睐，资金成本低，体量大，银行也是很多其他机构资金方的资金来源，如银行通过授信的方式将资金拆借给持牌消费金融机构，资金间接投入消费金融业务中。从市场情况来看，同业拆入是消费金融公司成本较低的一种融资方式，2017 年中银消费金融从银行拆入资金 313.85 亿元，利率为 3.98%。[①] 银行为消费金融市场提供资金支持更普遍的方式是银行资金直接进入金融业务中，在此种方式下，一种模式是银行自主开展消费金融业务。例如，具备开展信用卡业务资格的银行，以信用卡为载体将资金提供给客户，便于客户在日常消费时使用。"自主"是指银行负责客户的获取、风险管理等业务全流程。另外一种模式是银行和助贷方合作开展消费业务，这也是很多银行开展消费金融业务之初会采取的模式。由于消费金融业务开展需要信息系统、金融科技与风险管理能力的建设，无法短时间快速开展业务。助贷方获取消费金融客户，经过初筛形成"白名单"推送给银行，银行终审后放款给客户。助贷机构拥有流量，专于资产运营，银行借助助贷机构这一优势拓展场景，快速开展业务。

---

① 未央网，两极分化：一文详解持牌消费金融公司竞争格局。

这种模式下，银行并不直接经营流量（客户），无法直接掌握客户质量和完全掌握对客成本，因此为了保证风险可控，通常银行会让助贷方在进行流量推送时进行风险代偿，或是存入一定的保证金。

消费金融公司作为独立的持牌机构，由银保监会监管，属于非银金融机构，不吸收公众存款，是非存款类金融机构。消费金融公司在消费金融市场扮演的角色和银行类似，既可以作为批量资金方，也可以直接开展消费金融业务，但消费金融公司单纯作为批量资金方不具备银行的优势，消费金融公司自身也面临融资的压力，资金成本高于银行。消费金融公司开展消费金融业务时，有的直接开拓资产市场，进行客户的自营管理；更多消费金融公司会采取和流量方、场景机构进行合作，共同推进业务的发展。

信托机构利用牌照、资金、品牌等方面的优势，为各类机构解决消费金融资产、资金的匹配难题。与其他非银行类消费金融业务参与机构相比，信托公司具备较强的资金募集能力，可以在资金端与其他参与机构开展合作，信托公司因其放贷资格具备较广的业务空间。信托公司通过消费金融，可以有效拓宽业务领域，推进信托公司业务创新和转型发展。根据中国信托业协会不完全统计，截至2018年末，信托业合计开展消费金融信托余额近3 000亿元，较上年增长近200%，约有40家信托公司进入消费金融市场，并具备一定的信托资产规模。其中，2017年消费金融信托资产规模超过100亿元的信托公司就达到6家，分别是外贸信托、云南信托、渤海信托、中融信托、中航信托和中泰信托。由于消费金融业务属于信托公司的创新业务种类，与传统信托业务存在较大差异，无论是风控还是产品设计能力都处于刚起步阶段，加之信托公司普遍缺乏相应的信贷系统，因此目前多数参与消费金融的信托公司都是以资金供给方的角色切入，不穿透到底层资产。信托公司利用资金募集优势，通过发行资金信托计划，向消费金融服务机构提供信托贷款，由助贷机构向消费者提供消费金融服务形成底层资产，并通过回流资金等对信托贷款进行还本付息。这种模式下信托不直接与C端接触，其风控逻辑还是2B2C的，重点关注合作方的风控和偿付能力。虽然信托公司参与消费金融市场模式多样，但目前仍是以此种模式为主。

P2P作为资金、资产撮合的信息中介，既涉及资金端，也涉及资产端，在资金端通过理财的形式获得资金，投向消费金融资产。多数P2P平台资金和资产的规模不能对等，资金规模富裕的P2P公司，通常会和其他资产方合作，将资金提供给其他资产方。P2P的资金成本较高，在市场选择的情况下，资金多流向风险较高的资产。

除了上述几大主流资金方，还有其他形式的资金来源，如汽车金融公司、金控公司、产业基金、小贷公司等，这些主体都可能参与消费金融业务;同时，不同的资金方之间也会进行横向合作，基于共同的贷款条件和统一的借款合同，按约定比例出资，联合向符合条件的借款人发放贷款，如联合贷款就是多家机构对同一笔贷款业务共同出资放贷的方式。

二、资金端横向合作

资金端的横向合作，起源于互联网公司和银行之间深层次的合作，客户通过互联网公司的客户入口申请贷款，经互联网公司初审后，客户相关资料提交给银行，经银行审核通过后，银行和互联网公司联合出资并合作进行贷后管理等，收入和风险按照出资比例各自获取和承担。2017年12月1日，互联网金融风险专项整治工作领导小组办公室和P2P网贷风险专项整治工作领导小组办公室联合印发的《关于规范整顿"现金贷"业务的通知》中规定，未依法取得经营放贷业务资质，任何组织和个人不得经营放贷业务。因此按照规定，未持有放贷业务资质的互联网平台无法与银行等放贷机构进行联合贷款。

本书所提到的联合贷款是指发生在持牌机构之间的联合贷款，但运作模式同银行与互联网公司之间的运作模式类似，只是由一家银行替代了原互联网公司的角色。银行间的联合贷款最典型的例子是微众银行的微粒贷。在贷款资金来源上微粒贷与传统银行贷款不同，采用的是与同业合作的联合贷款模式，微众银行提供客户筛选、运营管理、风险控制等服务，并与合作银行共同提供资金，根据微众银行2017年年报，其联合贷款合作金融机构已扩展至50家，这些机构分享了微众银行75%的业务。联合贷款是微粒贷解决资金来源的主要方式。

联合贷款模式下，资金由贷款人与合作机构共同按比例承担，各家金融机构依照出资比例分享利息收入，原则上风险也应该按出资比例各自承担，但在实际业务过程中，由于合作机构很难深入参与风控过程，通常会由贷款人向合作机构承担一定的风险缓释责任。联合贷款模式虽然是持牌金融机构之间的合作，但资产来源于三方助贷方的比例仍旧较高，如新网银行作为"连接器"，一端连接各类资产，另一端和其他银行机构进行资金合作，采取联合贷款的模式提供消费金融服务，其连接的资产端来源就较为多样，其中来自助贷平台的资产规模较大。

第二节 资　产

消费金融服务是指向消费者提供消费类贷款的金融服务，也就是把资金出借给消费者的一种服务。对应提供资金的资金方，资产方承担获取资产的角色，即寻找有资金需求的客户。

一、资产来源与特点

资产端获客有不同方式，其中一种是通过某一入口获取有借款需求的客户。入口可以是线下，也可以是线上；可以是已有的消费场景，也可以是自建的贷款服务入口。线上场景有社交场景、电商场景、信息搜索服务场景、支付场景等；上述场景中提供的消费金融服务的产品有：微信里提供的微粒贷、淘宝上的花呗、51信用卡的人品贷、58同城的"58月付"、苏宁的任性付等。线下的场景有房屋中介、医疗机构、培训机构等；在上述线下机构中，房屋中介获取有租房分期需求的客户，医疗机构通过门店积累有医美需求的客户，培训机构通过培训课程获取客户。上述既有交易的场景通过给资金方导流，给客户提供了金融服务。而自建的入口如互联网金融平台线上的APP，也有线下的门店。资产获取的线上化是国内消费金融这些年发展的一大特征。

消费金融初期以线下模式进行展业，围绕店面并以店面增长驱动规模增长，后期发展到依托线上渠道展业，打破了物理渠道的限制，流量费用驱动规模增长，并实现规模的指数级增长。线下流量的特点是非标准化、呈零散状态，难以形成寡头流量，多以细分领域的流量平台出现。线下流量获取渠道比较分散，触达速度慢，业务模式偏重，经营线下流量的平台壁垒高。线下流量平台多是和渠道商合作，需要人力、时间以地推的方式进行。捷信消费金融是"驻店式"、重资产的线下贷款模式的代表，但目前也在大力发展线上渠道。

2014 年具有线上入口的大流量平台开始进入消费金融市场，线上流量易于标准化、规模化运作，已形成虹吸效应，80% 以上的流量都掌握在 BATJ 代表的互联网平台中，这些巨头流量平台基本均已被充分开发，流量价格越来越贵。拥有流量的互联网平台，因自身沉淀了大量的数据，在消费金融业务中具有用户、场景和数据三方面得天独厚的优势，蚂蚁金服、京东金融等流量规模效应成熟的平台是其典型代表，其发展历程充分体现出这一特征来。除此之外，网易、360、新浪、美团、携程、滴滴、今日头条等互联网流量平台都在大力进军消费金融领域，通过金融实现流量变现。从持牌消费金融公司与线上流量平台的合作案例可以看到这一趋势，如招联消费金融公司和支付宝、美团等互联网渠道合作获客和放贷；马上消费金融也是与各大主流线上平台展开全面合作，包括阿里巴巴、腾讯、百度、京东、58 同城等。

以流量驱动消费金融业务以指数级模式增长获得了成功，但不意味着这种模式可以持续发展或是无限复制。2015 年以前，互联网平台的消费金融业务渗透率很低，消费金融机构和互联网平台合作效果好，流量成本合理，平台客户共债率低；之后流量成本开始上升，同时出现了同一客户被推送给多个消费金融平台进行多次借贷的情况，潜在客户就像韭菜一样被割了多次，形成优质资产的比例开始降低，从而间接造成获客成本升高、风控压力增大。消费金融机构面临高价格买来的流量，很难转化为自己的资产。因此，流量本身并不意味着就是有效资产。若要实现从流量向资产的转化，直至形成金融机构内部的有效客户，金融机构需培养自身获客、运营、风控等核心能力。

二、助贷模式

市场上对于"助贷"并没有一个标准化的定义。广义来说，为持牌金融机构推荐客户的合作模式均可以称为"助贷"。传统助贷机构类似于金融机构的销售外包方，根据金融机构的客群定位与获客要求，为其开拓市场，找到符合金融机构风控准入标准的需求人群，金融机构仍会相对独立地完成风控准入及客户经营管理等核心工作。助贷机构与持牌金融机构的合作对双方而言都是有着深刻的内生需求的。助贷机构通常具有较好的资产开发能力，但受限于没有牌照、资金量不足、资金不稳定或资金成本较高等客观因素，其迫切需求与拥有资金优势的持牌金融进行合作。特别是自2014年P2P网贷行业快速发展以来，多数P2P平台的资金端和资产端发展并不均衡，部分P2P平台的资产端获客能力以及风控能力更具优势，却资金不足；更有一些平台转为专门从事资产端业务的机构，放弃了资金端运营。这样的平台并不满足于单纯对接P2P平台的资金，而是希望能从传统金融市场中获取到成本更低、更为稳定的资金，同时形成自身资金多元化的布局，从而形成P2P资产端与持牌金融机构对接模式。

持牌金融机构与助贷机构或平台开展合作，对于优质资产的规模需求是首要因素。同时，与助贷机构的合作对持牌金融机构多有益处。一是有助于扩大客群范围。助贷机构定位的客群多区别于传统金融机构以往的客户群体，与之合作，有助于持牌金融机构扩大客户群体，服务之前未曾覆盖的客户，特别是一些地方性中小银行，基于助贷合作，加之通过线上展业方式，能够打破原有的区域经营限制，获得本地区域以外的客户。二是有助于解决获客难题。对于一些中小银行、农商行及消费金融公司来说，本身既缺乏客户流量，又缺乏互联网获客经验，建立庞大的地面销售队伍成本又过高。与助贷平台合作，能够解决客户获取问题，同时又可依托于网上流量平台的能力实现有效的互联网营销。三是有助于快速启动业务。经营个人零售金融业务，特别是线上个体金融业务，对于金融机构的技术能力、金融产品设计能力、营销获客能力、风控能力等均有较高要求，而一些地方性中小银行、农商行、消费金融公司等，缺乏相应的人才智力支持与科技基础，且在短时间之内难以建立起业务所需的各项能力。与助贷平台合作，可以支持持牌金融机构快速启动业务。

这种合作中的助贷方主要包括P2P平台的资产端、持牌或非持牌的小贷公司、互联网金融公司、金融科技企业，同时也包括线上流量入口、线下消费分期场景方等。

伴随着个人金融市场的发展以及线上业务模式的变化，现在的助贷合作模式更为多样。根据各方出资比例以及风险承担方式，可分为不同模式。一种是流量模式。助贷平台仅负责提供流量，贷款机构负责客户需求转化、风险评估与审批。此模式下，助贷平台既不出资金，也不承担风险，只向金融机构收取客户导流费用。客户实际借款金额全部出自金融机构，同时金融机构自营风控，承担业务实际风险，获取风险经营收益。由于在此种模式下存在客户需求转化率低、审批通过率低等问题，从而出现金融机构开始依赖助贷平台进行营销、需求转化，甚至风险控制的情况，因此衍变成助贷方推送资产，并进行风险兜底。在"推送资产+风险兜底"的模式下，多数助贷方会或明或暗地对风险全额兜底。常见的风险兜底措施包括助贷机构向持牌金融机构缴纳保证金、保证金动态补足、承诺违约资产的全额回购或代偿、提供连带责任担保等。这种模式下，金融机构转变为单纯的资金提供方，获得事前约定的固定的资金收益回报。对一些金融机构的具体业务数据进行分析就能看出端倪：对于下沉客群的审批通过率高于 90% 甚至达到 100%，说明准入风控是偏形式性的；金融机构在此业务上的资产收益率较低，因为实质上仅从事了资金批发业务，因此并未达到实际经营风险所需的收益水平。

伴随着一众金融科技企业杀入战场，与持牌金融机构在"获客 + 风控"的合作也越来越深入，2B2C 的模式日益盛行。特别是在金融监管部门专项整治活动中，明确了对于非持牌金融机构的行为管理要求：发放贷款主体必须持有放贷业务的相关牌照，对于没有经过批准的从事非法放贷业务的机构要进行严厉打击和取缔。在此监管思路的影响下，无牌照机构的自营放贷之路很难走通，也使得那些游离在正规持牌金融体系范围之外，但实际从事着个人贷款资产端业务经营的平台，采取助贷的方式与持牌金融机构进行合作，以经营模式变化来谋求合规发展。

尽管到目前为止，助贷模式与早期的传统助贷服务模式还有着诸多差异，但二者却有着类似的核心内容，即获取客户。随着助贷合作的深度与广度的不断扩大，以及在新的市场条件下双方合作模式的变迁，银行业金融机构的业务经营与风险管理面临诸多新的挑战。例如，金融机构依赖助贷机构提供的风险缓释，导致自身穿透底层资产的风控过程并不完备。随着监管部门持续强化对金融机构与非持牌机构合作的管理力度，持牌金融机构正在逐步建立自身的穿透底层资产的风控能力，同时采用信用保证保险等合规的增信方式来取代助贷机构的风险兜底。

第三节 大数据与征信

一、大数据发展历程

伴随着互联网的发展,数据的价值逐渐显现出来,大数据技术逐渐受到关注。2014年,"大数据"首次出现在当年的政府工作报告中。该报告中指出,要设立新兴产业创业创新平台,在大数据等方面赶超先进,引领未来产业发展。2015年,国务院正式印发《促进大数据发展行动纲要》,明确提出要推动大数据与云计算、物联网、移动互联网等新一代信息技术融合发展,探索大数据与传统产业协同发展的新业态、新模式;并建立健全多层次、多类型的大数据人才培养体系。2015年10月26日至29日,党的十八届五中全会召开,提出要实施"国家大数据战略",这是大数据第一次写入党的全会决议,标志着大数据战略正式上升为国家战略。2016年国家发改委、工信部、网信办、科技部等部门均出台大数据发展相关意见和方案,大数据政策从全面、总体规划逐渐向各行业、各细分领域延伸和拓展,大数据发展也逐步从理论研究步入实际应用之路。

行至2017年,在政策、法规、技术、应用等多重因素的推动下,大数据产业经历了探索期和市场启动期,进入高速发展期;多种商业模式得到市场印证,新产品和服务不断推出,具有稳定的刚性需求;细分市场格局呈现多样化、差异化的竞争态势。根据《中国大数据发展调查报告(2018年)》,中国大数据产业总体规模达到4700亿元人民币,同比增长30%;大数据核心产业规模为236亿元人民币,增速达到40.5%,预计2018—2020年增速将保持在30%以上。

同时，由于行业发展初期个人隐私信息泄露问题严峻，对大数据行业的健康发展形成挑战，2015年，《中华人民共和国刑法修正案（九）》对刑法第二百五十三条做出修订完善，定义了"侵犯公民个人信息罪"，非法提供公民个人信息和非法获取公民个人信息都将入刑。2017年4月，最高人民法院、最高人民检察院发布《最高人民法院、最高人民检察院关于办理侵犯公民个人信息刑事案件适用法律若干问题的解释》，对侵犯公民个人信息犯罪的定罪量刑标准和有关法律适用问题做了全面、系统的规定。2017年6月1日，《中华人民共和国网络安全法》正式实施，加之"两高"的司法解释，对行业产生巨大冲击。数据交易层面、数据确权层面、大数据基础设施建设层面等均进入变革期和迷茫期，行业进入调整状态：①数据来源减少，许多公共数据资源关闭，数据安全和数据确权问题越来越得到重视。②获取数据必须得到授权，数据爬取越来越困难，且必须得到授权，设备指纹、地理定位技术、终端通讯录、照片库等信息获取必须得到客户授权。③数据交易得到规范，数据不能直接交易，涉及个人隐私时，需要经过脱敏，且不可还原，只有达到这样的条件方可被交易。

二、大数据在风险领域的应用

大数据在金融行业的应用是出于行业的需要。首先，消费金融专注为"长尾"客户提供服务，以增加金融在此部分客群中的供给。这类客群的特点是，他们或是没有和银行发生过业务往来或是不够资质使用银行的服务，普遍不具备人民银行征信记录。因此在风险评估过程中，金融机构无法按照传统的方式，依据人民银行征信报告做出审批结果。其次，新兴的机构本身没有任何数据积累，因此在客户风险评估时，需要借助外部数据来进行客户身份核实和风险评估，这些外部数据不仅可能包括独立第三方数据，如支付消费数据、市场监督管理、税务、法院数据、社交数据、社保、公积金数据、历史违约、借贷行为、其他线上行为等，还包括在金融机构和流量方合作时，流量方可能提供的特定场景中的和客户相关的数据。

　　大数据在消费金融风险管理领域进入不同的风险管理工具中。在信用风险管理中，自2014年起，大数据公司尝试进行大数据模型的开发，并纷纷推出信用评分，并尝试进行行业应用。这个阶段多是在申请评分模型上进行大数据的尝试，以评估申请人的信用风险，即是依托大数据形成客户画像，如受教育程度、行为偏好、工作是否稳定等，综合预测个人还款能力。例如，蚂蚁金服的芝麻信用分、中诚信征信的"万象分"、拉卡拉的"考拉分"、前海征信的"好信度"、华道征信的"猪猪分"等信用评分陆续推出。各信用评分数据来源、评价客户的维度也不相同。例如，芝麻信用是依托蚂蚁金服体系内的数据建立的个人信用评分，在支付宝钱包中，嵌入各种应用场景。华道征信推出个人征信产品"猪猪分"，专注于租房细分领域，通过给租客打分的方式让房东更了解租客的信用情况。

　　除上述行业通用评分以外，还有大数据公司为金融机构推出定制评分，并产生了联合建模的机制。联合建模之所以产生，一方面，银行在面对服务客户下沉的过程中，需要解决如何评估没有人民银行征信记录的客户的问题；而通常银行所开发的模型中，人民银行征信信息作用不可忽视，在缺失人行征信的情况下，银行寻求更多的替代信息来完善评估客户的维度。另一方面，大数据公司单纯利用大数据所开发的模型，性能差别很大，因此，大数据公司迫切需要结合银行内部的数据开发模型；除此之外，大数据公司也希望能够了解为金融机构定制的模型在使用过程中的性能表现，以进行模型的迭代更新。但是在实际业务应用中，联合建模的方式普遍出现了沟通成本高、开发效率低下等问题。

  随着互联网消费金融的发展，大数据除了在信用风险模型中应用之外，在身份认证和欺诈排查方面得到了更为普遍的应用。这也是源于行业发展的需要。由于信贷业务大量由线下转为线上，原来由客户经理面对面确认完成的客户本人申请、申请材料属于申请人本人等风控环节，现需在线上完成，实名认证从线下面对面变为线上远程认证。实名认证是对身份证件号、银行卡、手机号等信息与你本人以及其他信息一一匹配起来，证明"你就是你"的过程。行业里普遍进行的认证包含如下几种：一是"二要素认证"，即验证客户姓名与身份证相匹配，公安部下属的全国公民身份证号码查询中心（以下简称"身份证查询中心"）提供此服务，通过上传姓名、身份证号码要素，对方返回是否一致的信息。二是利用三大通信运营商在实名制下，要求手机号码、姓名、身份证号"三要素"一一对应，实现对客户姓名、身份证号、手机号的"三要素认证"。三是"四要素验证"，即验证客户银行卡号和客户的姓名、身份证号、手机号的相对应情况，并向该预留手机号发送短信验证码，远程实现客户多维度关键身份信息验证。

  大数据在风险管理领域的应用的典型事例，即从2015年开始各家大数据平台广泛建设行业黑名单、共债名单，使大数据在防范欺诈风险方面进入大发展的阶段。为惩戒失信行为，消费金融领域建立起行业黑名单，形成联合惩戒机制，目的是让"失信者处处受限"。P2P网贷平台、非持牌的消费金融机构，由于无法接入人行征信，也无法将客户违约信息进行上报，因此对客户失信行为缺乏惩戒措施。通过行业共享、爬取和整合等方式，收集和整理各平台上不良、欺诈和失联情况，统一纳入黑名单体系，也增加了人行征信中心目前尚未涵盖的数据维度。从行业实践来看，目前被纳入黑名单的主要原因包括：①资料涉嫌造假，有骗贷风险。例如，客户未按照实际情况填写相关申请信息，一经核实，则有可能进入黑名单；除此之外，还包括黑卡交易卡号、有过恶意骗贷记录的IP、手机号码等信息，有盗卡、敲诈勒索等行为的客户信息，等等。②法律纠纷事件。例如，法律纠纷、刑事处罚、法院公布的失信行为等维度的信息。③严重逾期行为、多次逾期行为。例如，逾期时间较长仍不还款，缺乏还款能力而多次逾期，等等。④多头借贷。客户在多家平台有借贷行为，这种情况下会被判定为逾期风险高，甚至是以贷还贷。对于上述各种类型的黑名单用户，金融机构通常会拒绝其贷款申请。在消费金融业务经营中，在申请审批阶段和贷款支用时，应用黑名单查询客户状态，是防范欺诈风险的第一步，也是风险管理最基本的手段。除此之外，还需整合客户自然属性数据、客户行为数据、设备数据等多维度数据，并进行关联分析，形成用户画像与关联关系图谱，以达到对欺诈风险全维度的防范。

三、征信业的发展

我国个人征信业发展历史不长，有几个重要的里程碑。1999年，上海资信开展试点；2006年，人民银行建设的全国集中统一的个人信用信息基础数据库建成并开始运行；2010年，人民银行征信中心正式对银行业提供个人征信查询业务；2013年，《征信业管理条例》正式实施，同年，《征信机构管理办法》颁布，我国征信业步入有法可依的轨道。人行征信系统收集的信息以银行信贷信息为核心,还包括社保、公积金、民事裁决与执行、公共事业和通信缴费记录等,从 2010 年开始正式对外提供服务,截至 2018 年 9 月系统收录的 8.7 亿的自然人中有信贷记录的为 3.7 亿人,可形成个人征信报告、得出个人信用评分的有 2.75 亿人;截至 2019 年 6 月,人民银行征信系统累计收录了 9.9 亿自然人的有关信息。

自 2007 年以来,随着互联网金融的发展,面对"长尾"客群这个巨大的市场,消费金融得以快速发展。如何为客户提供更好、更合适的金融服务,如何更准确地对客户进行风险评估与定价,成为行业共同的问题。一方面,以 P2P 网贷平台为例,目前既不能直接接入人行征信中心查询客户信用信息,也不能向征信中心报送借款人的相关信贷信息,大大增加了平台运营风险,较容易出现在不同平台间重复借贷、只贷不还仍能贷款的问题,大量平台存在身份识别、欺诈排查、信用评估等多方面与征信相关的客观需求。另一方面,人民银行征信中心数据主要来自银行、证券、保险等传统金融机构,数据完整性好、权威性高,主要应用于资产评估、银行放贷、信用卡授信等方面。面对主要以服务"长尾"用户的互联网金融平台,人行征信无法对"长尾"客户的资质情况进行有效验证,消费金融领域的征信需求还未得到充分满足。

2014 年 6 月 14 日,国务院下发《社会信用体系建设规划纲要(2014—2020 年)》将社会信用体系上升到国家战略。2015 年 1 月 5 日,中国人民银行《关于做好个人征信业务准备工作的通知》要求 8 家机构做好个人征信业务的准备工作,是希望通过引入社会化机构,建立起覆盖互联网机构的金融信息和商业信息共享的平台。同年 5 月,人行副行长在征信工作会上表示,除金融领域之外的商业信用信息已经成为另一类重要的信用信息源,应充分认识这一趋势。通过共享、核查方式,依法对外应用,实现人行征信与社会化征信互补发展。中国有几百家初创高科技企业正在探索使用金融领域之外的信息解决征信的问题，其中8家于2015年8月成为人行个人征信首批的试点机构，它们分别是芝麻信用管理有限公司、腾讯征信有限公司、深圳前海征信中心股份有限公司、鹏元征信有限公司、中诚信征信有限公司、中智诚征信有限公司、拉卡拉信用管理有限公司和北京华道征信有限公司。当然，除这8家试点单位之外，还有很多企业虽然并不属于真正意义上的征信公司，但是也发挥自己的数据优势，切入征信产品生产或应用环节。

2017年4月，人民银行征信管理局局长在"个人信息保护与征信管理国际研讨会"上做总结演讲，强调了人行在个人征信市场准入方面坚持的原则：第三方征信的独立性原则，征信活动正当性原则，坚持个人信息隐私保护的原则；并指出8家进行个人征信开业准备的机构，目前没有一家合格，在达不到监管标准情况下不能把牌照发出去。2018年2月22日，人民银行批准百行征信（有限公司）设立个人征信机构，其职责是整合人行征信中心未能覆盖到的、银行贷款之外的个人金融信用信息，与人行征信中心的信息一起，形成完整的个人金融信用信息，并加以实际运用。

至此，人行征信、百行征信、上海资信以及各大数据服务商组成了社会征信体系中的关键梯队。人行征信数据主要来源于持牌金融机构，记录与金融相关业务数据。人行征信可作为银行等金融机构借贷业务风险评估的一个重要依据。百行征信数据则部分来自金融机构、参股的各大互联网平台，网贷平台、互联网公司等，除了金融数据外，也包括生活行为的数据、电商的数据、其他交易的数据，数据类型和形式更多样。百行征信可作为部分金融机构、网贷平台、互联网公司等借贷业务风险评估的一个依据。

除此之外，一些大数据公司利用技术优势，提供反欺诈、黑名单等产品和服务。随着个人征信市场规模的不断扩大，部分机构基于自身特点及优势，专注于对某一细分领域、某一业务环节提供具有针对性、定制化的风险决策的产品和服务。例如，有的机构专注于利用大数据爬虫技术，深挖公开信息及舆情信息，并形成数据产品；有的机构专注于与政府合作，对于处于"孤岛"状态的各大数据板块进行整合，参与社会信用体系的建设；有的机构则更直接参与到业务风险管理之中，利用征信产品将资产端与金融机构对接，帮助资产端获取资金，帮助金融机构获取优质客户并提供风控评级。

第四节　增　　信

一、增信的作用

生态链运作模式的目标是通过充分发挥各参与机构的专长，更高效率地匹配资金与资产。但在实践过程中，也存在一定的问题，其中最为突出的问题是各环节之间在信息共享上不够充分，以及各参与机构合作的原则与目标不一，尤其是在风险的底线上不一致。这些问题不仅降低了资金撮合的效率，还会导致严重的风险问题。

对于资产方，流量比较大的是互联网平台，希望借金融服务为客户提供增值服务，增加客户在自身平台的黏性，也希望在为客户提供金融服务的同时，将流量进行最大限度的变现，因此资产方更加关注流量的转化率。多数资金方是持牌机构，在业务发展过程中风险防控是核心,对不良率有明确的刚性要求,因此,在合作中,资金方不仅希望资产方能协助其迅速做大资产规模,同时还要把不良率控制在容忍度范围内,且不同的资金方的风险容忍度不同。

资金方和资产方的合作目标侧重不一致,导致合作沟通成本过高。很多资金方和资产方从合作准入到放款,往往要经历很长一个过程,这中间除了技术系统对接的时间外,绝大多数的时间用在协调沟通资金方和资产方的风险原则与底线。同时,资产方在与资金方合作的时候,为了最大可能地将客户留存在自己的平台上,与资金方共享的信息有限,资金方无法全面了解客户,形成客户画像很有难度,因此对风险的把握更加不确定。资金方和资产方在风险底线上无法达成共识,尤其是资金方无法把握资产质量,是双方合作时最大的障碍。

资金方为了保障风险可控,在无法对C端客户进行全面风险评估的情况下,特别是为了防范中介参与的团伙欺诈风险,会要求资产方对资产质量做一定的保证。而资产方为了能够对接上资金,在所经营的资产收益率尚合理的情况下,以预存保证金、逾期代偿等方式进行担保。但是,消费金融行业的资产方很多属于创业公司,净资本很低,并不具备担保资格和担保能力。消费金融发展的一个关键是做好风险化解与转移工作,最大限度地降低欺诈风险和信用风险,其中,担保和保险都是重要手段。如果一定要使用外部增信,由专业的担保或保险公司提供是更优选择,这些公司不止偿付能力更强,而且往往对风险评估更有经验,可以协助资金方对资产进行把关。

参看国外发展经验,日本的消费金融业务早就运用了担保模式。在借款用户申请贷款时,由担保机构(非银行机构)进行授信,并收取手续费；客户延期还款时，则由担保公司购买债权并进行催收。这是一种风险转移也是一种专业分工，可以提高消费金融业务的效率。在国内，保监会 2017 年 7 月颁发《信用保证保险业务监管暂行办法》，对网贷平台信保业务做出明确监管规定，并要求从业机构向着合规的方向改进与发展。资产方借助第三方专业的保险机构等进行风险处置，解决自身业务监管合规性问题，同时，保险机构作为经营风险的专门机构，为资产方与资金方之间风险处置与转移提供服务，以保证险或信用险的方式解决资产方与资金方的合作痛点。

二、信用保证保险

自 2014 年以来，我国鼓励保险公司发展信用保证保险的政策接连不断，如国务院发布的《社会信用体系建设规划纲要（2014—2020 年）》，保监会、人民银行等多部委下发的《中国保监会　工业和信息化部　商务部　中国人民银行　中国银监会关于大力发展信用保证保险服务和支持小微企业的指导意见》和《人民银行　工业和信息化部　公安部　财政部　工商总局　法制办　银监会　证监会　保监会　国家互联网信息办公室关于促进互联网金融健康发展的指导意见》等，从不同方面鼓励保险机构拓展信用服务产品的应用范围，加快发展个人消费贷款保证保险，发挥信用保证保险的融资增信作用，提升互联网金融企业风险抵御能力。在政策鼓励支持下，平安财险、众安保险、阳光信保、泰康在线、人保财险、华安财险、太平洋财险、易安财险、安心财险等机构都开展针对个人消费贷款的信用保证保险业务。2018 年 9 月，《中共中央　国务院关于完善促进消费体制机制进一步激发居民消费潜力的若干意见》中提出，鼓励保险公司在风险可控的前提下，由银行、消费金融公司与保险机构加强合作，开展消费金融业务创新，为消费信贷提供融资增信支持，保证信贷风险可控。

众安保险于2013年9月开业，持有互联网保险牌照。众安的业务中共有5个生态系统，分别是生活消费、消费金融、健康、车险和航旅生态。其中，消费金融指的是众安保险提供保险产品及解决方案以保障资金方、资产方、客户的连接，主要通过提供信用保证保险为资产方的资产进行增信，促进在线贷款的达成。例如，2016年4月，众安推出"保贝计划"，是用保险增信和技术连接消费金融资产端与资金端，满足两端不同需求的一揽子解决方案。针对资产端，众安保险对资产方的借款用户进行风险筛选与定价，对优质用户借款出具保险，进行增信。针对银行、信托、融资租赁公司、小额贷款公司、保理公司等资金方，众安保险提供消费金融业务技术输出，提供系统搭建、数据分析、风控管理等服务。通过这种方式，众安保险以保险产品提供增信，并为其合作伙伴提供消费分期付款服务及现金贷服务。据众安招股说明书，截至2017年3月31日，众安已与教育、住房、美容及汽车等各行业约50名消费金融服务供应商（如小赢理财、分期乐、闪银、米么、易分期等）以及约20名资金提供商订立协议。

阳光信用保证保险股份有限公司（以下简称"阳光信保"）是首家商业信用保证保险公司，由阳光财产保险股份有限公司、重庆市两江金融发展有限公司和安诚财产保险股份有限公司共同发起设立，主要业务范围包括信用保险、保证保险等。阳光信保通过大数据给消费者提供信用风险管理服务。阳光信保以信用保证保险业务为依托，着力为个人消费和小微企业两大客户群体融资提供个性化解决方案。目前，阳光信保已研发了业贷保、车贷保、消贷保等主力产品,业务范围涵盖小微企业融资、消费金融、汽车金融等多个领域。截至 2018 年 7 月底,阳光信保通过保险增信帮助小微企业及个人消费者获得的贷款支持已超过 330 亿元。截至 2018 年底,公司累计保额突破 430 亿元。信用保证保险业务一方面要对接资金,另一方面要连接资产,主要有平台 2B2C 以及阳光钱袋 2C 自营业务两大类运作模式。资产类型多、风险情况复杂,因此对风险管理的挑战也就更高。阳光信保结合业务特点,引入大数据、人工智能等技术,建立以反欺诈、信用评级、自动核保、智能保后预警、自动理赔、智能催收为主要功能模块的智能风险管理平台——信联云。针对不同的业务场景和资产类型,该平台可实现不同频次的风险动态追踪和监测预警功能。

第五节 不 良 资 产

一、不良资产管理现状

伴随着近年来消费金融的发展,业务重心逐渐从营销获客、跑马圈地的阶段进入不良资产管理阶段,不良资产管理已经成为消费金融行业密切关注的重点领域。国内的不良资产管理是从欠款催收业务中起步的,最早的专业化欠款催收出现在商账追收领域。以信用卡为代表的个人消费金融业务开始发力后,银行、消费金融公司、小贷公司、互联网金融平台纷纷进入市场,业务模式不断翻新,业务规模不断增长,不良资产的问题也在持续爆发,针对个人消费金融业务的不良资产进行管理的迫切需求日益高涨。

早期的个人信贷不良资产管理服务市场,以委外催收为最主要的服务内容。到目前为止，催收仍然是解决个人不良资产的主要手段。但为了满足金融机构在不良资产管理方面的多种需求，从事不良资产管理的服务机构也开始进行多种运营模式创新，如不良资产交易、不良资产证券化、不良资产增信、催收信息服务、相关法律服务等多种服务，产业链开始逐渐形成。从事不良资产管理的主体机构类型也越发多样，法务服务机构、大数据公司、资产交易所、信息撮合平台、服务众包平台等纷纷入场试水。

催收通常包括电话催收、外访催收，也有诉讼催收、曝光个人信息等做法。电话催收是催收人员利用电话进行沟通，常用于短账龄催收，通常信贷机构会自建电催团队。外访催收是在电话催收未果之时，以现场外访方式予以辅助。外访催收是一种非常直接有效的催收方式，很多银行及小额信贷机构都会采用。通常情况下，外访催收是通过委外的方式进行的，即将不良贷款项目委托给有相应能力的第三方催收公司进行催收，这种做法能够节省委托单位的人力、物力，依托专业的第三方机构更好地回收欠款。诉讼催收是指通过向法院提起诉讼的方式进行催收，主要针对有能力还款却不还的借款人，既有民事诉讼，也有刑事诉讼。近几年也有通过曝光个人信息的方式对逾期借款人予以施压，但操作不慎就有侵犯隐私的嫌疑，业界极少采用。

消费金融业务量巨大，单笔逾期金额相对较小，使得催收效率的提高成为重中之重，如运营方式缺乏细分催收策略的支持，整体催回效率会随着业务量增长而逐渐走低。仅依据逾期账龄进行账户分层的催收管理方式过于单一，难以提升催收效率；且当催收业务量进一步提高时，过多待催账户无差别地涌入处理队列，会造成催收运营的"爆仓"。这个时候，逾期账户风险评估就成为关键，基于风险评估的结果，将待催账户细分为不同的风险等级，划分差异化的处理队列,再结合多层次的催收手段,方能提升催收运营效率。另外,在催收过程中对于重点难点账户催回率低的问题需要有效的方法来解决,否则会导致整体不良资产盘子中总有部分账户无法实现清收,在金融机构的资产池中形成了违约账户沉积,随着业务存续时间的拉长,金融机构无法通过催收过程化解的不良资产规模在逐步递增,使得金融机构的资产质量不佳,且总是需要投放一定资源在这些重点难点违约账户身上,分散业务精力。除此之外,对于个人消费者的催收,一直存在催收服务定价争议难题。一般而言,金融机构根据待催账户的账龄等因素制定回佣策略,被委托机构可根据自己的催收情况获取相应比例的佣金。对金融机构而言,需要根据被委托账户的风险水平进行充分评估与精确定价。定价偏高,则付出成本过高;定价偏低,则外包机构服务动力不足,影响催收效果。

二、不良资产管理的挑战

为响应国家普惠金融政策导向以及避免与传统金融机构产生正面冲突,消费金融平台在客户选择上一般会将客户定位下沉,选择二、三线城市展业,将客户群定位于大学生、青年、蓝领、农民工等低收入群体,由于这类客户收入不稳定,相应违约风险也比较高。随着消费金融的发展,用户增加,规模扩大,越来越多的逾期、坏账、共债等情况给平台带来很大的贷后管理负担,甚至变成行业问题。

第一,互联网广阔、分散的总体特征,导致互金业务所面临的信息不对称性显著加剧,欺诈问题频出。根据公开信息,中国网络黑产规模已经达到千万级别,加之部分互金平台过于求新求快，对同业平台的产品模式只模仿表面，却无法复制业务风控的内核，进一步加剧了互金平台所面临的风险，为不良资产的爆发式增长埋下了伏笔。同时，由于线上业务发展迅速，客户极度分散，外访催收难度加大，成本高企，件均几千元的消费金融业务如果上门催收无疑是亏本的，外访催收方式基本行不通。

第二，多头借贷普遍存在。由于个人信贷业务特别是非持牌的消费金融和互联网金融业务的迅猛发展，在业务无序竞争的阶段，出现了大量多头借款的情况，导致借款人的逾期行为在不同地区、不同金融机构之间产生连锁反应，进一步加大了催收难度。违约行为一旦发生，催回难度将大幅提高，并且不同机构所采取的催收策略的差异将显著影响机构间的催收能力，会出现不同机构对同一客户的催回率出现明显差异的情况。

第三，失联的问题严重。由于个人信贷业务批量化的显著特征，互金平台管理的客户数量和账户数据均有跨越式的增长。面对互联网平台上客户对便捷性、个性化金融服务的需求，互金平台的产品设计覆盖了数量众多的"长尾"客户，但客观上海量客户"千人千面"的特征，使得这些互金平台后端的不良资产管理策略显得更为单薄，无法应对互金平台的客群情况。加之，前端产品设计的问题，也可能导致对客户信息采集不完整的情况，客户出现贷后失联。失联情况在恶意或非恶意的贷款行为中都普遍存在，在其他条件相同的情形下，是否能够获取到借款人的有效联系方式，成为能否实现有效催回的分水岭。

消费金融业务具有小额、分散的特点，且近年出现共债比例提高、客户失联比例升高的情况，面对上述挑战，消费金融逾期早期催收成为回款关键，逾期晚期催收动作起到的作用不大。客户刚逾期一两天时，即进行提醒和劝告；随着逾期时间拉长，催收的频次和强度都会加大。银行等持牌机构催收时,有严格的话术和规范,关键施压点一般是法律。以信用卡催收为例,根据《中华人民共和国刑法》第一百九十六条的规定,恶意透支,是指持卡人以非法占有为目的,超过规定限额或者规定期限透支,并且经发卡银行催收后仍不归还的行为。此项规定是信用卡催收中非常重要的一个法律支撑。而在缺少法律威慑的情况下,为达成压在身上的KPI(关键绩效指标),催收人员不可避免出现过激的、威胁性的语言,甚至采用极端的方式,如频繁拨打客户工作单位的电话影响其工作;向客户的通讯录群发短信骚扰其亲戚朋友,侧面施加压力;也有利用客户家庭、孩子的信息作为催收的撒手锏。譬如,媒体热议的大学生借款"裸条"催收问题,就是一个非常典型的暴力催收代表事件。

较常见的催收暴力体现为电话催收过程中言语强硬、过频拨打电话、违背借款人意愿通知其家属亲人、工作单位实施催收等,更为严重的就会出现泄露客户隐私信息、非法入室、非法拘禁等行为。暴力催收过程严重不符合社会的公序良俗,甚至出现违反法律法规的情况,成为催收行业难以言说的"阴暗面"。虽然"文明催收""绿色催收"的声音不绝于耳,但是透过暴力催收的现象,也应该看到这背后存在部分消费金融平台对风控的漠视以及某些借贷人的过度负债问题。正是因为一些平台前期为了扩大规模什么人都敢贷,才会过度依赖后期催收来控制坏账。

为了解决暴力催收问题,各国都出台了不同的法律法规来限制可能"暴走"的催收行为。例如,美国颁布的《公平债务催收作业法》,旨在消除催收人的侵犯性催收行为,以保护债务人的合法权益。而就国内情况而言,催收公司尚不具备明确合法的市场主体地位,这就使得对催收公司的运营管理更为困难,个别催收公司或催收人员的违规现象屡禁不止，暴力催收确实一直处于监管空白阶段，特别是网贷催收使用的软暴力，取证都十分困难。2018年北京监管部门在向各网贷平台下发的《网络借贷信息中介机构事实认定及整改要求》中，明确要求严禁暴力催收，但未对暴力催收的具体行为做出界定。2018年5月4日，深圳市互金协会发布了《深圳市网络借贷信息中介机构催收行为规范》（征求意见稿）的通知，这是全国首个出台的规范网贷平台催收行为的地方性文件。在消费金融行业迅速发展的同时，确实需要法律对催收行为进行严格的规范和限制，在避免悲剧发生的同时警醒各家互联网金融平台和消费分期公司，重视贷前的借款人筛选和风险控制，避免单纯依赖贷后催收的情况发生。当然，法律也决不能成为老赖的避风港，建立完善的信用体系、加强平台之间的信息共享也势在必行。

与暴力催收问题伴随出现的是日益突出的个人信息泄露和滥用问题。在不良资产管理过程中，对于数据的应用越来越广泛，特别是在移动互联网日益发达的今天，客户在线的各类行为信息的涉及面越来越广泛、复杂，如何能够在有效应用数据的同时保护客户隐私，是不良资产数据应用的重要课题之一。目前在《中华人民共和国宪法》及《中华人民共和国民法通则》中都对个人信息保护做出了原则性规定，并在《征信业管理条例》等文件中对个人信息的采集、使用做出了具体规定。在不良资产管理的数据应用过程中，业界也在逐步探索既实现信息保护、又能够充分实现数据价值的实践模式。

三、催收管理的创新

国内个人不良资产催收行业是随着银行信用卡业务而发展起

来，由于没有行业标准，催收公司一般按照银行的准入门槛和合规要求进行基本的自律管理，服务企业数目较多，但良莠不齐。2013年互联网金融的迅速发展，引发了催收需求的大爆发，特别是互金和现金贷的兴起导致行业需求大幅度增加，很多放贷方将催收独立出去单独运作，甚至有放贷机构的催收模块人员超过千人。另外，互联网金融公司更侧重于回收率的考核，对于合规性管理缺乏硬性指标。门槛的降低及需求大幅增长带动催收行业快速发展，据统计，目前市场上大大小小的催收机构超过5 000家，多的上万人，少的几十人，平均利润率为20%~45%，俨然已经成为一个"投资少、回报高"的抢手行业。但催收行业在高速发展中一直是以传统劳动密集型的方式进行运营，随着业务快速发展，人员成本翻倍增长；行业数据及科技渗透率低，科技的应用对行业效率的提升具有巨大的潜力。随着大数据、人工智能的发展，不良资产的催收运营已经越来越无法脱离数据与技术的支持。

一是大数据化的催收策略的使用。金融机构或委外催收机构本身所拥有的数据规模与数据种类有一定局限性，需要建立更为丰富的外部数据来源通道，通过海量数据的整合、挖掘，快速获得不良资产管理相关的有效信息。有效管理不良资产的一个重要前提是了解形成不良资产的"坏客户"特征如何，即从客户的自然人属性、身份属性、行为属性等多方面来刻画这些用户群体的特征。

常见的客户画像是对潜在违约客户进行的一种总体性特征的概括性描绘。符合画像特征的客户范围相对较大，但并非所有符合上述特征的客户都会发生违约行为，特别是不能从单一维度来理解高风险人群的特征画像，避免以偏概全。利用客户画像所揭露出的关键特征,来识别存量客户中的高风险客户,有针对性地加大管理力度。对于那些尚未进入严重违约队列或尚未进入逾期的客户,依据高风险客户画像区分管控重点目标,及时采取重点提醒、提前催收、重点催收、限制交易、降低授信额度等管控手段,降低损失可能性或及时止损。

进一步,个人信贷具有海量的账户数量的特点,为依靠大数法则的计量模型的运用提供了数据基础。评分模型是运用数据挖掘和统计分析方法,通过对历史数据的特征分析,预测客户未来的行为表现的工具。在模型运用过程中,能够保证评估结果的客观性、一致性、全面性,提升对客户风险水平评估的准确性。特别是在应对数量巨大的存量账户的管理中,通过在IT系统中部署自动化的模型策略,快速、准确处理贷中及贷后管理动作。从现代催收管理业务中风险评估与信息修复的应用实践来看,整合内外部大数据,能够使风险评估的准确性获得显著提升,配合有针对性的催收手段,能够有效提升催收效率。

更为重要的是,对高风险客户画像,可以辅助事前管理,优化销售引导和准入政策。根据金融机构不同的风险容忍度和策略准则,可将部分极高风险客群的特征抽离出来,形成风险准入过程中不予准入的硬性政策要求,或采取审慎准入策略,强化贷前的重点排查,形成风险管理良性闭环。

二是智能催收机器人(collection robot)的应用。由于消费金融公司贷款客户较银行下沉更深,成本不低,利率也不能定得太高,因此需要运用科技手段降低人工成本,减少开支。对于消费领域的企业而言,单纯用人工电话催收,这将会给企业带来巨大的人力成本。真正让催收行业发生颠覆性变革的还是人工智能技术,筛选逾期客户名单,由智能催收系统提供策略、决策支持;通过声音识别、算法等实现人—机对话，采用智能语音催收机器人减少人力资源投入，打破传统人力的限制，让机器代替一部分催收员的工作，从而降低运营成本。据前招行卡中心贷后管理人员称，招行信用卡上了预测式外呼系统后，人员效率提升了近4倍。

从服务客户的角度，为了提升客服效率并优化用户体验，国内众多消费金融机构陆续上线"客服机器人"。传统的人工客服的工作效率和服务质量已很难满足海量用户咨询的需求。而智能客服由于积累了大量真实、有效、基于实际业务的超级数据，又具有相当强的自我学习进化能力，因此可以24小时无间断地、高效率地为客户解决各种咨询，并按照客户所需给予满意答案，形成良好的用户体验的同时，也进一步提高了服务效率。阿里巴巴于2015年7月24日发布一款人工智能购物助理虚拟机器人——"阿里小蜜"，马上消费金融在2017年上线的XMA智能客服系统，这都是客服机器人的典型代表。

同样道理，催收机器人依据催收标的类型（如现金贷、消费贷等）、被催收人画像、心理学理论和相关合规要求等，采用大数据模型算法确定催收计划和催收策略；催收机器人在催收计划和催收策略执行过程中根据实时反馈可实时地调整催收策略，并在保证催收效果的同时大幅减少催收成本；催收机器人在完成一个催收周期的任务后会返回催收结果报告，从而为客户下一轮的催收服务购买提供决策依据。

三是网络仲裁。随着互联网消费金融的发展，出现了一种新型的仲裁方式，利用互联网解决争议，即互联网仲裁，又称在线仲裁，是指仲裁机构通过制定网络仲裁规则，搭建网络平台，接收与传送电子化仲裁文书，完全在线上实现申请、受理、开庭、质证、裁决的过程，和线下仲裁一样实行一裁终裁制。

2017年底现金贷新规严格规范现金贷业务，现金贷市场快速降温，引发不合规的平台缩减业务规模，甚至是退出市场，大量共债客户由于资金链断裂而逾期，也出现了逾期客户拒不还款还蛊惑他人不还款的现象，催收的压力迅速传遍整个行业。通过发短信、打电话等自主追回的方式已经无法有效触达客户。老赖不回短信、不接电话，有意制造主观失联。而委托第三方上门追款的方式不适用于小额、分散的消费金融业务。老赖们分散在各地，即使放款方愿意支付高昂的交通费、住宿费等成本，但是就算找到了借款人也不见得就能收回欠款，老赖们声称，"你们本来就是不合法的，你们就是高利贷"，"明目张胆不还钱"，还有可能出现不可控的现场冲突。在这种情况下，行业迫切需要一个可靠的法律支持。

网络仲裁是仲裁程序的全部或主要环节，包括提出仲裁申请、立案、答辩或者反请求、仲裁员的指定和仲裁庭的组成、仲裁审理以及仲裁裁决的做出等程序均在网上进行。由于消费金融业务呈现金额小、数量大的特点，如果一个个诉至仲裁委员会法院，对时间、人力等成本消耗过大，这也是传统个人不良资产管理中很少通过诉讼催收来解决问题的一个关键原因。而通过互联网仲裁来做，一是可以批量完成，且一裁终裁，不用多次审理，大大降低了解决纠纷而产生的成本；二是解决了当事人双方地点不一致的问题，普通线下仲裁当天必须双方同时到约定地点，而互联网仲裁可以通过电子邮件、网上聊天室、视频会议系统等现代信息技术，将位于不同地区的当事人和仲裁员联系在一起，利用互联网开庭，仲裁庭的合议以及仲裁裁决的做出和传递也都可通过网络进行。网络仲裁具有即时性，能快捷、经济地解决争议，打破了地域限制，省时省力。

与网络仲裁类似，行业内也开始对网络赋强公证进行探索尝试，即通过与公证处合作，建立网络化公证服务平台，通过互联网方式，在借款人签订借款协议时，借贷双方共同申办赋强公证，并将借款信息等电子数据上传至公证处指定的电子保管箱。当借款人出现逾期不还，并经催告无效时，贷款人可向公证处提交，由公证处按照事前约定出具强制执行公证书，并提交法院，由法院赋予强制执行公证书，并依托司法渠道开展欠款执行工作。

中 篇

风险管理与金融科技

消费金融模式可分为两大类：第一大类是 B2B2C 模式，即助贷模式，通过与助贷机构（B）合作服务终端消费者（C）；第二大类是 B2C 模式，也就是信贷机构直营的消费金融业务，直接面对消费者（C）。

　　B2B2C 模式，是目前消费金融市场普遍采用的运营模式。在这种模式下，生态链上各方根据专业所在，实现功能互补，目的是提高资金与资产的匹配效率，更好地为客户服务；但是也不得不说，部分资金方过度依赖助贷方带来客户，为促进业务快速对接，甚至发展到助贷方为资产提供风险兜底的地步，而资金方失去了对 C 端客户直接经营与管理的抓手，无法形成对客户的有效沉淀，通常贷后管理也是由助贷方来承担。

　　B2C 模式，是信贷机构直接经营 C 端客户的模式，全面负责客户的营销、引入、审批、客户管理，贷后处置，一站式为 C 端客户提供消费金融业务。传统银行的业务基本上都采用 B2C 业务模式，如信用卡传统经营模式，通过分、支行网点配置营销岗位人员，由营销人员直接负责客户的接触、协助申请资料的填写、初审等工作，交由相应部门进行审核、审批，向符合机构风险要求的客户进行放款，之后进入客户的贷后管理中。

第六章
产业链机构合作问题

第一节　助贷模式的风险

助贷合作模式由来已久,在新的市场环境下发展更加迅猛,但在其如火如荼发展过程中,行业需要意识到依赖于助贷机构进行风险兜底的合作模式存在较大的潜在风险。

一、被掩藏的风险

金融机构在开展消费金融业务的过程中,选择与助贷机构开展获客合作,或者与金融科技平台开展风控合作,其实无可厚非。但如果高度依赖助贷方,金融机构将沦为资金批发商。这种情况下,金融机构对底层资产的筛选几乎没有其他任何实质作用,通常只进行三要素、四要素审核以及必要的人行征信报告审查,并不能真正对底层客户的实际风险有全面认知。由于并未真实承担风险、经营风险,因此金融机构的资产收益率偏低,仅能获取资金批发所对应的较低收益。

各种或明或暗的风险兜底,使得持牌金融机构规避了个人金融业务经营中底层借款人的信用风险和欺诈风险，也在一定程度上防范了合作机构的道德风险；但由于助贷机构自身风控能力与财务实力的差异，实际上持牌金融机构根本不可能依赖将风险转移至助贷机构来保平安。以 P2P 平台的资产端与消费金融公司、银行之间的合作为例，在当下众多 P2P 平台经营困难、自身难保的情况下，手握其兜底承诺的持牌金融机构也必将面临较大的风险。那些拥有巨大流量的助贷机构像海绵一样，把市场资金吸附到自己一端。而它们一旦发生经营问题，实质上又不具备足够的风险兜底能力及兜底资格，整个行业风险将向提供资金的上游机构蔓延。

再反观位于上游的持牌金融机构，对于上述业务经营的风险认识不足，对于实际承担的渠道风险估计也不足，众多互联网渠道平台的经营稳定性、持续性与互联网金融市场的整体发展趋势深度关联，在互金行业整体洗牌的形势下，即使是一家合作平台出现问题，对持牌金融机构的资产质量的影响也将是巨大的。而个别资金规模较为有限的初创银行或中小银行，还通过联合贷款模式将底层资产再次打散，自留贷款金额较少，从而在计提风险准备的过程中存在不充足的情况，进一步加大了自身业务经营的风险，并加剧了这种风险在行业间的扩散。

2018 年，湖北消费金融公司"因贷前调查、贷时审查不到位，导致贷款资金被挪用"，受到湖北银监局处罚。同时期，还有中邮、北银、海尔等多家消费金融公司也受到来自当地银监局的处罚，处罚的原因主要包括贷前、贷时审查不充分，贷款资金被挪用，超范围开展业务，消费者权益保护不当等。体现出消费金融公司在与助贷机构合作的过程中，风险管理不到位的现实情况。

在市场监管的总体导向下，很多金融机构在与助贷机构合作过程中，初衷也是希望通过与行业先进者的合作，不断提升自身的风控能力。但在实际业务运行中，金融机构却很难真实穿透底层资产。在线下业务合作过程中，由于存在线下触达借款人、线下采集申请资料、线下办理抵押登记等关键环节，金融机构往往无法替代助贷机构进行销售过程管理与销售人员管理，对于申请资料或抵质押登记资料的审查通常也是基于影像件的，真实性较难把控，甚至有些金融机构对线下业务的资料审核是后置的，先放款再审批，一旦发现问题，只能依赖助贷机构回购问题资产。

对于线上业务，问题就更为突出，有话语权的大的互联网平台或金融科技平台经常处于强势地位，它们把控着客户入口，客户在线申请过程中所蕴含的丰富行为信息，以及金融科技平台内部积累的丰富客户数据，均不输出给金融机构，并且不参与催收运营，甚至不进行兜底的情况越来越多。持牌金融机构通常只能获取客户的基本申请信息，难以像这些金融科技平台一样，依托丰富数据建立并迭代自己的风控模型，金融机构进行实质性风控的基础被合作方所垄断。可见，银行想要一直挣资金批发商的钱，是不可持续的。

二、境外助贷监管的尝试

2018年，美国加州关于规范消费金融市场的法案遇到批准的困难，其中有部分条款对于消费金融业务经营将产生重大影响，如对较大金额的贷款设定利率上限，限制单一客户同时能够申请到的发薪日贷款的笔数，信贷营销机构需要有信贷经纪人的资质等。于是，加州商业监督部计划在该部门权力范围内，推动行业规则的制定，如要求放贷机构证明它们只向有偿还能力的客户发放贷款,并要求放贷机构对信贷营销机构有相应的管理措施。

在此背景下,2018 年 9 月,加州商业监督部对高成本的消费金融放贷机构,以及放贷机构与营销机构之间的合作进行了调查。调查对象为 20 家高利率放贷机构,这 20 家机构都是持有加利福尼亚金融法(California Financial Law, CFL)牌照的放贷机构,在 2017 年都提供了贷款额度为 2 500~9 999 美元的小额消费贷款服务,并且贷款 APR(年利率)都高于 90%。调查清单中包括著名的在线放贷机构 Elevate、Enova、CashCall 和 LoanMe,以及线下实体机构 TitleMax、AceCash Express 和 MoneyMart。这 20 家机构在全加州范围内,占到放贷利率 APR 三位数机构的 60% 以上。

信贷营销机构(尤其是信贷营销网站)在放贷机构获客方面扮演着越来越重要的角色。信贷营销公司为客户提供向多个信贷机构申请贷款的机会,也会提供将客户与成千上万的网络诈骗隔离开来的服务。在加州,这些机构很多活动都是未经许可的,且有可能对客户不利。商业监督部已将营销网站视为"经纪商",在 CFL 获得牌照的放款机构通过营销网站获得贷款客户时,可以向营销网站支付相应的费用。

加州商业监督部主要关注上述持牌机构使用营销机构的情况,以识别放贷机构和信贷营销机构是不是会诱使客户申请更大金额、更高利率的贷款。如有多少客户通过消费金融营销机构获取贷款,如何向这些客户提供贷款,以及其中有多少客户所借金额不足 2 500 美元,等等。根据加州法律,放贷机构可以向不足 2 500 美元的小额贷款收取更高的贷款利息。

客户审查流程也在商业监督部的调查范围内,如通过营销网站或是营销电话引入的客户,其审查流程,相较于线下亲签的客户审查流程有什么不同。商业监督部要求提供贷款额度小于 2 500

美元贷款的客户数量，以及这些客户的贷款条款和更大额度贷款的客户有什么不同。此外，商业监督部也关注放贷机构在发放贷款前的尽职审查。例如，放贷机构是否使用信用报告、是否核实客户所填写的收入，还是完全依赖客户自报的信息或依赖营销网站所提供的信息。CFL 已要求持牌机构需考虑借款人偿还贷款的财务能力，并禁止持牌机构发放不合情理的贷款。

该部门发现有几家放贷机构出现了一些问题，希望能够采取措施确保放贷机构和营销机构不会使用不公平的、欺骗的做法，诱使客户去承担无法偿还的高成本贷款。这次调查标志着监管机构开始打破不作为的状态。商业监督部表示正在考虑是否采用额外的规则来规范持牌放贷机构如何评估借款人的还款能力。该意向的提议者表示信贷营销机构也会误导客户进入不良交易，这些机构向客户提供的建议未必适合客户。例如，营销机构将客户转介给某一放贷机构，可能不是因为该放贷机构提供了最好的利率，而是因为它愿意为该转介支付最多的费用。放贷机构和信贷营销机构当然不希望相关的规范方案通过。例如，贸易集团在线放贷机构联盟辩称，这将迫使许多信贷营销公司退出该业务，从而使客户更难申请到贷款。但法律仍从保护消费者的角度出发，对放贷机构及其合作的营销机构提出更多规范性要求，并采取更多管理措施。例如，加州最高法院的一项规定，授权法官在认为贷款利率不合理的情况下，有权降低该贷款的利率。

三、主动风险管理能力

为使助贷机构、金融机构回归本位，监管要求银行等金融机构在从事信贷业务时，需具备主动风险管理能力，不得将核心的风险管理工作进行外包。2017年,监管机构连续发出了《关于开展银行业"违法、违规、违章"行为专项治理工作的通知》以及《关于规范整顿"现金贷"业务的通知》等多项文件,要求各银行业金融机构切实采取措施防范外部风险冲击,规范持牌金融机构的合作行为,打击没有经过批准的从事非法放贷业务的机构,等等。从监管导向上,希望持牌金融机构建立自身的风险管理能力,不能单纯依赖外部合作机构,对外部市场的风险向传统金融系统的蔓延采取防范措施。"助贷"业务应当回归本源,银行业金融机构不得接受无担保资质的第三方机构提供增信服务以及兜底承诺等变相增信服务,应要求并保证第三方合作机构不得向借款人收取息费。

在监管部门要求金融机构具备主动风险管理能力进一步渗透的趋势下,各地监管部门给出有针对性的指导与通知。2018年4月,上海金融监管部门下发了《关于规范在沪银行业金融机构与第三方机构合作贷款业务的通知》,强调各银行业金融机构与合作机构合作开展贷款业务,应审慎开展贷款业务的合作。合作双方应建立完善的合作机制,明确业务范围和操作流程,确定各方职责边界。各银行业金融机构与合作机构合作开展贷款业务时,不得将授信审批、风险控制等核心业务外包,各银行业金融机构应对合作机构提供的借款人借款资料真实性和完整性承担最终审核责任,有效履行贷前调查、贷中审查和贷后管理的主体责任。各银行业金融机构要加强对借款人的贷后管理,禁止信贷资金被借款人关联企业挪用于放贷。2019年3月6日,上海监管部门再次要求各机构严格按照上述通知要求开展业务,防范风险,要坚守信贷业务基本原则,严禁核心业务外包。

金融机构最终如何增强自己的获客能力与风控能力,是业务持续健康发展的一道必答题。持牌金融机构需要重新定位助贷机构在业务中所起到的作用，将助贷机构还原为获客渠道，将风险管理这一核心职能拉回到金融机构体系内部，避免风控"外包"的趋向。尽管必要的风险共担机制设计，能够有效防范渠道的道德风险，但并不能因此转变为单纯依赖渠道方进行风险转嫁。银行自己必须穿透基础资产进行有效的风险管理，并辅之以必要的渠道管理措施，对合作渠道的业务规模与占比做出必要的上限控制，对渠道的合作选择形成动态管理机制，有准入，有退出，对外部市场的风险传导筑起防火墙。

银行在与互联网金融平台、金融科技企业合作的过程中，要学习其网络营销与客户经营的先进经验，进而着手搭建自己的获客渠道与产品平台。消费金融业务已经逐步进入深耕细作的阶段，对于客户的持续经营必不可少。如果不能建立起银行自身的客户入口与客户管理平台，则会造成底层客户只对互联网平台存在黏性，金融服务的申请、存量客户的管理均依附于外部平台，客户很难在金融机构内部形成有效沉淀，使银行与客户的服务交互成为"一锤子买卖"，客户的持续经营无从下手。为了改变这种现状，就需要银行从金融产品设计、业务流程设计、存量客户管理机制设计等方面入手，建立起自身的客户获取、客户转化与客户经营的体系。

银行还要真正具备相应的业务风控能力，而数据获取能力是重要基础。但是，线上个人信贷业务合作过程中，助贷方通常仅提供非常少量的客户基本信息，只依赖上述数据，银行是无法建立有效的风控体系的。要获得基本的数据获取能力，银行可采用独立建设模式，评估并引入用于客户的风险识别与信用评估的有效数据源，并建立基于数据的风控策略与模型体系；或依托联盟模式，与同业建立数据及数据风控联盟，共享行业信贷与风险数据，建立基于云服务的数据风控共享平台。

为了保障业务的健康发展，以及推进金融产品设计与风险控制能力的落地，建议银行在内部设立专业部门，或设立专营机构，对消费金融业务开展专业化运作；建立银行自身的专业化人才队伍，切实建立自身的获客、风控、运营能力；同时，需要给上述专业部门、专营机构的业务发展给予一定的容忍度，建立科学的考核机制，需要认识到上述业务属于风险偏高的资产类型，结合银行的风险偏好，制订切实可行的风险控制考核目标，打破客户下沉反而表内无不良的奇葩错配现象。

第二节 增信机构面临的问题

以下以保险机构为例，分析增信机构在消费金融业务发展中所面临的困境与问题。

保险企业面临的风险类型众多，各类风险相互交叉重叠，甚至相互传导。对于信保公司而言，信用风险是其在经营过程中主要保险风险类型，也是对公司经营影响最为重大的风险类别。虽然信保业务合作对外呈现的形式看似相近，但其实可分为两大类：第一类是保险公司并不穿透底层资产进行逐笔审批。资产方为了获得资金方信任借用保险公司作为增信通道或背书，真正代偿坏账的主体还是资产方，为保险公司提供反担保。第二类是保险公司真正从事信保业务，具备消费金融风控能力，对消费金融每一笔贷款进行穿透式的审核与承保，当借款人无法按照约定条件还款时，则由保险公司代替借款人向消费金融机构偿还欠款。

一、业务模式

第一种模式是通道模式。此种业务模式多运用于 P2P 网贷平台业务以及一些 B2B2C 助贷业务中。为了增加投资人的资金安全，P2P 网贷平台在发展初期普遍会采用一定的保障方式，如风险准备金、第三方担保、保险公司承保等。随着行业合规政策日益趋严，相对于不同名目风险准备金、有名无实的担保，与保险公司合作就成了 P2P 网贷平台的理想选择。2015 年人民银行联合十部委印发《中国人民银行　工业和信息化部　公安部　财政部　工商总局　法制办　银监会　证监会　保监会　国家互联网信息办公室关于促进互联网金融健康发展的指导意见》，明确指出 P2P 网贷平台要明确信息中介性质，不得提供增信服务，这意味着平台自身不能为投资人提供担保。同时，鼓励保险公司与互联网企业合作，提升互联网金融企业风险抵御能力。

P2P 网贷平台与保险公司的合作，主要合作的保险产品种类有履约保证保险、账户安全险、交易安全险、抵押物财产险、借款人意外险等。这其中最深度的合作是履约保证保险，保险公司向履约保证保险的受益人（债权人）承诺，如果被保险人（债务人，P2P 中专指借款人）不按照合同约定或法律规定履行还款义务，则由该保险公司按照保单约定承担赔偿责任、向投资人赔付本金及收益，也就是当借款人到期没有如约还款时，保险公司会向投资人全额赔付本金和收益。通道模式下，表层的保险产品约定了保险公司的保险责任，同时在背后的合作协议中，保险公司又会与资产方约定各自的风险承担责任，可能会做出资产方向保险公司提供风险缓释的交易结构设置。从承保方式上来说，有保险公司对底层每一笔借款合同出具保单的情况，也有对某个资产包出具一张大保单的情况。随着《信用保证保险业务监管暂行办法》的落地，后一种承保模式逐渐淡出。

　　保险公司作为持牌金融机构，为 P2P 平台的安全性保障提供了一种强有力的增信措施，也有助于平台的规范、合规发展以及提升平台的品牌、声誉。而 P2P 作为互联网金融领域的一大创新业务模式，有利于带动保险公司的业务模式及产品创新，保险公司根据市场发展变化拓展 P2P 合作渠道，与 P2P 平台的合作促进了保险公司履约险的快速发展。而监管部门对于保险公司与 P2P 平台的合作还是较为审慎的，在 2017 年 7 月颁布的《信用保证保险业务监管暂行办法》中，要求保险公司不得与不符合互联网金融相关规定的网贷平台开展信保业务，限制承保自留责任余额，严格限制网贷平台准入资质要求。并在 2018 年 7—9 月组织财险公司开展信用保证业务专项自查，以遏制信保业务风险，其中对网贷平台保证险违规行为摸底是一项重要的自查内容。

　　第二种模式即是深入审核底层资产，实质性把握每一个借款人的风险。随着消费金融机构竞争趋于激烈，获客、风控能力和资金成本都是决定竞争是否占据优势的关键。在资金方面，保险机构与资产方开展合作，向借款人提供信用保证保险服务，再将已承保的借款人信贷资产，推送给资金方，以求得资金方较低成本的资金。在这种业务模式里，保险公司对底层资产，即借款人进行审核，确定保险保费费率，进行实质性风险承担。这种模式符合银保监会对保险公司提供信用保证保险业务的规定，在了解底层资产风险状况的情况下开展信用保证保险业务。为了具备对借款人风险评估的能力，保险公司与资产方、资金方在风险管理底线、客户多维度数据分析、风控策略、模型机制甚至是审批通过率方面要进行充分沟通以达成一致。这就要求保险公司自建风控体系,深入底层资产,针对每位借款人做好风险评估防范工作。

随着人工智能、云计算、区块链、物联网和信息安全等技术的快速发展,金融科技已经成为重塑金融行业的重要力量,新技术在反欺诈、信用风险评估、抵质押品管理、客户信息管理等领域的广泛和深度应用,正在深刻改变着信用风险管理的模式:人脸识别和声纹识别在客户身份核实方面的应用、大数据风控模型在反欺诈和信用评估方面的应用、物联网技术在抵押物管理方面的应用等,都体现出了这一深刻变革的趋势。信保公司必须高度重视金融科技,加大在科技领域的投入,不断提高信用风险控制的智能化水平,减少风控成本,提高风控效率,更好服务实体经济。

二、真正的问题

从实际情况来看,保险公司与 P2P 网贷平台合作时,通常情况下保险公司会让 P2P 网贷平台提供一定比例的保证金,保险公司相当于是增信通道。P2P 平台以保险公司赔付为名义,实际上保险公司垫付的资金出自 P2P 平台。这种合作模式下,保险公司的理赔责任与网贷平台对保险公司的风险缓释责任相分离,当 P2P 平台出现大规模的逾期时,借款人不能按照合同约定履行还款义务,保险公司代为垫付,债务责任转化成借款人与保险公司之间的债权关系;即使 P2P 平台无法再继续补充保证金,按照保险合同,保险公司也需负责理赔。在 2018 年 P2P 平台"爆雷"期间,经营上述业务的保险公司经历了巨大的挑战。

长安责任保险公司从 2015 年起发力信贷业务的保证保险业务。2015 年至 2017 年这 3 年间,长安责任保险与超过 10 家网贷平台就履约保证险达成合作,该业务为长安责任保险带来可观的保费收入。在 2018 年的 P2P 平台"爆雷潮"中却出现了巨额赔付。截至 2018 年三季度末，长安责任保险公司的应收代位追偿款已由当年年初的 2.14 亿元上升为 10.82 亿元，净利润下滑至 –6.05 亿元，巨额的赔付压力，令长安责任保险遭遇经营难题。长安责任保险于 2018 年 11 月 15 日公布《2018 年 3 季度偿付能力报告》，该报告显示其核心偿付能力充足率、综合偿付能力充足率分别由上季度末的 76.1%、152.3% 降至 –41.5%、–41.5%，双双降为负值，难以满足未来偿付需求。偿付能力下降主要源自保险公司在保证保险业务上出现的赔款垫付，而这些垫付款的追偿时间和回收金额存在较大不确定性。

追溯源头，经营信用保险的保险公司普遍面临如下几方面的问题。

一是信息不对称，信用风险和欺诈风险控制难度大。消费金融业务客群分散且下沉，严重依赖数据与模型，数据的周期长度、模型的有效性对信用风险的定价都有重要影响，但是传统保险公司在此方面并没有足够积累。除此之外，在 2B2C 业务合作模式下，在为资产方增信中，资产方和保险公司信息共享不充分，严重影响到保险公司对客户风险的准确评估以及定价，在这一点上，保险公司并不比资金方更有优势。

二是行业周期与政策的影响。在经济、行业政策、流动性等外部环境发生变化时，有可能引起客户的信用表现发生变化，这一点与传统保险产品有所不同。在经济下行期间，履约义务人（借款人）的还款能力下降，导致逾期率、坏账率越来越高。信用风险具有周期性和传导性，并且具有滞后性和累积性，因此，保险公司需具有风险发现能力，正确识别潜在风险；并依托数据模型评估客户违约概率、违约风险暴露以及违约损失率；在此基础上，还需实时、动态监控客户及业务的信用风险变化，及时采取风控措施。

三是信用体系尚不健全，法律法规体系不完善。守信激励与失信惩戒的法律法规体系等尚处于初级阶段，相关法律体系比较薄弱，增加了催收、追偿和资产处置的成本。

上述增信机构所面临的困境与难题，实际上也是消费金融业务中的资金方所普遍需要面对的，资金方从自身业务经营的风险转移角度出发，希望依托保险增信来进行风险缓释，但保险增信方同样需要采取各种手段和工具来解决上述业务管理中的实际问题，消费金融中的增信业务才能真正持续健康发展。

第三节　大数据及模型的误区

在消费金融生态链上，大数据服务商或模型开发服务商也逐渐开始发挥重要的作用。由于消费金融客户体量巨大的显著特征，以计量模型应用为代表的数据风险管理模式越来越重要，而数据作为计量模型的基础素材，也得到前所未有的重视。在产业链圈层中选择大数据服务商或模型开发服务商合作，成为越来越多消费金融机构在考虑的方案。但在进行大数据接入或模型开发之前，金融机构需要对自身的业务管理思路进行梳理检视，是否存在认识误区。只有在正确认识大数据及模型的作用与影响的前提下，方能有效运用数据和模型工具解决业务经营与风险管理中的问题。

一、大数据

近年来，国内线上消费金融市场蓬勃发展，进入市场的玩家包括各类互联网金融平台、电商平台、持牌消费金融公司、互联网小贷公司等,传统银行也纷纷在此领域进行积极布局,通过参股消费金融公司、成立电子银行或数字银行等方式开展业务。但消费金融业务属新兴业务,大量的传统机构仍在对如何开展消费金融业务的问题不断求索。这主要是因为此类业务与银行传统业务存在较大的差异:一是业务服务提供的方式线上化,因此在系统、产品、流程的设计上,以及在服务响应效率的要求方面都与线下业务有显著差异;二是该类业务所服务的客户群体普遍下沉,有相当比例的客户属于银行"白户",在没有人民银行征信报告的情况下如何掌握和评估客户的资信水平就成为必须解决的课题;三是由于全线上的运营模式,缺少线下环节,因此需要在风险防范方面采取有针对性的解决措施,如对客户身份真实性、申请意愿真实性等方面的确认等。因此,对于线上消费信贷的风险管理,更为迫切需要大数据来刻画客户,形成客户360°画像。

各家金融机构已经充分认识到大数据在风险管理中会起到一定的作用,但是在如何有效地使用大数据、大数据如何在风险管理中实质性落地并发挥作用方面,还面临诸多挑战和问题,这些问题直接影响了金融机构能否快速上线消费金融业务,并在业务运营中管理好风险。

金融机构对大数据应用普遍存在如下误区。

第一个误区是数据拿来即可使用。市场上第三方数据源种类繁多、各不相同。从数据所起到的作用来看,包括真实性验证、反欺诈、黑名单,以及用于联合建模的行为数据等;从数据来源来看,有政府数据、互联网数据、企业生产运营过程中产生的数据。上述这些数据在风险方面起到什么作用、具体怎么使用,是需要金融机构逐一进行评估、分别设计的。数据评估的角度包括:

数据的合规性，数据覆盖的程度，数据的稳定性，数据的有效性，数据的正确性；对于模型评分类数据，还需评估模型的开发样本与使用客群的匹配性，模型的性能，等等。针对防范同一类型风险的多个不同数据源，还需评估各自在功能方面的具体差异，比较数据性价比，等等。

第二个误区是一项业务接入一家数据即可。一项业务的开展涉及多种风险的防范，即使是单纯防范欺诈风险，也要弄清不同类型的欺诈模式，所需的数据就不相同。国内市场上的数据处于分割的孤岛状态，政府机关所拥有大量数据还未被充分挖掘、未能充分发挥价值，各家企业内部的数据也多是在服务本企业相关业务的情况下才进行有限的数据共享。因此对于如共债这种问题，各金融机构为进行有效的风险控制，只能尽量多地接入数据源，带来大量的数据接口开发、数据评估接入方面的工作，导致时间成本和人力成本日益高企。

第三个误区是认为外部机构的数据治理体系与金融机构一致。大数据在金融领域的应用是近几年才迅速发展起来的，大数据一般来源于政府、互联网、企业内部等，来源不同的数据在金融领域应用时，都会出现数据归类管理、数据统计口径等方面与金融领域存在较大差异的问题。不仅如此，有的数据源会被一些行为所"污染"，如互联网上的客评数据、支付公司刷单数据等，针对这类数据在使用之前都要进行有针对性的数据清洗工作，避免被"污染"的数据误导业务决策。

第三方数据公司在数据归类、数据口径方面甚至在数据清洗方面都做了大量的工作，但对于金融机构来说还是远远不够。各家第三方数据公司均有自己的数据标准，并未在各家数据公司之间形成统一。而对于金融机构来说，无论在机构内部管理、使用方面，还是对人行、银保监会的报告报送方面，都已形成了标准的数据管理体系，因此在银行等金融机构引入外部数据时，均需按照本机构内部以及监管机构的标准对不同的外部数据源进行标准化，这样外部数据才能与金融机构内部的数据及系统进行"对话"，这是外部第三方数据能够发挥作用的重要基础。

第四个误区是认为数据与业务持续性运营无关。数据源的稳定性直接影响业务的持续运营，尤其是对线上消费金融业务影响巨大。线上消费金融业务基本是进行全线上审批的，实时审批已经越发成为行业内的"标准"做法。因此，在自动化审批过程中使用的任一数据源出现问题都将直接影响审批效率，同时客户会对此有直接的感受，对产品服务的运营产生直接影响，这也是与传统风险评估与审批流程不一样的地方。在2017年集中打击侵犯公民个人信息的信息安全整治期间，众多第三方数据源所提供的数据服务发生或多或少的调整，直接影响了金融机构的数据使用方式和业务模式。因此，在数据使用时，需要确认哪些数据是唯一来源数据，并确保数据使用的连续性；对于那些非唯一来源的数据，要制订数据备选方案，保证在关键时刻可以实现无缝的数据切换使用。

大数据在风险管理领域中应用并发挥作用，看上去很美好，但是到目前为止，金融机构在大数据的使用方面还是需要投入大量的时间成本，进行大数据的了解与评估、接口的开发、业务流程的设计、风险规则和模型的形成、数据源的路由调度等，全流程、体系化的解决方案才能更有效地完成从大数据到大数据风控的转化，让金融机构更专注于金融业务本身。

二、数据模型

随着金融风险管理手段的不断发展，目前国内在小额信用贷款领域，多高度依赖于数据驱动模型进行风险管理。由于业务形态符合大数法则基本原理，业务量巨大，单笔业务授信金额较小，不同业务主体之间的风险水平相互独立，故采用数据驱动模型不仅符合业务实际情况，同时能够大幅提高风控效率、降低风控成本，使得金融机构能够将业务触手延伸至传统依赖人工的风控模式下无法开展的业务领域。同时，数据驱动模型本身就是通过对历史数据的特征分析，预测客户的未来行为表现的工具，依托数据模型能够显著提升风险识别与评估的客观性、精准度、全面性。

在风险领域，金融机构对模型从理念上的接受，发展到在业务中逐步使用，并随着大数据和消费金融的蓬勃发展，模型在风险管理中变得必不可少，甚至到了不谈模型貌似就不是真正在做风险管理的程度。

模型应该是在信用卡领域逐步应用起来的，有 ABC 卡，也就是申请评分卡（application）、行为评分卡（behavior）和催收评分卡（collection）三大类评分卡，分别应用在贷前审批、贷中客户行为管理、催收管理这些业务领域中。其中，还属申请评分卡使用最为普遍，并且多是采用逻辑回归的方法，利用信用卡申请表格中的自述信息和人行征信报告信息开发建设，模型的性能普遍不错，模型的效果也经历了足够长的时间周期进行验证。消费金融业务将信贷业务服务延伸到信用卡以外的客户群体，在风险管理上面临更多的挑战，如客户群体的分布更广，不再是以银行网点为中心进行辐射管理，单户客户金额更小，风险管理的效率和成本面临更大挑战，因此，使得模型成为该领域风险管理必不可少的工具之一。

但是，很多机构在使用风控模型的过程中有很多误解，也遭遇了诸多现实困难。以下的误解、误用比较常见。

（1）风控即模型，有了模型就是做了风控。风险管理是流程管理过程，在业务全流程各环节采取与之相匹配的方法或手段，以达到风险管理的目标，这包括政策、制度、指标监测管理、预警及技术手段等。模型是风险管理流程中所采取的手段之一。就消费金融业务来说，仅就贷前客户引入阶段举例，对客户的风险评估就包括渠道安全、真实性、反欺诈、信用风险评估、额度确定、放贷支用等环节。在不同节点有不同的风险管理手段和措施，模型多用于信用风险评估、额度确定、反欺诈中，尤其是应用在信用风险评估中，而其他环节更多通过规则的部署或是人工智能技术来达到风险防控的目的。

（2）关注分数而非分数对应的违约率。利用客户的自然属性、信用历史、还款历史等信息建立信用评分模型，得到客户的信用分数，识别不同人群的违约概率，从而针对不同违约风险的客户采取不同的风险管理手段。由于不同机构的风险容忍度不同，对业务所设置的风险管理指标也不尽相同，因此，对于第三方服务机构所提供的模型，金融机构在使用之前需了解评分的含义以及评分分数和违约率之间的关系，使得引入客户的风险水平与机构的风险容忍度相匹配。有些第三方服务机构会对自身模型分数给出建议的分数线，这种做法实际并不可取，业务中所采用的分数应该由金融机构根据本机构的风险管理目标自行设定。

（3）模型所适用的客群不用做严格限定。信用评分是根据客户的信用历史资料，利用一定的模型方法，得到不同风险等级的客户的信用分数，用于预测客户在未来一段时间发生违约的概率。

因此预测模型的基本原理是利用历史数据来预测未来，这就要求利用样本客群开发的模型可以预测申请客户的违约风险，因此模型适用的客群需和模型开发的样本客群一致。例如，利用信用卡客群开发出来的模型不一定适用于现金贷客户的风险管理，反之亦然。因此，在使用外部评分之前，应了解模型开发所使用的样本客群与本机构所拓展的客群是否具有相似特性。

（4）不强调模型的业务相关性和可解释性。随着大数据的发展，在模型的开发建设以及使用过程中，存在混淆因果关系和关联关系的现象。业务相关性是模型开发非常关键的要求，是和模型衡量的风险和解决的问题密切相关的。如模型是用来衡量客户在金融活动中的违约行为，什么信息相关、需要采集，什么信息不能够使用，都要围绕解决金融违约这一关键需求决定。可解释性是指模型为决策者所能理解，使得判断预期和业务知识相一致。在追求模型性能和算法的趋势下，尤其要关注模型的业务相关性和可解释性。例如，复杂神经网络的可解释性比较差，在模型性能无显著差异的情况下，可以选择可解释性更好的算法。

（5）风险管理中用的模型越多越好。风控是否有效不是以用多少个模型为标准来进行衡量的，也不是所用的模型越多，风控就越到位。特别是有些机构，成立时间较短，业务规模不大，本身历史数据的积累不够，特别是坏样本的积累不够，在这种情况下，本就不可能开发出很多模型，以规则、策略来代替模型，逐步积累数据才是可行之路。在使用模型时，也需要逐步替换原有规则、设置冠军挑战策略，考核模型的有效性，进行快速迭代。

第七章
资产端主要风险

与传统个人贷款业务对比，线上消费金融业务在运营方面有显著不同。首先，业务开展时间、空间不再受到限制。传统银行业务受理有明确的时间和地点的要求，而线上通过APP、公众号、小程序、H5等多种入口，随时接受客户的业务申请，打破了时间、空间的限制，客户更分散，其行为记录更完整。其次，业务全线上运营，与客户的触点越来越少。传统业务，客户经理亲见客户本人，并指导客户准备、填写申请资料，审核部门电照客户本人、并对联系人进行资料核实，放款时还会安排客户面签。互联网业务全线上运营，与客户的触点非常之少，不需亲见客户，省去电核环节，签署电子合同，与客户的接触基本为零。再次，申请资料越来越简单。出于优化客户体验的考虑，互联网业务所需申请材料一般很少，大多情况下客户只填写一些基本信息，如姓名、身份证号、手机号、银行卡号、工作信息、住址信息、联系人信息等，免除了传统的工作证明、银行流水等复杂的纸质材料。最后，客户下沉，越来越年轻化。互联网消费金融大量服务于无信贷历史或信贷历史积累不足的客户群体；同时，客户群体年轻化，普遍收入偏低且不稳定。正是由于这样的业务定位，消费金融业务和传统银行业务可以错位竞争,但对客户还款能力的评估缺少关键数据的支持。

消费金融线上运营的特殊性,引发了一些新型的风险,风控的侧重点也不相同。传统业务风险集中来源于个人资料虚假、伪冒申请、中介包装、组团骗贷、个人信用风险等;对风险的判断多依赖销售人员和风控审批人员的把控,存在道德风险,也依赖专家经验。线上业务风险类型与传统业务没有本质区别,但风险来源不同,风险的防控多采取技术手段,如对于黑灰产攻击的判别,对中介和代办的识别,对个人多头借贷的发现及偿付能力的评估,风控能力更多体现在三方数据的使用、风控策略的设计和客户画像、模型体系的采用,以及各种现代风控科技的综合运用,如人脸识别、OCR(光学字符识别)技术、人工智能等。按照风险类型来分,消费金融面临的风险主要有欺诈风险与信用风险。表 7.1 展示了不同业务模式下的关键风险点与所应用的金融科技方案。

表 7.1 不同业务模式下的关键风险点与金融科技方案

业务模式	关键风险点	重点金融科技方案
线上贷款业务	远程客户自主申请的业务模式,导致申请反欺诈,特别是团体欺诈的防范成为该业务模式下重点关注的风险点	·人脸识别及活体检验 ·远程视频技术 ·知识图谱
线下场景消费分期	消费场景本身的真实性,用户对消费分期的借贷属性的了解程度,以及用户对债务的偿付意愿,是风控核心要点	·语音技术 ·视频技术
小额现金贷	由于还款金额的绝对数非常小,绝大多数用户均具备偿付能力,因此偿付意愿与欺诈问题是关键核心	·模型算法 ·知识图谱

续表

业务模式	关键风险点	重点金融科技方案
大额现金分期	偿付能力的重要性显著上升；同时由于授信金额较高，通过诈骗手段套取授信的可能性也在提升	·OCR 识别 ·自然语言处理
个体工商户及小微企业主授信业务	综合企业经营与个人信用情况的全面风险评估；同时，用户的偿付能力受到经营情况的影响，对企业经营的持续监控非常关键	·基于大数据的全面风险评估 ·复杂网络
信用卡及虚拟信用卡业务	除申请阶段的风险识别与评估外，交易环节的风险管理更加强调风控的实时性	·模型算法

对于欺诈风险，线上消费金融业务的开展首要解决申请人身份的识别问题。传统业务中，由于少不了面对面的接触，营销人员容易确认贷款是否为客户本人申请。线上贷款业务由于缺乏亲见亲签的环节，借款人更易对身份相关的要素进行伪造，骗取贷款，且通过技术手段可进行批量操作，哪怕每笔仅能获得小额利益，批量造假最终也可以获得可观的收益，因此更容易吸引黑产的注意，给金融机构带来的危害更大。线上贷款业务确认客户本人申请，不仅要识别申请发起的是真人，而不是机器操作；还要识别是客户本人申请，而不是他人冒用客户信息进行的申请。时空限制的突破、申请材料的简化、信息共享的保护不足、新型技术的应用、上下游产业链的配合疏漏等均给黑产创造了便利条件。黑产技术化程度越来越高，如果没有专业的风控技术工具与模型，黑产造成的损失将是巨大且不可挽回的。相对比，单个客户的信用风险给平台造成的损失处于可控的范围，黑产的攻击对平台有致命性的打击。

对于信用风险，传统信贷风控模式主要依赖客户的自述信息、人行征信信息开发模型，进行客户的风险评估与分级。除了模型的使用，对于客群还有特定的要求，如要求客户有稳定收入来源，通过查询客户的社保、工作单位等信息来实现客户群的圈定。而线上业务，信用风险的评估更依赖数据与模型，尤其是在模型的数据来源、数据使用方法，以及模型算法方面的创新尝试更多。例如，由于缺少人行征信，模型的开发更多地利用包括互联网行为信息等非金融大数据，更多维度地考核客户的信用状况。

第一节 风险现象

消费金融自进入快速发展阶段，有创新，有成长，但是也有典型风险事件。复盘消费金融领域中很多成规模的风险现象，究其根本原因，有由于对于 C 端客户的风险评估不合理、不严谨而造成的，也有由于对合作渠道的管理不到位造成的，还有由业务模式引起的问题。图 7.1 列举了消费金融典型业务类型与风险现象。

一、C 端风险——还款意愿与能力

近年来，随着互联网金融的跨越式发展，原来无法从正规金融机构得到金融服务的客户群体，从互金平台上获得了融资机会，金融普惠覆盖面确实依托互联网金融得到进一步的拓展，如蓝领人群、个体户、小微企业主等人群都是现金贷的重要目标客群，在校大学生也有校园贷平台提供服务。同时，在服务客群拓展的基础上，还诞生了诸多新的获客模式，如熟人借贷等，都使得金

第七章 资产端主要风险

图 7.1 消费金融典型业务类型与风险现象

融服务所覆盖的"长尾"客群得到快速发展。

但在客群覆盖范围拓展、获客模式变化的同时，很多金融产品或经营模式暴露出或多或少的问题，如未对借贷环节做恰当提示、过度诱导负债、侵犯个人隐私、采取暴力催收手段等。究其本质，都是由于在业务开展的过程中未能对 C 端借款主体的风险进行合理评估，导致业务风险畸高，因此不得不采取不当方式开展业务、回收客户欠款；甚至有一些平台故意放松或放弃风险管理，再通过恶意欺骗、过度收费等方式，进行所谓的"以收益覆盖风险"的经营。事实上，校园贷、现金贷和熟人借贷等具有代表性的产品类型或经营模式中，或多或少都存在这个问题。

以校园贷为例，我们对这项业务当中 C 端风险管理不合理所造成的风险现象进行分析。

2004 年，广发银行首发学生信用卡，而后其他银行跟进，校园学生信贷服务兴起。一直到 2009 年 7 月，银监会发布《中国银监会关于进一步规范信用卡业务的通知》（银监发〔2009〕60 号）进一步规范银行业金融机构信用卡业务经营行为，要求银行业金融机构遵循审慎原则向学生发放信用卡，不得向未满 18 周岁的学生发放信用卡（附属卡除外）；向经查已满 18 周岁无固定工作、无稳定收入来源的学生发放信用卡时，须落实第二还款来源，第二还款来源方应具备相应的偿还能力。银行业金融机构发放信用卡前必须确认第二还款来源方已书面同意承担相应还款责任，否则不得发卡。该通知发布的时候正是国内信用卡行业跑马圈地之后、行业风险凸显的时候，各银行纷纷提高了信用卡办理的门槛，缩减甚至暂停学生信用卡业务，如招商银行、中信银行等多家银行明确表示停办大学生信用卡。而同一年早些时候人民银行牵头发布了《中国人民银行　中国银行业监督管理委员会　公安部　国家工商总局关于加强银行卡安全管理预防和打击银行卡犯罪的通知》,也要求银行谨慎发展无稳定工作、收入的客户群体,做到从严授信,而大学生算是"从严授信"的重点客户群。从2009年到2013年,各家银行学生信用卡业务一直处于暂停状态。

然而大学生的消费需求却一直存在。我国在校大学生从2012年以来一直呈现增长趋势,至2018年普通高等学校在校学生人数已达2 831万人[1],庞大的群体奠定了大学生消费金融市场的规模基础。根据中国校园市场联盟发布的《2016中国校园市场发展报告》显示,2016年中国大学生消费市场总规模达到6 850亿元,形成了基础生活消费为主,数码产品其次,教育培训与文化娱乐并存的局面。该报告还指出大学生每月人均生活费达1 423元,恩格尔系数为32%,达到富裕的水平。然而,大学生消费市场有独特性,学生没有固定收入来源,父母提供的每月可消费金额主要是生活所需,因此,可用于灵活消费的资金并不多。然而网络购物的兴起,刺激了大学生消费市场的发展,一方面消费场景不断丰富,线上消费、支付越发便利;另一方面,年轻人易有冲动消费、超前消费的倾向,因此,这个群体比其他群体更加需要也更容易接受消费金融服务,来提前享受未来高质量的生活,用未来的资金投资现在的自己。

进入大学生市场的金融服务形式大致可分为三类:第一类是基于大学生的消费需求,通过特定的消费场景而提供的金融服务,消费场景从3C、服饰等与学习、生活密切相关的消费需求延伸到培训、旅游、游戏、美容等消费领域,由此而产生大量针对学生市场的分期购物平台,如2013年成立的分期乐、趣分期等消费场

---

[1] 国家统计局网站,http://data.stats.gov.cn/easyquery.htm?cn=C01。

景分期平台。分期乐商城根据学生市场的需求从3C数码分期切入，逐渐拓展了运动户外、洗护美妆、教育培训等多个消费金融场景。第二类是通过日常消费型的电商平台切入学生市场，如2014年下半年，京东推出专门针对大学生的"校园白条"，半年后京东开始在上百家高校对这一产品进行地推。2015年6月18日，淘宝天猫商城首推"天猫校园分期"，在校大学生可以享受最低3 000元的信用额度。2015年9月，苏宁"校园任性付"在南京8所211院校首发线下申请版。根据2015年10月发布的《2015大学生分期消费调查报告》显示，在校园分期领域已呈现出寡头割据局面，其中"花呗"和"京东白条"分别占据37%和34.3%的市场份额，"分期乐"和"趣分期"紧随其后，各占18.5%和7.6%，剩下的各家P2P平台总共只占2.6%。① 第三类是P2P网络贷款平台，通过线上撮合的方式为大学生提供消费相关的信贷服务，如积木盒子的"梦想盒伙人"、拍拍贷的"莘莘学子标"等。

  从2013年起，互联网企业切入校园消费的金融服务，到2015年迎来爆发式增长，但2016年由于"裸条借贷""欠贷自杀""暴力催债"等行业事件把校园贷推到了风口浪尖，由此暴露出校园贷在发展中的一些问题，其中最突出的问题：一是金融产品定价口径混乱，以虚假宣传等方式诱导学生使用高价格的信贷服务。平台在对外宣传中突出产品低息，或是低手续费，回避产品全口径价格，大部分学生在还款时才意识到贷款利息，加上各种名目的服务费、管理费等，贷款成本远超自己的想象，从而落入校园网贷"高利贷陷阱"，继而引起一系列的借新还旧。二是盲目扩大业务规模，风险管理缺位。部分校园网贷平台审批过程只涉及简

---

① 速途研究院，《2015大学生分期消费调查报告》。

单的身份认证与学籍认证，在借贷必要性、合理性、偿还能力等方面均缺少评估。另外，审批不严格以及规模过度扩张，导致部分学生在多个平台借贷，形成"共债"。贷前管理不完善，平台将风险控制的压力都转移到贷后的催收，出现了爆通讯录、上门散发传单、非法拘禁、殴打、裸照威逼等极端的催收手段，迫使学生和家长去借钱还钱。

教育部、银监会于 2016 年 4 月出台《教育部办公厅 中国银监会办公厅关于加强校园不良网络借贷风险防范和教育引导工作的通知》，开始出手整顿校园贷市场。2017 年 5 月，中国银监会联合教育部以及人力资源社会保障部发布了《关于进一步加强校园贷规范管理工作的通知》。该通知称，相关部门将进一步加大校园贷的监管整治力度，从源头上整治乱象，暂停网贷机构开展校园贷业务；并允许商业银行和政策性银行在风险可控的前提下，有针对性地开发高校助学、培训、消费、创业等金融产品，畅通正规、阳光的校园贷服务渠道，为校园贷"堵偏门，开正门"。

从校园贷的发展历程不难看出，互金平台的校园贷是在正规金融机构退出市场的契机下快速发展起来的。在早期对在校学生提供金融服务的过程中，银行和监管部门采取了较为负责任的态度，期望在为其提供金融服务的同时，切实保障这些无稳定收入来源的特殊客户群体的合法权益，同时从审慎经营角度出发，要求确认第二还款来源。但当时缺乏有效手段来低成本、高效率地服务于该客群，导致实际上正规金融机构全面退出该市场，但该市场的需求仍然广泛存在，从而为后来的互金平台的快速进入提供了一个机会。

后期互金平台的进入，更多的是看到这个"蓝海"市场的巨大获利空间。后来者纷纷入场，一时间职业地推与学生兼职销售遍布校园。加之这些平台又依托互联网及移动渠道向学生群体提供了更为便利、缤纷多样的消费场景选择，通过吸引学生进行分期消费，进一步激发了这个市场的潜力，无限制地诱导学生提升个人杠杆。同时，在校园贷经营过程中，平台普遍采用的风险管理手段是真实性核查与反欺诈管理，即通过地面销售亲见本人、核查学生证、核查学籍信息等方式，确定借款人的真实学生身份，而对于借款学生是否具备相应的还款能力普遍并不关注。其内在的逻辑是利用在校学生对金融借贷的懵懂认知，诱导学生的借贷行为，并依仗平台掌握其家人或校园社交圈子信息，要挟其还款，最终以其父母家人的收入和积蓄作为实际的还款来源。校园贷本身是非恶的，但不注重借款人本人的还款能力评估，才是导致最终出现种种恶性事件的一个重要原因。不考虑 C 端借款人的偿付能力，引导过度负债，属于不负责任的借贷经营行为。

倡导"负责任地借贷"是对借款人和贷款人的基本保护。从国外的行业实践来看，美国通过非营利性负责任借贷联盟 CRL（Center for Responsible Lending）推动负责任的信贷行为。CRL 是一个非营利组织，重点保护房贷、发薪日贷款、学生贷款、汽车贷款的消费者免受掠夺性贷款的侵害。澳大利亚证券和投资委员会（ASIC）则在 2014 年就发布了《负责任借贷条例》，强化了所有贷款人必须从个人借款人那里获得有关其财务状况的信息，以确保他们能够正确评估客户偿还贷款的能力。贷款人必须核实信息以确保其真实性，然后评估贷款是否不适合借款人。2018 年 ASIC 对西太平洋银行做出了 3 500 万美元的罚款惩罚，以惩罚该行在 2011—2015 年自动决策系统批准的大约 26 万份住房贷款，没有关注客户实际支出信息。

这一次传统金融机构在离开校园贷市场 8 年后的回归，面临的首要问题是如何形成校园贷可持续经营模式，不仅要把对大学生的金融服务做到位，更要做到"负责任地借贷"。这不是一个简单的问题，涉及多方面的共同努力与尝试。例如，不可将学生视为高利润客户，而是着眼于未来客户的梯度培养；放贷机构需严格借贷审核和风险评估，避免过度授信；放贷机构不能诱导学生冲动消费，要做消费真实性和合理性的判断，引导学生合理借贷；等等。

最后还需提到的是，学校也需强调对学生的引导与教育，加强学生金融知识与法律知识教育，普及信息安全与隐私保护的知识，增强风险防范意识；引导学生形成正确的消费观念，不盲目追求物质享受，拒绝过度消费；加强学生信用意识培育，并在社会信用体系建设中将学生群体纳入其中。

二、B端风险——场景渠道风险管理

除了对C端借款人进行风险管理外，对于渠道、场景等B端的风险管理也不可缺位。

从消费金融经营模式来看，嵌入消费场景成为越来越普遍的一种业务选择。场景金融模式，不仅为金融机构或平台的业务经营提供了有效的批量获客入口，同时附着在消费场景内的各种行为信息也为风险管理提供了有效抓手。但也正如本书第三章对场景金融的分析，场景绝非万能的，在这种业务模式下，除了需对底层借款客户的信用风险与欺诈风险进行有效识别和充分评估之外，还需要将风险管理还原到场景和渠道中去，对B端风险进行相应把控。

以医美分期这个非常有代表性的场景金融为例来分析B端风

控的必要性与关键性。医美分期是近年来伴随着大众对美的意识的觉醒而发展起来的,随着社会大众对医疗美容的需求与日俱增,医美领域成为重要消费场景,也成为消费金融垂直化发展的领域之一。医美消费者以女性为主要消费群体,占比达 79%,男性用户中"75 后"增幅明显。[1] 现阶段消费人群主要以时尚圈人士、白领及学生为主,其中艺人及时尚圈工作者占比高达 54%,白领占比 24%,学生占比 12%。医美分期用户中,"90 后"占比高达 74%,"80 后"占比 23%,"70 后"占比 3%,未婚的分期用户占比 74%。[2]

为解决一些客户可能无法一次支付全部整形费用的问题,一些整形美容金融产品为消费者提供预付、分期、消费信贷等服务,同时获得金融收益。如美分宝、丽分期、易美分期等众多分期服务平台。在商业模式上,医美分期以 B2B2C 平台化发展为主,部分分期平台有地推团队和线下渠道关系,也有的分期平台是在蓝领、3C 等消费场景进行营销,为医美机构进行引流。

医美分期在短时间内得到了迅速的发展,不仅源于消费者对于分期消费的普遍接受,也源于医美市场本身需求量的增加。然而医美分期市场火热的同时,也有不成熟的地方。例如,市场不规范,同质化严重。目前医美分期的模式大同小异,产品也比较同质化,各家医美分期的产品客单价多为 2 万元到 5 万元之间,分为 3、6、9、12 期偿还,年化利率在 12%~18%。又如,医美分期产品推广渠道有限;医疗纠纷的比率高,出现医疗纠纷后给金融分期服务实际操作与贷款回收带来很多不确定性。百度有钱花于 2016 年启动了医美分期业务,由百度消费金融披露的截至

---

[1] 2017 年中国医美行业发展现状及市场前景预测。
[2] 2017 年医疗美容行业研究报告。

2017年6月末主要贷款产品规模及逾期率可知,医美分期业务本金余额在其两家运营主体(重庆百度小贷与上海百度小贷)的贷款产品中占比较低,分别仅有3.60%和5.97%;其大于90天的逾期率为4.87%,远远高于百度有钱花占比最高的教育分期业务。[①]

消费金融是践行普惠金融的重要方式,业务模式、客户定位和风险管理需全面关注,在医美行业也是如此。在消费者需求驱动下,微整形服务发展迅速,尤其是单价在万元左右的局部整形或非手术美容服务项目,这一类"低价高频"微整形更适合医美分期产品。在风险管理方面,除了C端风控,B端风控也要加强。C端风控重点关注借款人信息真实性与资质水平,利用大数据进行欺诈排查与风险评估,把握基础资产质量;同时,需根据业务特点严格操作流程,降低操作风险。由于医美机构的医疗资质、技术水平、营销方式等差异较大,质量参差不齐,面对可能存在的虚假营销和机构合谋骗贷,也必须加强B端风控,在利用既有资源优势进行业务开拓时,需提升风控能力,审慎开展医美分期业务。例如,通过线上、线下相结合的方式,严格机构准入标准,建立机制应对有组织、专业化的套贷乃至骗贷产业链。

在业务模式方面,一方面通过消费场景细分,深入挖掘细分领域市场,获取市场份额。另一方面通过寻求外部合作快速布局资产端。在合作机构选择上,医美分期平台应选择有资质的、合规的医美机构开展合作,而不应为了赢得市场,降低风险准入门槛。特别是医美服务涉及纠纷频发、标准模糊的行业特点,无疑为嵌入此种场景中的金融服务增加了不确定性,因此,选择专业化的

[①] 重庆百度小额贷款有限公司2017年度第一期资产支持票据募集说明书。

医美机构显得非常重要，合理控制医疗纠纷，降低由于医疗问题而导致的金融违约事件的发生概率。

医美分期行业面临的最严重的风险是勾结欺诈，团伙化、专业化的套贷乃至骗贷产业链为医美行业的发展带来非常大的影响。为了从医美机构、贷款机构获取可观的返点佣金，部分平台与中介等"合作"，以免费整形为由，获取用户的个人信息；或是诱导缺乏甚至无还贷能力的人办理医疗美容分期贷款；甚至在偏远地区收集信用白户，以少量酬劳引诱无知群众填写借贷申请。这种情况下，所办理的贷款回收工作困难重重。当然，也有贷款机构为了抢占市场不惜降低风险门槛。诸多叠加效应导致一些医美贷款的逾期率、坏账率畸高，行业公认的坏账率是10%~20%，远高于各家平台对外披露的数据。多数医美分期公司并未实现盈利。

如今，消费金融市场规模发展迅速，据艾瑞咨询发布的报告称，2017年中国互联网消费金融放贷规模达4.3847万亿元，而2018年整体市场规模估计已逼近10万亿元。① 同时，消费金融开始转入更垂直的细分领域，新的市场蓝海与尚未发掘的市场风险并存，如何实现细分领域有针对性的风险管理，仍然应是消费金融业务经营中需要首先考虑的问题。

需要说明的是，场景分期是2B2C业务模式的一个典型代表。但本书所说的B端风险管理并不仅仅局限于消费场景，B端风控也同样适用于其他获客模式。例如金融机构合作的线下助贷公司、线上获客渠道等，也都属于某种B端形态。虽然对于不同业务而言，B端风险管理的关键点与风险管理手段存在差异，但针对B端的管理同样不可忽视。只有分别针对B端及C端建立相应的风控措

---

① 艾瑞咨询，《2018年中国互联网消费金融行业报告》。2017年统计数据口径增加银行互联网消费金融规模。

施，才能实现立体式、多层次的风险管理体系。

三、模式困境——P2P 风险

2018年夏天，P2P网络借贷行业一直"雷声"滚滚，月新增问题平台数量不断刷新，且很多成立时间较长的口碑平台也出现了问题，导致众多P2P平台投资人颇为恐慌，平台资金撤退现象频现，进一步加剧了行业的紧张形势。

针对P2P行业密集出现的风险问题，2018年7月16日，中国互联网金融协会在北京组织召开专题座谈会，要求广大从业机构积极主动整改，有效防范化解风险，为整改合格机构顺利纳入规范管理创造条件，并对整改不合格机构实施无风险退出和有效处置。同时，多地互联网金融风险专项整治工作领导小组也表示将按照统一部署继续开展P2P网贷现场检查工作，释放出监管维稳的信号。

针对网贷行业的风险问题，监管部门早已开始关注，并通过一系列管理要求和工作通知予以规范、治理。2016年8月，银监会向各家银行下发了《网络借贷资金存管业务指引（征求意见稿）》，不仅对开展存管业务的银行提出了一定的资质要求，而且对于接入的平台也提出了在工商登记注册地地方金融监管部门完成备案登记、按照通信主管部门的相关规定申请获得相应的电信业务经营许可等五项要求。最受业内关注的一条是，存管银行不应外包或由合作机构承担，不得委托网贷机构和第三方机构代开出借人与借款人交易结算资金账户。2016年10月13日，国务院发布《国务院办公厅关于印发互联网金融风险专项整治工作实施方案的通知》，对互联网金融重点整治问题和具体整治工作提出明确要求。

2018 年以来，P2P 频现"爆雷潮"，仅上海地区 P2P 违约规模已超 2 000 亿元。2018 年 8 月 8 日，全国互金整治办向各省（区、市）、深圳市互金整治办下发了《关于报送 P2P 平台借款人逃废债信息的通知》（以下简称《通知》），要求 P2P 平台尽快报送老赖信息。

（一）风险出现的根本原因

这轮 P2P 行业的问题密集暴露，根源于信用风险、道德风险、流动性风险的叠加。抛开那些本身就恶意圈钱的诈骗平台不谈，那些本着合规经营为出发点的平台，缘何也频频发生问题？行业困境究竟在哪儿？

1. 底层资产不良累计，多头共债现象普遍

在这一轮 P2P 平台风险集中爆发中，底层资产质量以及借款人偿还能力是关键性问题。早期互联网金融行业信息共享程度低，缺乏有效解决方案，加之一些平台由于客群选择不谨慎或资产规模的增长冲动，使得 P2P 平台资产端的很多借款客户在多个平台进行多头借款，共债问题严重。同时，对于多头借贷，行业内持不同的观点，有些平台认为这些多头借款的客户才是真正有贷款需求的人，并主动定位这些人群，为他们提供贷款周转服务。有些平台将有贷款需求的客户导流到多个资金提供方，客户可同时从多个资金平台借到贷款，这也为多头借贷和共债的形成起到了助推作用。但这是刀口嗜血的业务。对于现金贷，客户周转借贷的平台数量少则 4~5 家，多的能达五六十家，平均 15 家；一年内使用贷款的月份高达 9 个月以上。

自 2017 年以来，监管层从综合利率上限、持牌要求、资金来源、经营资质、催收等方面，对现金贷进行管理和限制。一众借款平台或因为机构资金被掐断，收缩了业务规模；或因为综合利率的限制，原有的盈利模式无法持续而停止了业务。对于需要依

靠借新还旧来进行倒贷的借款人而言，借款渠道的减少、正规借款渠道的风控收紧，使他们周转的"资金链"断裂，以贷养贷的游戏难以继续。这导致 P2P 资产端的资产质量严重恶化，在催收手段也难有效化解不良的情况下，平台面临的风险急剧上升。当平台开始扛不住底层借款人的逾期风险时，便收紧风控、降低新增，共债借款人获得资金的渠道进一步收窄，底层借款人的逾期情况也进一步恶化，行业进入恶性循环。

2. 信用中介不能承受之重，刚性兑付无法打破之困

监管对于 P2P 定位非常明确，是专门从事网络借贷信息中介业务活动的金融信息中介公司，为借款人与出借人实现直接借贷提供信息收集、信息公布、资信评估、信息交互、借贷撮合等服务。根据 2016 年 8 月发布的《网络借贷信息中介机构业务活动管理暂行办法》(以下简称《暂行办法》)的规定，"直接或变相向出借人提供担保或者承诺保本保息"是 P2P 平台禁止行为清单中的一项。

P2P 行业作为国内互联网金融中重要组成部分，各方给予高度的关注以及期望，但也有对于该行业不是很正确的认知，如 2014 年，业界有人认为行业不良率低到千分之几或是没有逾期。甚至有些平台对于所经营的个人贷款或中小微企业贷款的真正风险水平，没有正确的认知；同时，为获得投资人信任，拿到较为稳定、成本较为可控的资金，"轻易"做出刚性兑付的决定。

绝大多数 P2P 平台对投资人的资金进行了隐性担保。早期平台会通过风险备用金、风险保证金、质量保证金等名目从交易额中进行资金计提，用于承担投资人债权投资过程中可能出现的本金或利息损失。尽管在《暂行办法》发布以来，确实有多家平台取消了风险保证金的计提以及使用风险保证金垫付代偿的机制，但实际上，风险缓释的资金从交易额中划拨改为从平台盈利中提

取，平台垫付投资人损失的实际情况并未改变，从某种程度上说只是换汤不换药。试想，对于定位于小额分散的个人融资或中小微企业主融资的P2P平台资产，怎么可能从未出现逾期？那些动辄披露逾期率为0的平台，以及那些披露存在逾期但投资人从未遭受本金利息损失的平台，真的难言正常。投资人的潜在投资损失，还是由平台通过某种方式替投资人买单了。

在刚性兑付的情况下，平台使用自身运营收入承担信贷资产的风险，造成P2P平台收着"信息中介"的钱、担着"信用中介"的风险，而信息中介服务所收取到的服务费是否能够覆盖经营信贷业务所承担的风险成本，则是值得质疑的。当各种情况导致资产质量恶化，信贷风险成本上升，则会导致平台的信息中介服务费无法覆盖资产坏账，该运营模式则不可持续。尤其是国内P2P行业，其发展之初种种不完善，当底层资产共债与不良情况积累到一定程度，风险终将成为平台难以承受之重。

一些业内P2P平台深知刚性兑付是无法持续的商业模式，规模越大，问题越大。这是由于通常P2P平台资本金是有限的，经营规模越大，越无法通过平台自身的资本金解决兑付的问题；当底层资产质量恶化到一定程度，运营收入也无法覆盖风险成本的时候，为了维持刚性兑付，一些平台通过虚构项目向投资人募集，用拆东墙补西墙的做法来运作，导致更大的资金黑洞，最后"爆雷"。多个P2P平台出现问题后，偿付能力不足，确实出现借款人开始恶意攻击P2P平台，以期挤垮平台，借此逃避债务的情况。这种道德风险的发生，无疑又是P2P平台刚性兑付的业务逻辑触发的。平台在此情况下更是不敢打破刚性兑付，担心陷入市场、投资人失去信心—投资人流失—平台"爆雷"的怪圈。2018年8月8日，国家互联网金融风险专项整治工作领导小组办公室下发《关于报送 P2P 平台借款人逃废债信息的通知》，也意在遏制借款人的道德风险，保护那些合规经营平台。

P2P 是一种直接金融模式，本意是期望通过平台使借款人与出借人进行直接对接。但平台本身是否能够有效评估和承担金融信贷业务经营中的风险，成为这种业务模式发展过程中不得不回答的难题。对于借款人的实际风险水平，平台拥有第一手资料，应由平台对底层风险进行评估和披露；出借人对借款人相关信息的了解是受平台信息披露所影响的，且出借人本身并不能直接对信贷业务采取风险管理手段，如实地走访、贷中监控、催收等，故出借人是否能对借款人的风险水平进行有效评估，并根据自身的风险承受能力选择借款人，是与 P2P 平台的运营密切相关的。如平台错误地引导出借人做出投资决策，甚至是平台代替出借人做出投资决策的，那么当借款发生违约时，平台在其中就有不可推卸的责任；如出借人的投资决策是完全由自己本人独立做出的，那么平台也应在合格投资人筛选、投资人的风险容忍度评估、借款信息披露和借款人风险评估等方面下大力气，从而不断完善借贷双方的撮合过程。

（二）行业发展的方向

对于愿意合规经营的平台来说，这是一个艰难时刻，而行业持续发展要做好以下几项基本工作。

首先，平台需坚持资金和资产一一匹配，不做资金池，打破平台刚性兑付。在现阶段，打破刚性兑付面临巨大的市场与舆论压力，即使是能够真实、充分披露其资产所面临的风险水平，积极推动风险化解工作的平台，也是如此。这是由于多数平台或多或少都存在以下情况：平台本身对资产的风险认知不够准确，未充分披露资产风险情况，涉及不真实宣传理财产品，不做投资人筛选，承诺投资人固定收益等。因此，平台打破刚性兑付要努力弥补上述不足，充分评估影响，做好投资人与监管沟通，将阶段性问题的影响降到最低。

P2P 平台所面对的客群通常是无法从传统金融机构获取到资金的客群，其风险评估难度更大，偿付能力受到市场环境影响的波动性更大。对于上述客户群体，全行业均没有完整的信贷周期的经验。因此 P2P 平台应在提升风险识别能力的基础上，充分披露资产情况，筛选合格投资人并引导投资人进行分散投资，或者提供分散投资的工具，在这种情况下，即使平台底层的部分借款人确实出现逾期情况，通常并不会使投资人的全部投资本金和利息都发生损失，而仅仅影响其投资的一部分，需要由投资人接受并承担这一部分的投资损失。

其次，平台需回归信息中介。对于投资人而言，单纯的债权信息披露并不能使其清晰认识自身所投资资产的风险水平，如果平台不能对资产做出准确的风险评估与风险等级披露，将使投资人无所适从，大大降低资金和资产撮合的效率，使 P2P 本身失去价值。在信息真实披露的基础上，平台应正确评估与展示投资债项的风险水平，辅助投资人做出投资决策，做好信息中介的工作。这时，不同的 P2P 平台之间比拼的就是资产风险评估、风险定价与资产风险管理的能力，越是精准的风险—收益评估与披露，越是有效的资产风险管理，平台对投资人的价值就越大。

最后，平台需做好投资人的选择和教育。P2P 平台刚性兑付是为了吸引更多的投资人。对底层资产出现的逾期不再兜底时，投资人势必将面临投资损失的现实考验。这反过来也意味着并不是所有投资人都适合投资高风险高收益的债项，就像购买基金一样，需要投资人对所投资的资产有透明、清晰的认知，在充分评估该项投资的风险—收益水平的基础上，进行投资选择。因此，P2P 行业有必要建立对投资人的风险承受能力评估的机制，在平台对底层资产进行风险识别与评估的基础之上，建立投资债项的风险等级划分参考标准，并对投资人风险承受能力与其投资资产的风险等级是否匹配进行评估与管理，建立投资人告知与投资人确认程序。

第二节　主要风险类型

无论消费金融的业务模式如何变化，无论风险来源于 B 端渠道场景还是 C 端借款人，业务风险的内核是一致的。之所以有风险产生，是因为信息不对称。平台与平台之间信息不透明，引发诸如用户同时在多个平台重复借贷等不良现象，市场数据共享机制有待完善；平台与客户之间信息不透明，导致金融平台对借款客户的风险评估不足、不准，金融平台资产质量承压。消费金融业务主要面临的底层客户风险类型有欺诈风险和信用风险。为了提升风险识别能力，生物识别技术、人工智能技术都已经被引入实际的应用之中。

一、欺诈风险

欺诈风险从本质上来看是操作风险的一种。按照风险来源不同，英国银行家协会（British Bankers' Association，BBA，1997）最早给出操作风险的定义，认为操作风险与人为失误、不完备的程序控制、欺诈和犯罪活动相联系，由技术缺陷和系统崩溃引起。之后经过行业广泛讨论和争论，《巴塞尔新资本协议》将操作风险分为四种类型，分别由人员、系统、流程和外部事件所引发，而内部欺诈和外部欺诈是其中的表现形式之一。

欺诈风险为消费金融业务中主要的风险类型，而欺诈形式多种多样，如身份造假、中介黑产、内外勾结等。近年来，不论是商业银行信用卡、持牌消费金融公司、互联网公司还是 P2P 网贷，都经历过一批批有组织、有预谋的团伙诈骗，或者骗取高额度信用卡套现后失联，或者包装成他人身份信息骗贷，或者盯着互联网平台拉新活动薅羊毛，等等，其危害之巨大、损失之惨重，甚至可以把一个贷款平台搞垮。这就是"网络黑产"的魔力，可谓触目惊心。"网络黑产"正在往技术化、产业化、国际联网方向发展。数据显示，2017 年，网络欺诈导致的损失已达到我国 GDP 的 0.63%，损失估计高达 4 687.2 亿元。

从欺诈主体来看，金融欺诈可以分为第一方欺诈、第二方欺诈、第三方欺诈。第一方欺诈主要是申请贷款本人恶意骗贷、还款意愿极低、拒绝还款等；第二方欺诈是指内部欺诈，包括内外勾结；第三方欺诈主要是盗用冒用他人身份、他人账号以及团伙欺诈等。其中，团伙欺诈已形成一个黑色产业链，黑中介通过购买个人信息、和客户联合等手段进行欺诈；第一方欺诈和第三方欺诈都属外部欺诈。

第一方欺诈是欺诈者以自己的真实身份来进行欺诈。欺诈者用自己的真实身份，为获得金融机构的贷款或是获得更高额度，而伪造部分信息，如工作证明、收入证明、房产证、银行流水、车辆登记证、发票等信息；也有部分欺诈者并未伪造资料，但是在申请阶段就存在恶意，并不打算还款。第二方欺诈一般是机构内部员工、渠道进行内部欺诈或者内外勾结欺诈。内部员工或是在了解系统、政策流程、信用评估或反欺诈规则的漏洞后而进行欺诈行为；或是泄露公司客户信息、风险审核规则、协助外部欺诈分子绕过风控规则等。第三方欺诈中欺诈者不是客户本人，也不是内部员工的第三方。该类欺诈多是通过冒用、窃取、购买借贷者的身份，有组织、有预谋地利用业务流程和法律漏洞进行操作，并且形成产业链条。

线上业务面临的欺诈风险和传统业务在本质上和内涵上没有区别，但表现形式不同，采取的手段不同，首要、次要风险不同。传统业务线下运作模式下，由人为原因造成的内、外部欺诈是主要欺诈类型。线上业务，出现内部欺诈更多地源于系统、流程漏洞。因此需加强内部系统授权管理，严格流程管理，做到操作可追溯。除此之外，线上消费金融中外部欺诈的危害性显著上升。

消费金融爆发式增长，大量金融机构参与以及资金涌入，行业创新频出，但相应的防范风险手段滞后。另外，外部欺诈的手段却在不断升级，以技术为手段的团伙欺诈，不仅降低了欺诈实施成本，而且在法律上追责取证困难。外部欺诈呈现出规模化、自动化、专业化、多样化的发展趋势，通常带来的风险损失是巨大的。

在线下业务中，团伙欺诈通常会涉及内外勾结。中介会利用各家贷款机构审核规则的漏洞，对申请人进行包装，如提供虚假的资料、虚假的联系人，以争取审批通过，获取较大额度。在消费金融偏线下运作的业务中，如医美分期、车贷，中介欺诈防不胜防。例如，2015年11月银监会就对北银消费金融有限公司开出人民币150万元的罚单，其原因是北银和担保公司或资产管理公司等中介合作拓展客户的过程中，有部分中介以"拉人头"的方式，从中套取资金。

在线上消费金融业务快速发展的同时，外部针对线上业务也出现各种攻击手段，并且形成了产业链运作模式的"黑产"，黑产攻击是线上业务独特的风险来源。黑产是网络黑色产业链的简称，产业链条上的各方通过互联网乃至"暗网"，组合成一个分工协作的松散网络，共同牟取非法利益。据不完全统计，2017年国内网络黑产的直接从业者超过40万人，若计入网络黑产辅助性质的上下游人员，从业者超过160万人，每年造成的损失达千亿元级规模。和消费金融相关的黑产有冒用身份信息骗贷、办信用卡、养卡、提额套现等；黑产可利用的因倒卖、遗失等原因而游离在市场上的身份证，约1 000万张；"三件套""四件套"（身份证、手机卡、银行卡、网银盾）市场倒卖报价，500元到1 200元不等；黑产在2016年造成的银行卡欺诈同比增长率约40%；网络黑产年产值约1 100亿元。①

黑产为了更快速地获取利益，越来越多地向批量化和自动化演进，这就向风控提出了新的挑战。黑产的作案方式五花八门，其中有几种是比较典型且常见的。例如，针对营销活动中提供的优惠、返现，黑产大量注册新用户领取平台的活动奖励，也即"薅羊毛"。通过从卡商购买即将废弃但仍然可以接收短信的手机卡或者廉价的物联网卡，利用短信收码平台来获取短信验证码，快速完成大量新号注册。又如，针对登录验证，黑产利用打码平台，采取人肉翻译验证码、图像识别技术，连同撞库的用户名、密码尝试登录。还有，针对手机设备在线上贷款业务中的重要性，通常金融机构会限制手机新号注册申请，或限制同一台手机频繁注册或不断切换账号尝试登录。黑产使用猫池长期供养大量的手机卡，并且按期产生通信活动，保持号码在网并处于正常的活跃状

---

① 光明网：网络黑产年产值超千亿：已发展到机器人技术阶段。

态，以此绕开风控规则对新号的限制、对同一号码多次使用的限制。还有一类危害巨大的风险不得不提。黑产通过破解服务器，攫取大量用户账户、密码等敏感数据（拖库），并对数据进行整理归档（洗库），形成社工库（social engineering database）。社工库里除了典型的账户、密码，甚至还包括关联的其他社交信息、银行信息等。黑产利用社工库或者其他渠道获取到的用户账号、密码，尝试去其他平台登录，也就是所谓的撞库，对于成功登录的账户，进而爬取更多的敏感信息，甚至借用账号实行骗贷和网络诈骗。

关于欺诈风险防范，不存在完美的手段或风控体系，欺诈与反欺诈就是一个博弈的过程，包括规则较量、技术手段较量、数据能力较量、模型较量，不断进化。在这个过程中各种相关科技手段快速发展，无论是数据存储、分析、处理，还是规则设计、策略制定、模型建设等大量经验均得到很好的积累。消费金融机构需持续提升自身风控能力，综合运用各种手段，有效防范黑灰产攻击，准确识别各类风险及漏洞，保障业务平稳快速发展。

二、信用风险

信用风险是贷款业务中发生的一种风险，严格定义，信用风险是指交易对手未能履行约定契约中的义务而造成经济损失的风险。在消费金融业务中，信用风险是借款人因各种原因未能及时、足额偿还债务或贷款而违约的可能性。发生违约时，债权人或金融机构因为未能得到预期的收益而需承担财务上的损失。信用风险有四个主要特征：一是客观性，不以人的意志为转移；二是传染性，一个或少数信用主体违约就会导致信用链条的中断和整个信用秩序的紊乱；三是可控性，其风险可以通过采取措施进行控制，降到最低；四是周期性，信用扩张和收缩交替出现。对于消费金融业务而言，其信用风险特征又存在差异性，如由于小额分散的业务特征，多数情况下消费金融业务的信用风险传染性特征不突出，单个借款人的违约行为与其他借款人的信用行为表现相互独立。

经济运行的周期对消费金融行业的信用风险有着不可忽视的影响。在经济扩张期，信用风险降低，因为较高的人均收入以及收入提升的预期使总体违约率降低；在经济紧缩期，信用风险增加，因为盈利情况总体恶化，借款人因为各种原因不能及时足额还款的可能性增加。近年来我国的经济增长速度放缓，处于由投资推动经济增长向消费拉升经济增长的转换期，总体违约率有所上扬，但仍在可控范围内。但是，金融机构要做好压力测试，对于在明显的经济下行和大规模失业情况下的违约率上升做出预案安排。

除了经济周期对消费金融行业信用风险的影响之外，消费金融所处的行业不同发展阶段，其信用风险也是不同的。例如，我国信用卡2008年不良率为2.1%，2009年大幅增长至3.1%，是不良率历史高点，也是此行业从跑马圈地到精细管理的转折点。2012年行业不良率为1.3%，2016年信用卡不良率为1.4%[1]，这期间，不良率未出现大幅波动，但是每年小幅增长，这和行业处于稳定发展阶段、宏观经济增长变缓密切相关。近年国家出台多项措施促进消费金融行业发展，消费金融行业在发展的快车道上，消费性贷款余额从2012年末的10.44万亿元增长至2016年末的25.05万亿元，占各项贷款余额的比重也从2012年末的16.57%增至2016年末的23.50%。[2] 消费金融规模的快速增长，逾期率、不

---

[1] 中国人民银行，支付体系运行总体情况。
[2] 繁荣下的理性：消费金融类ABS深度解析。

良率在一定程度上被稀释，当行业增速趋于平稳时，不良率才能更准确反映行业的信用风险。

信用风险的评估需要考察借款个体的还款能力和还款意愿。

还款能力体现的是借款人客观的财务状况，即在客观情况下借款人能够按时足额还款的能力。贷款顺利回收与借款人的家庭、工作、收入、健康等因素息息相关，借款人经济状况严重恶化导致不能按期或无力偿还贷款，借款人死亡、丧失行为能力也会给银行利益带来损失。对于信贷机构而言，把握住借款人的还款能力至关重要，也即通过把握第一还款来源来确保贷款的安全。对于中长期贷款，个人资信状况面临巨大的不确定性，个人还款能力下降的情况很容易出现，这往往就可能转化为信用风险。针对收入水平波动较大的、收入市场化程度较高的工薪阶层，这种不确定性带来的风险也尤其值得关注。

还款意愿是指借款人对偿还贷款的态度。在还款能力确定的情况下，借款人还可能由于缺乏还款意愿不能按合同约定偿还欠款。这种缺乏还款意愿的具体表现，可能是贷后的恶意逾期，也可能是贷前的故意欺诈，如通过伪造的个人信用资料骗取银行的贷款。在实践中，有很多借款人根本不具备还款的能力，其通过伪造个人信用资料骗取银行的贷款，借款人无力继续还款，给信贷机构带来风险。因此，由还款意愿带来的损失和欺诈风险无法完全独立开来，信用风险和欺诈风险有彼此融合的特征。

关于消费金融业务的信用风险的防范，由于业务本身具有海量、小额、分散的特点，通常会通过建立数据模型的方式进行信用风险的评估，基于数据模型计算客户的违约概率，衡量客户在一定时间内违约的可能性。传统金融行业可以借助人民银行个人征信数据进行信用风险评估，而大多数消费金融机构没有接入人行征信系统，且服务的客户也有很大比例没有人行征信记录，因此机构使用多维度的大数据来评估客户风险成为必然选择。用于信用评估所涉及的大数据来源广泛。例如，在消费场景中产生的信息，如用户浏览、交易、位置等相关信息；从专业大数据服务公司获取的客户违约信息、通讯录、学历、社保、银行卡、法院等数据。但是从实践来看，最有效、最直接的数据还是金融属性数据，如客户的职业、收入等和资产相关的信息，这些数据和客户信用风险相关度高。但大数据的使用丰富了信用风险评估的数据维度，是对传统金融数据很好的补充，即使信息有效性还不足以进入模型中，也可以设计成为风控策略，对客户进行更全面的评估。

第八章
金融科技

第八章 金融科技

第一节 金融科技概述

金融科技译作英文为"fintech",是"financial technology"的简称,但不是金融与科技的简单融合,它是指用来改讲和自动化金融服务交付与使用的新技术。金融科技的核心是利用计算机、智能终端上的专门软件和算法,帮助企业和消费者更好地管理其财务运营、流程和生活。金融科技在 21 世纪初出现时,最初是指传统金融机构后台系统的技术。然而当用户体验越来越重要时,金融科技迅速扩展到包括金融部门的任何技术创新和自动化,使财富管理、借贷、零售银行业务、支付、投资管理等业务更精简与便捷,成为用户端可直接接触到的产品、渠道等方面的技术创新应用。由此可见,金融科技是内生于金融场景中,是机构在服务客户过程中,为提高服务客户的质量,而产生的必然需求。

从广义上讲,"金融科技"可以指在处理业务时所采用的任何技术创新。自互联网革命和智能手机革命以来,金融科技迅速发展,广泛地应用到个人和公司金融业务。金融科技涵盖各种自助、自主的金融活动,如无人工干预的转账、融资、财富管理等。根据安永 2017 年金融科技采纳率指数，1/3 的消费者在过去 6 个月内接受过两种或两种以上的金融科技服务，这些消费者也越来越意识到金融科技是他们日常生活的一部分。

一、金融科技的价值

金融科技在国内有不同的理解，有人将金融科技理解为云计算、区块链、人工智能、大数据等；也有人将金融科技理解为特定的技术、业务流程、系统智能化改造等；还有人将金融科技理解为助贷机构、互联金融平台、大数据公司等机构主体；当然也有人将金融科技理解为可以"赋能"给金融机构的某种能力。而这里指的金融科技的价值，是回归到金融科技产生的本源，即改进和优化金融服务交付和使用的新技术，重点是满足客户需求。

从国内市场实践来看，最有价值的金融科技公司有着相同的特点：利用金融科技，通过更加灵活、简捷的方式服务未被服务的客户。例如，电商平台为消费者提供即时获得的短期购物贷款，虽然利率可能会高，但肯定是为没有银行信用卡的消费者提供一种能获得信贷服务的方式，也开启了他们信用记录的积累。这一类的服务如阿里电商平台提供的"花呗"、京东电商平台提供的"京东白条"。又如，传统金融机构通过分支机构、销售人员提供金融产品和服务，演变为通过移动设备深入大生活领域，在生活场景内为客户提供即时金融服务。

金融业的发展与科技的进步一直密不可分，如银行业在科技发展的基础上，经历了主机电子化时代、自助化时代、自主化时代，最后进入智能升级时代，而这四个时代的划分是以技术的发展作为里程碑的。金融科技推动国内金融业务也发生了几次大的变革。在2004年以前，传统金融机构在提高工作效率的需求推动下，开始构建自身的IT系统，这也成为中国金融科技的发端。从2004年起，金融科技在满足不同层次客户需求方面发力，产生了意想不到的效果。首先，金融科技推动中国支付产业崭露头角，并爆发出强大的生命力，到2018年，第三方支付行业上半年交易规模为102.12万亿元。2018年"双11"，支付宝当日交易金额2135亿元，再创历史新高。其次，2007年拍拍贷的成立揭开了互联网上资金与资产直接融通服务的序幕，进一步"下沉"了消费金融市场，挖掘了更加广泛的消费信贷需求，并利用互联网的特性更加准确地抓取用户消费行为和金融需求，提升服务效率，迅速打开了新的局面。再有，2013年6月13日余额宝上线，是国内首只互联网货币基金理财产品，上线1个月，余额宝的投资量就突破了100亿元。余额宝操作简便、低门槛、零手续费、可随取随用；除理财功能外，还可直接用于购物、转账、缴费还款等消费支付，成为移动互联网时代新型的现金管理工具。目前，余额宝依然是中国规模最大的货币基金。这些围绕客户需求而挑战金融传统做法的创新，给金融行业带来极大的震撼，从此金融科技进入"大金融"时代，金融、科技、生活紧密结合。

消费金融行业的发展，正是顺应了客户对普惠金融服务的需求及相关体验的诉求。在满足客户对普惠金融的需求方面，金融科技提升了金融基础服务能力，降低了金融服务的门槛，扩展了金融服务的用户群体。如金融科技解决了客群对金融服务的差异化需求，形成了多层次的金融服务布局。金融科技提供了便捷的金融服务渠道，满足年轻人、蓝领等客户群的金融需求，填补了传统金融机构金融服务的空缺。又如，金融科技打破了金融供给在区域分布上的不均衡，以前受地理环境等因素限制而缺乏金融服务支持的偏远山区、居民人口少或分散的地区，也能够更便捷地获取金融服务。金融科技更好地打通了金融服务实体经济的"毛细血管"，利用大数据、人工智能更广泛和深入地挖掘客户的需求，了解他们的资金需求，做好风险管理，为客户提供更多获取金融服务的途径。

随着消费金融市场竞争的不断白热化，客户对消费金融服务的体验要求也越来越高。这种产品体验体现在金融获取渠道的便利性，申请流程的便捷性，申请反馈的及时性、互动性，以及产品期限与还款方式选择的多样性等方方面面。随着移动互联的迅猛发展，客户接触金融服务的主要入口已经从物理服务网点逐渐转向网页和手机端，服务全面线上化、自主化。从服务效率上，金融科技可以更好提升金融服务效率，金融科技可以大幅简化获客、征信等内部管理流程，用科技手段可以不断提升整体运营管理效率。而在同时，线上贷款业务的发展，更强调互动性与个性化，定制化的金融产品已经很难满足客户复杂、多元的需求。

传统银行一直在关注金融科技公司的创新与发展，并投入巨资，使自己也具备金融科技公司的优势。尽管如此，还是要清醒地意识到，保持金融科技的创新速度需要的不仅仅是增加科技支出；相反，与轻量级创业企业竞争需要在思维、流程、决策，甚至整体企业结构上进行重大调整与适应。

二、金融科技"ABCD"

和消费金融业务密切相关的金融技术创新中，最活跃的领域当属人工智能（AI）、区块链（block chain）、云计算（cloud computing）与大数据（big data）。如图8.1所示，金融科技的

ABCD 支撑了各类金融服务的创新探索与尝试。

工具			资金		资产	
金融科技公司	支付公司	智能投顾	网络银行	互联网金融平台	消费金融	网络小贷
征信		信用保险		风险管理	精准营销	

人工智能——逻辑和算法能力 计算机视觉、自然语言处理、机器人技术、语音识别	客户画像	模型技术

大数据——整体数据能力，形成客户360度画像

云计算——基础计算与储存能力	移动互联技术

图 8.1　金融科技与金融服务

（一）大数据

大数据是伴随互联网技术不断发展而产生的概念，又被科学技术（智能家居设备、可穿戴设备）的发展而无限扩展，用来描述信息大爆炸时代所产生的海量数据。其主要特点是：数据类型繁多，数据种类和来源多样化；价值密度低；更新速度快；数据永远在线，随时可调用。大数据分析是对海量大数据进行分析和使用，获得相应的产出的过程。金融行业数据资源丰富，而且业务发展对数据依赖程度高，大数据技术在金融领域的应用起步早、发展快，已经成为金融行业的基础能力，从专家决策到数字化决策，大数据技术都取得了较为显著的应用成效。

在互联网金融的冲击下，金融机构与平台迫切地需要掌握更多用户信息，包括基本的个人数据、交易历史、线上浏览历史、使用服务等；以数据为基础构建精准的用户画像，了解客户并进行客户细分，从而进行精准营销。同样，应用大数据技术，可整合银行内部数据、外部征信数据及用户社交网络数据，拓展客户评价维度，提高风险评估的准确性，为风险控制提供管理工具，为风险决策提供数据基础。大数据也可应用于多项风险管理，如反欺诈管理、信用管理、操作风险管理等。除此之外，还可基于大数据分析与挖掘，更好地了解用户需求，进行业务创新，进行交叉营销，增加用户黏性，不断增强金融业务核心竞争力。

（二）人工智能

算法、计算能力和大数据是人工智能的三大核心要素。在移动互联网、大数据、超级计算、传感网、脑科学等新理论、新技术发展以及经济社会发展强烈需求的共同驱动下，人工智能经过60多年的演进，进入新阶段。在过去10年的人工智能发展中，互联网、大数据、计算机科学与人工智能之间的相互依赖、相互促进的关系愈加显现。大数据技术为人工智能提供用武之地的同时，唤醒了人工智能的巨大潜力，从而使人工智能出现了加速发展的趋势。

埃森哲在2017年发布的最新报告《人工智能：助力中国经济增长》中提出人工智能将成为一种全新生产要素，与资本、劳动力拥有同等重要的地位，将成为中国经济增长的新动力。2017年7月8日，国务院印发《新一代人工智能发展规划》，提出了面向2030年我国新一代人工智能发展的指导思想、战略目标、重点任务和保障措施，部署构筑我国人工智能发展的先发优势，加快建设创新型国家和世界科技强国。

人工智能领域中生物识别、自然语言处理和专家系统等方面在消费金融的营销、风控、支付、客服各应用场景中得到了不同程度的尝试与应用。例如，人脸识别在客户身份认证中得到了广泛应用；自然语言处理能力是语音机器人的核心技术，使得智能催收和智能客服成为可能；而机器学习算法在反欺诈建模中的应用越来越多。

（三）云计算

云计算技术发展已经进入成熟期，互联网行业的云计算渗透率已经达到较高水平，云计算得到市场全面认可和接受，与大数据和人工智能在相互促进中高速发展。云计算向以金融行业为代表的传统行业加速渗透，银行业务上云已经是趋势所向，并正在向更加核心和关键的功能服务发展。云计算不仅在产品迭代速度越来越快、交易量峰值无法预测等方面提供了解决方案，同时，在上层赋予 PaaS（平台即服务）和 SaaS（软件即服务）能力，甚至在提供业务和商业解决方案上进行尝试。

人工智能离不开大数据分析和云端计算能力的支持，人工智能在各领域的全面落地带来云的大规模应用。云计算的运算和存储优势凸显，赋能于 AI 算法的持续迭代与优化。云服务可广泛应用于语音识别、人脸识别、文字识别、图像识别、NLP（自然语言处理）、智能视频分析等场景。阿里云、百度云、腾讯云、金山云都已推出了基于 GPU（图像处理器）超算集群的语音识别、图像识别、自然语言处理等云端 AI 服务，力图通过 AI 云获取人工智能时代的数据优势。

目前主要有两种模式的银行类金融云服务：一种是银行内部建设的面向本银行系统各级机构的金融云服务，另一种是其他银行或专业机构输出的金融云服务。银行根据监管要求、业务需求及自身基础，从基础设施、平台系统、业务应用等方面合理选择云服务产品。尤其是在业务应用方面，云服务包括核心银行应用，如渠道服务、专用产品和服务、风险管理、客户关系管理、基础平台、网关、支持功能、管理信息等多种银行类应用。

（四）区块链

区块链具有公开、不可篡改和去中心化的技术属性，本质上区块链是一种经济模式，主要解决非信任网络的记账问题。区块链在金融领域应用中具有先天优势，近年来一直受到广泛关注，但目前仍处于早期应用阶段。

区块链技术在消费金融领域中有不同尝试。例如，针对消费金融的联合贷款，区块链技术用于解决联合贷款中资金与信息的记录问题，通过系统合作银行可及时查看备付金账户情况及对账结果等信息，对头寸进行的实时监控，取代了传统日终进行对账的繁重工作，很大程度上优化备付金管理及对账管理。又如，区块链在欺诈风险防控方面有降低风险成本的潜力。在互联网消费金融中，欺诈风险是行业面临的最大风险。区块链技术在解决信息造假、信息共享不充分、共享不及时方面具有独特的优势，从而降低由上述原因所带来的风险。在客户准入环节对接专门用于身份识别的区块链系统，强化欺诈风险防控能力。从实践看，IBM与法国国民互助信贷银行合作，完成了创建基于区块链技术的身份认证系统的区块链项目概念验证。该项目采取超级账本的区块链框架，引导客户向第三方提供身份证明。

第二节　风控技术创新

近年来消费金融市场发展迅猛，除了持牌的银行、消费金融公司之外，还吸引了各种类型的互联网金融机构涌入市场。过度消费、恶意欺诈、重复授信等行业乱象伴随而生，给消费金融行业带来阴影。遏制市场乱象、强化风险控制成为机构生存发展的关键。中国银保监会和国家互联网金融风险专项整治办公室自2017年下半年以来,密集出台了多项政策,针对消费金融行业的客户群体、杠杆率、合作模式及借贷利率,均做了严格限制。这对消费金融从业机构的风控效率和技术创新提出了更高的要求。

无论是监管政策变化还是行业黑产攻击的升级,都要求消费金融企业不断应用新的技术,提升风控系统的"免疫力"。目前,新的风控模式主要运用了基于大数据的用户画像、生物特征识别、机器学习与模型训练、自然语言处理等多重技术,并将这些技术应用于消费金融领域的金融服务自动化、客户关系管理、反欺诈、智能客服、质量管理、贷后管理等多个方面。

一、客户画像

智能设备普及、编程技术发展、通信及飞行遥感技术进步、分布式计算、CPU(中央处理器)处理能力提高,使得数据量、数据维度、数据更新频率以及算力不同程度地提升,成为全面性、实时性风险评估的基础,大数据为风险管理提供了抓手。为提高风险管理能力,各机构试图从各方面获取更多、更全面的数据,以构建准确的客户画像,降低信息不对称性。用于风险管理的数据可分为客户属性数据、行为数据、业务数据、环境设备数据等,而获取这些数据的方式各不相同。

一是客户自述信息,指客户在申请服务时自行填写的信息。通常情况下,客户提供基本身份信息,如姓名、身份证号、电话号码;还有可能包括地址、家庭状况、教育和工作情况等。

二是获取外部公司提供的大数据。金融机构在进行业务合作时，由合作机构提供的数据。如电商企业、通信运营商、保险公司、培训机构等合作机构所提供的数据，此部分数据成为实现客户预授信的关键数据，根据客户应用场景嵌入服务申请，实现合作金融服务。除此之外，金融机构还可从专业的大数据服务公司获得指定的数据服务，包括互联网上的交易大数据、社交大数据、运营商大数据、移动端大数据；政府也可以提供一些大数据，如社保、工商、法院、学历、企业、税务数据等；还有人行征信数据，如客户在人行征信中心记录的与征信历史相关数据。

三是通过科技手段自主获取到的数据，如通过埋点、爬虫等方式获得的设备、账户、行为等方面的数据。所谓"埋点"，是数据采集领域的术语，指的是针对特定用户行为或事件进行捕获、处理和发送的相关技术及其实施过程。一般情况下，埋点可以通过监测分析工具提供的 SDK（软件开发工具包）来进行编程实现。针对不同的项目和分析目的，设计不同的埋点方案。在消费金融风险管理方面，通过埋点获取用户账户注册、登录、修改密码、账户信息等账户相关数据，设备指纹、客户端型号、GPS 定位、模拟器、越狱、Root 等设备环境数据，以及用户的访问页面、页面点击、鼠标轨迹、按键、触摸位置、操作间隔等用户行为数据。在实际业务应用过程中，数据大多数情况需要额外地清洗，而后续应用需要通过数据分析，形成风险管理规则，进入风险模型中。网络爬虫是获取数据的另外一种技术，它是一种互联网机器人，扫描并抓取每个所需页面上的某些信息，进行不断解析，聚合互联网上的数据，从而向各种业务应用提供基础数据。网络爬虫通常会按照一定的规则，自动地抓取互联网信息，支持图片、音频、视频等文件或附件的采集。

表 8.1 中列举了常见的数据获取技术。

表 8.1 常见的数据获取技术

数据来源	主要概念	技术支撑
传统数据库	主要指传统的客户数据，如客户自述数据、三方基本信息数据、信贷记录数据、交易记录数据等	传统数据库
设备指纹	在使用设备时产生的，用以唯一标识出该设备特征的数据	主动式设备指纹技术、被动式设备指纹技术
行为埋点	在产品流程关键节点植入相关代码，用以追踪和记录用户的行为数据	编程技术
网络爬虫	按照一定的规则，通过编写程序或脚本，自动抓取网站信息	编程技术
生物识别	通过智能设备与光学、声学、生物传感器和生物统计学原理等科技手段密切结合，将人体固有的生理特征数据化	虹膜识别、指纹识别、人脸识别
地理位置	通过 GPS 等定位手段，将用户地理位置或地理位置变化情况数据化	GPS 定位技术、通信技术
活体检验	利用视频技术、生物传感技术等将用户的生命体征数据化	生物传感器、摄像头

上述信息的获取给形成客户画像提供了数据基础。大数据专家伯纳德·马尔曾经举过一个案例，美国经济型连锁酒店红顶客栈在 2012—2014 年冬季取得了创纪录的收入。在冬季，有一些靠近主要机场的酒店具有巨大的价值。恶劣天气时，航班取消率在 3% 左右，这意味着每天约有 9 万名乘客滞留，大多数客户都会在移动设备上使用网络搜索来搜索附近的住宿，因此该酒店发起了一场有针对性的营销活动，这为该酒店带来了 10% 的业务增长。该

案例是通过对客户（或特定细分市场）的全面分析，其中包括人口统计、心理和消费模式等变量，形成了有关客户是谁、他们想要什么以及需要什么的认知，并用数据化技术实现上述目标，即是客户画像。通过刻画客户画像，不仅可以推出更适合他们的产品和服务，并更有效地向他们营销，还可在更了解客户的基础上，实现对客户更准确的风险评估与定价。

形成客户画像的要素在不同情况下有所不同，但一般总是包括客户的自然属性、社会经济学特征、客户的兴趣和行为等几方面的信息。其中，客户的自然属性通常包括客户的年龄范围、性别、是否属于某特定族裔群体。虽然客户自然属性是了解客户的一个共同起点，但是不能很好地预测客户行为、收入、成本以及终身价值等，因此掌握客户社会经济学特征以及客户行为信息非常重要。社会经济学特征包括收入、职业、家庭状况、与社会关联关系相关的属性，另外，附加的信息包括房屋价值、可支配收入、净值、经济富裕等数据。客户的行为涵盖的信息更为广泛，包括个性、爱好、风格等，还有交易、旅行费用等商业记录。相对于人口统计数据，行为数据具有隐性、动态更新等特征，更利于创建更有说服力的客户档案。建立客户画像，有利于进行客户群体细分、定位，以实现对客户更准确地认知以及对其行为更准确地预测。

二、生物识别

所谓生物识别技术是通过计算机与光学、声学、生物传感器和生物统计学原理等高科技手段密切结合，利用人体固有的生理特性（如指纹、人像、虹膜等）和行为特征（如笔迹、声音、步态等)来进行个人身份的鉴定。生物识别包括人脸、指纹、声纹识别等,还包括在此基础上衍生出来的用户情绪认知。在金融业务中,在通过智能设备登录、远程在线办理业务时,生物识别可用于用户身份验证,防止身份伪冒,如申请授信阶段、请款用信或交易阶段。生物识别技术是目前最为方便与安全的识别技术,利用生物识别技术进行身份认定,安全、可靠、准确,并且很容易配合电脑、互联网和安全、监控、管理系统整合,实现自动化、智能化管理。

人脸识别,是基于人的脸部特征信息进行身份识别的一种生物识别技术。它包括通过摄像机或摄像头采集含有人脸的图像或视频流,并自动在图像中检测和跟踪人脸,进而对检测到的人脸进行识别比对的一系列相关技术,通常也叫作人像识别、面部识别。人脸识别系统的研究始于20世纪60年代,80年代后随着计算机技术和光学成像技术的发展而发展,而真正进入初级的应用阶段则在90年代后期。根据美国智库Acuity Market Intelligence发表的《生物识别的未来》(*The Future of Biometrics*)报告显示,2015年全球生物识别市场结构中,人脸识别的份额为18%,仅次于指纹识别。

人脸识别具有较高的便利性,但其识别准确率会受到诸如环境光线、识别距离等多方面因素的影响,其安全性也相对较弱一些。在消费金融业务中,通常在人脸识别应用中,结合活体检测,通过眨眼、张嘴、摇头、点头等组合动作,来确定用户真实生理特征。换句话说,使用人脸关键点定位和人脸追踪等技术,验证用户是否为真实活体本人操作,可有效抵御照片、换脸、面具、遮挡以及屏幕翻拍等常见的攻击手段,从而甄别欺诈行为。

三、OCR

OCR 技术是在金融领域常用的识别技术之一。OCR 技术是光学字符识别的缩写，是通过扫描等光学输入方式将各种票据、报刊、书籍、文稿及其他印刷品的文字转化为图像信息，再利用文字识别技术将图像信息转化为可以使用的计算机输入技术。此概念在 1929 年由德国科学家 Tausheck 最先提出来，到了 20 世纪 80 年代，平板扫描仪的诞生更是让 OCR 进入商用阶段。OCR 适合于银行、税务等行业大量票据表格的自动扫描识别及长期存储，可应用于银行票据、大量文字资料、档案卷宗、文案的录入和处理领域。

采用 OCR 技术，快速采集录入银行卡信息，帮助用户提高效率、降低成本，是人工智能取代传统手工作业的典型案例之一，利用 OCR 技术还可以大大简化客户申请材料填写过程，确保客户信息的准确性和可靠性，优化客户体验。例如，捷信消费金融引入光学字符识别技术识别身份证和各类银行卡，客户通过"刷卡""刷证"便可在贷款申请页面快速提交相关信息，卡片单面扫描平均用时不超过 5 秒。而在过去，客户手写填表一般需要两分钟左右，还经常出现手写错误，影响贷款审批。目前，在移动支付、理财、直销银行、证券开户等行业已逐渐开始推广应用 OCR 技术。在消费金融客户风险评估的过程中，应用 OCR 技术，实现对影像资料的识别、提取与结构化存储的功能，并且通过对客户资质证明材料的解析与评估、申请信息的比对与校验，实现客户身份识别和资质证明材料真实性识别，以支持后台风险策略的决策判断。

四、知识图谱

知识图谱是把所有不同种类的信息连接在一起而得到的一个

关系网络，提供了从"关系"的角度去分析问题的能力，是关系表示最有效的方式之一。目前知识图谱在不同的领域得到了广泛应用，如社交网络、人力资源与招聘、金融、保险、零售、广告、物流、通信、IT、制造业、传媒、医疗、电子商务和物流等领域。

消费金融中欺诈手段不断出新、纷繁复杂，由此带来的风险危害尤其严重。知识图谱利用收集的大量异构、多样化的信息，使用关联分析技术，全方位描绘一个人的真实数据与社会关系网；与以前基于规则的方法相比，这一方式通过使用关联分析技术去侦测身份和关系，提高了反欺诈识别能力。

知识图谱通过聚合与借款人相关的各类数据，抽取该借款人的特征标签，将相关的信息整合进结构化的知识图谱中，实现对借款人的风险全方位的分析和评估。消费金融业务的申请阶段、交易阶段，利用知识图谱防范团伙欺诈具有突出的优势。通过聚合借款人的基本信息、消费记录、行为记录、关系信息、网上浏览记录等，构建相应的关系图谱，分析并发现其中潜在的风险。

知识图谱的应用，一是有利于识别申请材料伪造。当整合来自不同数据源的信息构建知识图谱时，发现借款人信息互斥、不一致的地方，有助于判定潜在风险的点，如个人信息造假、工作单位虚假、虚假联系人等。二是有利于识别团伙欺诈。团伙欺诈会用虚假的身份去申请贷款，但部分信息是共享的，通过关系网络容易梳理出潜在的关系中存在逻辑问题，关联到高风险标签，从而发现欺诈风险。例如，当发现借款人的关联关系中有黑名单人员、代办公司联系人等，此借款人欺诈风险的可能性就比较高。因此，基于知识图谱全面掌握客户信息，有利于对客户的风险评估，甚至完善客户管理。

第九章
风险管理

金融科技为金融业在拓展服务范围、提高服务效率、提升客户体验方面提供了创新的工具，为金融业向智能化方向发展提供支撑。特别是，消费金融借助互联网、大数据、人工智能等技术手段，深入一些非常细分的需求场景中，把需求场景和金融结合起来，融入产品中，提供给用户，让金融真正以客户为中心、为满足客户需求而发展。同时，伴随着消费金融业务的发展，也应正面应对出现的风险问题，以金融科技为武器，尽量降低为风险付出的成本与代价，保障行业合规稳健地发展。图9.1列举了在消费金融全流程风险管理中的典型技术。

第一节　关键环节风险管理

一、渠道安全管理

在互联网金融业务模式下，金融风险管理需要前置到获客渠道管理的过程中，渠道管理、金融产品设计、业务流程配置融为一体。通过获客渠道安全管理，追溯客户来源与客户渠道，对不

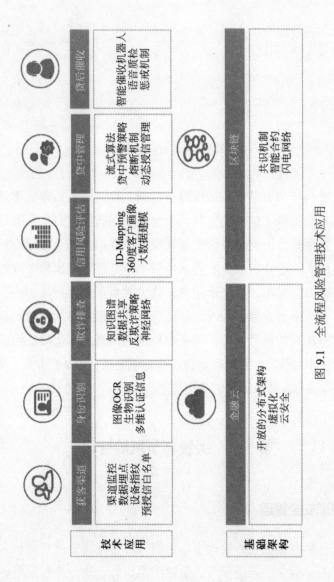

图 9.1 全流程风险管理技术应用

同渠道来源客户采取差异化的风险管理策略。渠道主要有线上渠道和线下渠道，分别包括自营渠道和合作渠道。

线下自营渠道指金融机构自建营销团队，营销团队采用地面推广的方式来寻找目标客户，进行客户面谈，并协助客户完成贷款申请后，负责将客户资料提交审批部门进行审核审批。银行信用卡业务的销售团队即是典型的线下自营渠道的例子。线上自营渠道多是机构利用自身品牌的门户来吸引客户，完成客户申请的全流程。例如，客户通过银行官方网站、手机银行申请使用银行的金融产品，银行官网、网银、手机银行 APP 等就是典型的线上自营渠道。

目前，渠道合作模式是行业内比较普遍的获客方式。线下合作渠道是指与专业的机构合作，由专业机构负责目标客户的寻找、初步筛选、申请材料的提交，如汽车金融业务，多是通过汽车业务领域的专业合作伙伴为金融机构带来客户。同样，线上合作渠道是金融机构与有流量、资产的平台进行合作发展消费业务，如光大银行信用卡中心与京东金融平台合作开展的消费金融业务，京东平台即是银行的合作渠道方。

对于线下模式，通过渠道方可进行特定信息的收集。对于某些贷款产品，利用线下信息采集的环节，实现面对面的客户认知（know your customer），有利于进行风险管理。但无论是自营渠道还是合作渠道，主要是防范由人带来的风险，如内外勾结、外部团伙欺诈等。

而线上模式则是通过技术手段采集客户行为信息、设备信息，如 APP 埋点、爬虫等技术采集客户的信息及相关申请行为，这些行为信息作为数据支持来防范网络黑产攻击。除此之外，在合作渠道的模式下，机构和合作渠道通常会在客户定位与风险管理方面达成一致，利用合作方的场景及数据，制定特定的规则与模型，进行预筛选、预审批、预授信，形成可营销客户白名单或白名单规则，从而实现客户风险评估的前置与主动精准营销。例如，微众银行推出的微粒贷产品对8亿多微信或手机QQ用户进行筛选，采取预审批的模式进行主动授信。白名单机制在消费金融生态链模式下应用广泛，此种模式有利于双方充分考虑合作方场景的特点，便于提供符合客户需求的金融服务；另外也有利于通过场景方所积累的客户数据，为防范欺诈风险筑起一道高墙。例如，对于电商平台，通过综合评价客户会员等级、使用频率、注册时长等多维度因素，实现对欺诈人员与真实平台客户的区隔。

二、身份认证与识别

线上消费金融业务的身份认证与识别是为了解决金融服务申请者的物理身份与数字身份相对应的问题。身份认证对线上消费金融业务有着举足轻重的作用，是防范伪冒申请、虚假申请等风险的第一道防线。对客户的身份认证基本方法可以分为三种：一是根据客户所知道的信息来证明其身份（what you know，你知道什么）。二是根据客户所拥有的东西来证明其身份（what you have，你有什么）。三是根据独一无二的身体特征来证明其身份（who you are，你是谁），如指纹、面貌等。另外，还有根据客户无法被模仿的做法（how you do，你怎么做）来确认身份，如使用手机的姿势、填写申请的行为等。

What you know：动态密码。动态密码以手机短信形式发送到客户的手机上，客户在登录、交易认证时输入所掌握的动态密码，从而实现对客户的身份认证。

What you have：身份证件。对比姓名、证件号、照片等和身份证信息是否匹配，可通过"OCR＋活体检测"来完成，OCR获得身份证上可信照片，活体检测获得申请人现场照片，通过对比可信照片和现场照片，来判断操作人员是否为客户本人。可信照片除了可以通过OCR获得，也可以调用公安的网纹照。

Who you are：生物识别。生物识别是指通过可测量的身体或行为等生物特征进行身份认证的技术，生物特征包括身体特征和行为特征（how you do）。其中，身体特征包括指纹、人脸、虹膜等，行为特包括签名和语音等。

为了达到更高的身份认证安全等级，互联网金融行业将多种要素进行组合验证，即所谓的多要素认证。如银行卡四要素校验：通过姓名、身份证号、银行卡号、银行卡预留手机号来验证该银行卡是否属于申请人本人。还有，运营商三要素校验：根据姓名、身份证号、手机号，核验姓名、身份证号与该手机号开户时实名登记的姓名、身份证号是否一致，来判断是否为本人的手机号。同时，上述动态验证码、身份证件、生物识别等不同的身份认证方法通常也会组合使用。

三、欺诈风险排查

在消费金融规模急剧扩张的背景下，各类消费金融平台面临较高的欺诈风险。很多金融机构把欺诈风险的防控作为第一道关口，排除欺诈隐患、确认申请与信息的真实性后，再做相应的信用违约风险判断。我国社会征信体系尚有不足之处，如信息孤岛现象严重，征信覆盖程度偏低，失信惩戒的力度不够，这些都为欺诈风险的防范带来一定难度。例如,根据人民银行征信中心披露,截至 2018 年 9 月系统收录的 8.7 亿的自然人中有信贷记录的为 3.7 亿人，5 亿人只有简单的个人信息；相比中国近 14 亿人口，征信记录的覆盖率不足 30%。2015 年初，人民银行要求芝麻信用、腾讯征信等 8 家机构做好个人征信业务的准备工作，但是 8 家机构数据来源及模型各异，各有标准，很难有效整合与发挥作用。

消费金融行业对欺诈的防范从身份核验做起，对客户自述信息、外部查询的信息以及抓取设备、操作行为等获得的数据进行多重校验从而降低信息不对称性。欺诈风险排查会进行黑名单筛选、多头借贷排查、信息交叉校验、综合评定等一系列的动作。

黑名单筛选是指在申请过程中，利用客户所填写的基本信息，如姓名、身份证号、手机号码、银行卡号，进行二要素、三要素、四要素验证以保证上述信息准确与真实；在此基础上，附加设备、地址等信息，来查询及判断客户是否属于公检法部门公开的失信被执行人员、各类征信数据联盟记录的违约客户、失联人员、贷款中介，甚至其设备、联系人是否在黑名单上。

多头借贷顾名思义就是客户在不同信贷平台进行频繁的多次申请，通过客户身份识别信息、设备识别信息来查询客户是否在短时间内、在多平台进行集中贷款申请，以此判断该客户是否是贷款中介、高危客户。

信息交叉验证是指机构将多方获取的信息进行交叉匹配。例如，客户所填写的学历、性别、年龄、地址等是否与外部获取的数据相一致。当然，还需对信息进行逻辑判断，即判断客户的各项信息之间的关系是否符合逻辑，如职业是教师的客户，航旅数据显示其工作日的地址经常出现在不同的地方，对于这种不太符合常识逻辑的情况应予以识别，并进一步甄别。

除了上述规则性判断之外，还可通过建立知识图谱、行为欺诈模型、决策矩阵进行综合性判断，评估客户的欺诈可能性。因此，对于欺诈风险排查与防范，需要多层次支持体系。首先，需要多维度数据支持，包括客户自身属性数据、行为数据、关系数据等。其次，设计审批流程，制定准入规则、黑名单筛选、信息验证、综合评定机制，等等。最后，需要系统支撑，实现规则、模型的部署与阈值的设置，增强审批实时决策的能力，并在统计分析的基础上，形成快速迭代、更新的机制。

例如，BioCatch是一家以色列公司，其系统捕捉手眼协调、按压、手颤、导航、滑动页面等500多种行为，创建独一无二的用户档案，利用用户行为分辨出操作者是否为授权用户；另外，在用户的银行账户遭到入侵时，系统能辨别出侵权是通过自动BOTs、远程控制木马、恶意软件或是通过其他恶意账户发生的。其在与英国国民西敏寺银行合作时，成功阻挡了网络诈骗，保护了1 400万客户。对于以移动APP为主渠道、无物理网点的网络银行，BioCatch提供了以下有针对性的反欺诈产品。

新开户账户身份认证：通过申请流畅度、浏览流畅度与功能键快捷键使用频率、数据熟悉程度等方面的行为特征项，计算客户行为风险评分，实时区分真人和远程网络攻击的不同。

登录网上银行后持续验证身份功能：通过分析手指震颤、手眼协调及使用鼠标的方式，结合用户使用偏好及设备互动方式等行为特征，连续验证网上银行每一个环节用户的身份。这种持续验证身份的方式，可以有效解决手机被偷、丢失以及账户侵权、远程木马攻击和恶意软件攻击带来的欺诈风险。

分析站功能：仪表盘可以实时反映各种风险的数量、风险程度、风险地图；支持自定义查询所有异常行为和网络攻击等行为；支持用户权限管理，并与现有APP和程序做到无缝衔接。

四、信用风险评估

消费金融业务通常采用评分模型来预测客户的违约率。风控模型基于客户的自然属性、信贷历史、偿还情况等,结合社交、网购、生活服务等信息对客户的还款能力及还款意愿进行评估,作为审批时决策的依据。在模型使用过程中,如果模型本身产生了问题,如实际使用中的模型预测能力不佳,人工审批人员对客户的风险评估结果与模型打分结果出现冲突,模型使用之初的效果较优、但很快失效等,这些情况将对业务的发展产生复杂影响。为更好地让模型发挥作用,应妥善把握模型开发和应用环节关键节点。

(一)数据

数据是模型开发的基础"素材",在真正着手进行模型开发之前,首先要摸清数据情况与数据质量,在此基础上方能谈及数据驱动的模型开发。如数据积累不足,无疑将会陷入"巧妇难为无米之炊"的尴尬局面。数据积累不足,并不单纯指样本数据量的不充足,如下几类情况也需要正确识别与处理。

1. 维度过于单一

评分模型本身就是运用数据挖掘和统计分析方法,采用多种类型的特征变量,全面评估客户信用表现的工具。如果用于模型开发的原始数据维度过少,尽管可以通过数据加工与衍生形成多个变量,但由于变量指向的基础维度是一致的,对客户信用评估的刻画维度就可能陷入过于片面的困境,所建立的模型很难通过验证。

2. 数据质量有问题

在进行数据清洗的过程中,势必需要进行数据质量的检验,在业务过程中并未真实规范使用的变量将无法纳入模型。同时,对于明显存在异常值的数据也建议剔除。需要说明的是,在数据清理过程中建议仔细考察因为数据质量问题而去除的记录数，去除的记录数越多，越可能形成有偏的样本。对于异常值记录过多的数据样本，为了避免样本选取有偏，或为了保证入选样本的记录数量，也可以采取一定方法对异常值进行处理。例如，进行平均值修正、异常值盖帽、作为缺失值使用，等等。具体处理方式要依据业务实际情况而定。

3. 缺少预测目标

有些机构刚开展业务，业务规模虽然不小，但是还没有充分的违约表现，即拥有 X 变量，但缺乏 Y 变量，这也属于数据不足的一种表现。需要特别说明的是，有很多大数据征信机构，在业务开展早期同样也面临有多维度 X 变量但缺乏 Y 变量的情况。于是，它们倾向于与数据查询机构采取合作建模、数据交换等方式积累违约数据，来建立风控模型。

4. 样本数据与业务情况不符

由于模型的基本假设是客户的特征所导出的行为表现，在未来也将以类似的模式发生，故模型开发的样本数据，需要能够与未来业务基本相符。数据过于陈旧或业务发生了较大变化，对模型开发样本数据均有较大影响，造成基础数据的不可用。同理，在样本选取的过程中，需要遵循业务规则，剔除那些不符合业务实际情况或者不适用于模型应用范围的样本。例如，年龄小于18周岁的客户，在业务政策性规则上是不予引入的，自然也不能保留在样本内。具体样本数据的清洗又要求与模型设计密切相关。

（二）模型设计

在模型设计及开发阶段，首先需要回答的问题就是，模型用于何种客群？用于预测什么目标？即模型是有明确的适用范围的。预测目标 Y 变量的确定至少需要综合考虑如下关键因素。

1. "违约"的定义必须与风险管理目标相一致

例如，一些金融机构在风险管理过程中允许借款人出现短期逾期，以赚取利息或罚息收入，则不应将过短账龄的逾期行为视为"违约"。而另外一些情形下，即使仅仅是进入短账龄逾期队列也可能导致持续的风险迁移、向下滚动，或者由于机构的风险容忍度较低，亦可将更短逾期天数的行为视为"违约"。总体来说，这个关键的预测目标，是要根据业务的需要以及数据表现情况进行具体调整的。

2. "违约"的定义与表现期的长短密切相关

如表现期限过短，客户的严重拖欠行为可能未来得及充分表现，使得模型低估了更长时间表现期下会发生的"违约"。但如果表现期窗口定义过长，也会影响观察期数据。由于观察期在表现期之前，表现期定义越长，则观察期距离现在越远，数据也就越陈旧。这不仅会对业务数据积累的历史长度提出较高要求，而且过于陈旧的数据与当前业务的实际情况可能产生较大差异。这时候，"违约"定义与数据的可获取性将直接相关。合适的表现期应该可以使大部分高风险客户暴露其风险，又不会过度增加模型的复杂度。

3. "违约"的定义要考虑某些群体行为表现的不可确定性，根据业务实际情况明确"灰"的定义，并在模型开发中予以剔除

模型设计过程需要考虑模型应用的具体需求，从而确定模型适用的客群范围。原则上，模型不适用的客群也不必纳入开发样本中，以减少这类数据对总体样本的影响，从而保证模型开发与应用范围的一致性。这就要在模型设计的过程中，充分考虑不参与模型评估的客户类型，并予以剔除。

一个模型可能无法适用于全部业务与全部客户群体。对于不

同的资产类型，或同类资产项下风险特征差异较大、数据积累差异较大的客群，建议采用不同模型来分别进行量化评估。单个通用模型的优势在于适用范围较广，模型基础变量的可获得性较高，但对于特定资产类别或特定客群的区分能力可能不足，一些特定客群对应的差异化数据信息被省缺，未能参与评估决策。

举例而言，某平台的申请评分模型变量中引入"本平台历史逾期次数"变量，该变量明显是针对存量已贷客户而言的，首次申请的新客户的历史逾期次数应为缺失（不是0，0仍旧是针对存量客户的，二者含义不同）。参考存量再贷申请老客户，除了在本平台的历史逾期次数之外，还存在更多的贷款支用、还款、逾期等行为变量，在模型中并未选入。由于该模型面向全部申请客户进行评分，则对于初来乍到的新客户，上述行为信息均不存在，从数据缺失率角度而言也很难选入模型。因此，对于上述模型设计，建议拆分成新客户以及老客户分别建立模型。

这里需要说明的是，金融机构在直接使用外部信用评分的过程中，通常很难了解评分模型的具体定义，亦不太确定具体的适用范围。外部信用评分通常会作为通用模型存在，因此，经常会表现出在某类客群身上表现良好，但到另外一类客群身上不具备区分能力的问题。在识别外部评分的适用范围时，可以参考外部评分机构建模所用的数据来源所对应的大体客户群体。一些提供外部评分的机构采用了"综合预测目标"方式进行模型开发，即模型 Y 变量不仅包含金融违约行为，同时也可能包含其他社会属性的违约行为，但客观上，上述两类违约行为并没有必然的关联性，出现行政处罚记录的个体并不一定存在贷款逾期概率更高的情况，反之亦然。故金融机构在选择参考外部市场评分的过程中，需要结合自身业务实际情况，选择适用范围和预测目标与业务需求一致的外部评分。

（三）变量选用

模型预测变量的选取，是模型开发的基础步骤之一。模型变量选用，切忌直接生搬硬造出一众衍生变量，丢入模型后，通过各种调整来达到所谓的区分效果，这样不过是数字游戏而已。模型变量的选取是与金融业务逻辑密切相关的，通过对基础数据的全面检查，在充分了解数据情况的基础上，全面地、细致地考察和分析单个变量分布情况、违约率在每个变量每个特征值上的分布情况等，得出变量选取的思路。这个过程必定是需要专家参与的过程，而不是完全由机器决定的。

在变量选择方面的基本原则有：①必须是实际业务正常使用的有效变量；②变量取值没有严重缺失；③变量特征值分布正常且不极端集中于一个值；④变量不同特征值对预测目标有比较明显的区分能力；⑤从不同数据类型、不同行为属性多维度地选择变量，以保证模型的稳定及健壮；⑥选用变量在模型落地实施中具有可操作性或相对简便。同时，建议将业务专家指出的关键变量尽量选入，以提升模型评估结果与业务理解的一致性，同时也便于后期模型落地应用。

由于信贷业务的目标客群的迁移，传统建模过程中广泛应用人行征信报告信息的方法不再适用于人行征信"白户"客群，故促进了更为广泛的多维度大数据的应用。由于数据维度众多、数据数量过大、需要考虑的维度过于复杂，在某些情况下使得假设分析方法的实施存在困难。而随着机器计算能力的发展，复杂机器分析能够轻松进行大样本数据处理，并辨识出哪些变量是最好的代理。因此，有观点认为，大数据应用的核心是建立在相关关系分析法基础上的预测，不再需要针对现象建立有关其产生机制和内在机理的假设。

需要注意的是，相关关系并不具备必然性，它比因果关系更浅层、更表面，相关关系存在变动的可能性。在某些情况下，相关关系是由于同一因素导出的两项结果之间呈现出相关性；但另一些情况下，所谓的"相关关系"根本不存在业务意义，只是统计学的滥用。如果缺乏对背后的业务逻辑的适当挖掘与剖析，单纯通过加减变量、调整算法，直至调到 T 检验显著，是没有意义的。就像瑞·达利欧在《原则》里写到的，"很多人因为发现机器学习比形成深刻理解容易得多，就盲目信任机器学习。而对我而言，深刻理解必不可少"。

（四）模型验证

模型是否可用，可从模型区分能力、准确性、稳定性等方面进行验证并持续跟踪模型各项性能指标。

首先是模型的区分能力。一个好的模型，要能够对评估对象的风险水平高低进行有效排序，从而实现对"好""坏"客户的有效区分。区分能力不佳的模型会导致业务应用过程中对单个评估主体的风险水平的误判。AR、ROC、KS 等指标都是常见的对模型区分能力的描述指标。

其次是模型的准确性。准确性代表着模型评分各个分数段的实际"坏"客户率与模型预测值之间的吻合度。模型预测的准确性对模型的业务应用有着较为重大的影响，模型评分 cut-off 的确定通常需要参照各分数段的违约率水平，并结合金融机构的风险容忍度与业务目标共同确定。需要说明的是，当模型预测的准确性有限的时候，如仍具备良好的排序性能，也是能在某种程度上协助业务的风险决策判断的。

最后是模型的稳定性。稳定性检验了"坏"客户率估值在时间和客户群变动情景下是否具有稳定性，检验了不同时间段模型区分能力的稳定性，包括客户特征变量分布的稳定性、评分分布的稳定性、违约率的稳定性。①客户特征变量分布稳定性分析，通过对建模样本、样本内检验样本、样本外检验样本的分析，可以判断样本抽取的合理性，保证模型建模时样本的无偏、模型实际应用时的可行性。②评分分布稳定性验证不仅可以从整体上考察客户整体特征是否稳定，还可以保证模型在实际应用中，同一cut-off线下提取出的客户数量和占比稳定。③违约率稳定性可以检验模型在业务使用中面对新客户是否依然保持了风险区分能力、准确性。稳定性检验是一个经常被轻视的模型验证重点，甚至有人宣称模型稳定性并不重要，只要有区分能力就好。殊不知缺乏稳定性的模型根本走不出"实验室"，在业务中实际应用，就失去了有效的评估能力。新的消金业务模式下，业务情况与数据情况变化较快，很多机构普遍加快了模型迭代的速度，但也有一些机构在业务实际情况并未发生显著变化时，以不合理的模型的迭代频次来掩盖原始模型稳定性欠佳、面对实际业务客群区分能力下降的问题，这会使业务整体的风险管理失去连续性以及可追溯性，造成不良影响。

　　由于模型的效力具有一定的时效性和适用范围，伴随着市场环境的发展、金融机构业务和产品的不断创新，客户群体在发生不断变化。为保证模型的有效性，必须进行持续的跟踪。因此，对于模型稳定性和区分能力的检验是一个持续的过程。

　　在模型应用的过程中需要建立系统性能报表体系，对模型的区分能力、预测准确度、分数分布、坏客户率分布等关键数据进行监测，以捕捉模型迭代的前置信号。同时，对评分卡特征项以及那些未被纳入模型、但对模型预测目标可能有影响的其他重要变量进行监测，并在不同细分维度项下对模型表现进行观测。在模型应用的检视过程中，建议对模型运用进行前瞻性的思考，考虑该模型是否能够覆盖金融机构新的业务与客群、是否符合业务未来发展，从而综合考虑下一步的模型优化方向。

在模型监测过程中，如果模型表现发生了显著偏移，不要急于进行修正，而是要分析造成这种情况的根本原因，是由于客群结构与风险特征发生了迁移，还是新增业务的影响，抑或是由于短期市场活动、营销策略的冲击，甚至是一些程序错误造成的。只有找到真实原因才能确定有针对性的、有效的应对方式。

建议灵活对待模型检验的结果，并不一定全部都要重新建模。当模型评分分布发生偏移时，可以重新设定分数线，使得好坏客户概率比与原分数线相同；如果某个客户子群体发生变化，可以对该群体采用单独分数线划分或单独建模的方式进行调整；如果某个变量的变化有合理解释，如风控政策的调整，则可依据风险政策对相应变量进行评分调整。

（五）模型应用

好的模型不应仅仅在统计检验指标方面表现优异，更重要的是要在业务应用中有出色表现。模型本身虽然具有卓越性能，但如果应用方式不佳，也可能造成模型效果不显著，甚至起到反作用。

一方面，模型的应用场景应与模型设计相符。例如，申请评分模型在设计之初就预期是应用在客户申请环节的，若在贷中存量客户管理阶段使用该评分模型，有效性就欠佳，众多客户行为信息维度未被参考。除了模型变量本身之外，这种相符性还非常突出地表现在模型客户群体以及模型预测目标的适用范围上，同样的模型应用在不同的预测客群身上效果可能有巨大差异；同时，性能再好的模型也不是万能的，只能针对模型设计时确定的预测目标起作用，如果使用预测违约的模型来评估客户的收益水平，很可能会适得其反。这种模型适用范围的判断问题，会对金融机构直接应用外部机构提供的评分造成一定影响，如果无法对该评分的适用客群、适用场景、预测目标进行有效评估，难免使模型效果不尽如人意。

另一方面，模型与规则的协同应用。模型综合考虑了被评估对象多个维度的信息，归纳了全面性的、一般性的规律，而规则通常针对某一个特定维度，反映特殊性的、局部性的规律，二者各有侧重，应该结合应用。这里再次强调模型的可解释性，由于规则通常与专家经验与政策规则直接相关，当规则与模型协同应用时，要保证风控目标的一致性，特别针对有人工风控参与的审批、交易监管和贷后管理过程，模型评分及关键变量将为风险管理的操作人员提供关键参考。

根据模型制定的风控策略在上线实施之前，建议选取一小部分客户来进行试验，观测策略实施之后客户的风险—收益情况以及对业务运行所造成的影响，对于符合预期的策略再予以推广应用。对于更新迭代后的模型，即使在模型应用策略规则没有调整的情况下，也建议采取"冠军—挑战者"的对比试验，切实验证新模型效果，避免造成不必要的损失。

数据模型应用是客户管理精细化的必然趋势，但需要使用模型的金融机构能够绕过建模数据清洗评估、模型设计、变量选择、模型应用、模型迭代等一系列应用"陷阱"，方能真正发挥模型的正面功效，否则非但不能支持业务管理，反而可能适得其反。

有效的模型应用并不是简单交付部署一张评分卡，或者引入一个外部评分就能够解决的，而是需要在深入洞察业务需求的基础上，提供从数据变量，到算法，再到输出应用的全面解决方案。最优的模型输出结果应该具备清晰的业务可解释性，能够通过将底层复杂模型化繁为简，清晰表述为可视化的维度评估，同时在实际应用过程中可根据业务实际情况与风险管理需求进行灵活的模型调整，达到模型智能化底层与模型轻量化应用的平衡。

五、监测与预警

消费金融通过线上营销、自动化审批，提高了消费金融的服务效率，优化了客户体验。这些年消费金融的发展，更多的变革和创新表现在客户营销、获取、贷前审批方面；而当客户批量引入进来，自然要求在全流程客户管理中，也需要同种程度的自动化与快速反应能力，以应对各类内部、外部风险问题。例如，国家互联网金融风险分析技术平台监测数据显示，截至2017年11月底，发现存在异常的互联网金融网站11 532个，系统预警过的高危网站586个，发现互联网金融网站漏洞1 183个，发现互联网金融网站攻击134.8万次，发现互联网金融仿冒网站4.6万个。安全分析机构Risk Based Security（RBS）发布的一份报告显示，2018年公开披露了超过6 500起数据泄露事件，有12起数据泄露事件涉及人数超过1亿人。除此之外，消费金融还面临行业政策的调整、合作机构经营状况的变化以及自身业务质量发生迁徙等问题。因此，建设自动化、实时在线的风险监测与预警体系成为消费金融业务持续发展的必备功能，通过对内、外部风险进行全流程无缝监测，实现分层级预警，并在紧急情况下实现熔断。

（1）适应政策、行业与市场的趋势与变化。消费金融近几年一直在快速创新、调整与优化，监管政策的频繁出台、市场需求的变化、行业发展方向的调整，对于平台战略定位的影响至关重要。而很多平台经营资产类型单一，在将一类资产做到极致的同时，却也造成资产组合管理空间不足。例如，2017年底对现金贷市场进行监管，单一经营现金贷的平台无力进行快速业务转型，从而引起大规模的业务规模缩减甚至平台关闭。

（2）对合作机构进行监测。金融机构对合作平台在流量质量、资产筛选、风险承担方面都形成严重依赖，合作平台的任何风吹草动都有可能导致风险传导到金融机构，因此金融机构对合作平台在资产类型、客户定位、产品要素、流量分布、业务模式、风险承担、贷后管理等方面进行评估与变动监测尤为重要。

（3）对运营中异常波动进行监测。通过在线运营实时监测来支持业务平稳运营，对客户来源、注册、登录、申请、审批各环节进行监测；侦测黑客攻击、模型性能等一系列在线运营的异常风险迹象，为实时预警和熔断提供智能支持。

（4）对资产进行监测。从资产组合管理的角度，全方位比较、分析每一个区域、合作渠道、客群画像、产品的运营情况，以及资产质量的迁徙变化，支持机构运营和风险决策。

以上述监测与预警机制为基础，形成覆盖贷前、贷中和贷后的三维立体式的在线风险管理体系。第一维度是从资产层面，到产品、渠道与客群层面，再到单个客户管理层面，逐层细化监测；第二维度是对IT系统风险、网络黑客风险、政策/策略风险、欺诈风险、信用风险等各类不同风险来源进行监测。第三维度是从新客户流转、审批流程、客户提款与交易，到贷后催收及失联进行流程指标监测。

第二节　风险技术化体系

一、解决跨界的问题

消费金融形成生态链运作模式，不同专业领域的服务机构通常提供自身业务领域的服务，因此存在以下四大方面的问题。

（一）解决方案单一

一是提供同类服务的公司存在同业竞争，因此金融机构不得不与众多服务机构分别合作，进行"多点"接入合作。这一点在数据服务领域最为明显。市场上大数据公司，由于存在数据孤岛现象，单独一家公司提供的服务覆盖不了全部业务需求；而且数据标准不一，因此金融机构开展消费金融业务，面临接入多家大数据公司的情况，人员成本、时间成本等都是不可绕开的投入。"多点"接入不仅造成技术开发难度提升、接入成本过高，且不同的解决方案相互之间难以协同，无法共同发挥作用，产生不了 1+1>2 的作用。

二是服务机构解决方案比较单一与片面，过度强调技术、系统或是模型，而缺乏金融业务整体解决方案的能力，如提供数据服务的公司，提供模型算法或是单独提供 IT 系统，本身都是金融业务运营中必不可少的一部分，有时很难拆解开单独运用。为解决这一问题，这些专业领域的服务公司也会向上下游进行延伸，提供拓展服务。如提供数据服务的公司，也尝试模型算法；又如，提供 IT 系统的厂商，开始尝试将业务规则、风险管理策略、模型嵌入系统中，打包提供整体服务。即使是这样，仍无法全面支持金融机构的业务快速启动，也无法打通业务全流程，形成不了点—线—面的立体解决方案。

(二）各方原则不同

对于金融机构来说，流量是产生金融服务的重要因素，流量越大，带来可能的金融服务市场机会也就越多。因此将虚拟的流量转化为真实的收入，是流量方基础的盈利模式。而金融机构不仅需要流量体量足够大，同时也要审核流量的质量，符合金融机构风险容忍度和业务定位的流量转化率才可能比较高。在提高流量转化率上，流量方和金融机构的目标是一致的，这样流量方通过流量转化获得更好的收益，而金融机构每笔的审批都是有效审批。但实际的情况，由于流量方不了解金融机构的风险原则，或是在了解风险原则的情况下也希望不完全符合规则的流量也能够最大限度被转化，可能会推动金融机构降低风险底线，因此，双方协商成本过高。特别是在面对大的流量方时，金融机构的话语权不强，流量方从客户体验以及客户留存的角度甚至合规性方面的要求，与金融机构共享的客户相关的信息不多，金融机构无法进行全面风险评估，因此在风险与业务之间会产生比较大的矛盾。

从这几年的市场实践来看，为促成合作，流量方会进行初步筛选、按照与金融机构协商的准则进行预审批，再推送给资金机构，并提供保证金等风险缓释手段，从而要求资金机构保证一定的审批通过率。一种方式是资产方提供3%~10%的保证金，并在逾期至一定账龄时进行代偿；另一种方式是双方进行收益分成，当实际风险超过双方协商的风险指标时，从资产方的收益分成中进行相应抵扣；还有一种方式是通过引入第三方担保公司、保险公司，进行相应的风险承担。这些方式因为双方的盈利模式不同，自然在合作过程中原则与底线不同，因此造成合作成本的提高、合作流程的繁复，通常资产方和资金机构的合作真正落地要经历几个月甚至更长的时间。

（三）缺乏动态更新

消费金融借力互联网效应，获取客户的方式发生了巨大的变化，风险管理要有能力批量化、自动化审批，随着大数据、技术手段的应用，这一目标基本实现了。但是，也要看到批量化引入客户的同时，客群出现偏移也有可能就是短时间内发生的。当客群定位与既定的风控策略、模型不符时，机构需要具备快速、动态进行调整的能力。

在行业发展初期，难免出现重新增、轻管理，缺乏持续的贷后管理。不乏机构在进行业务构架过程中，风控手段无法全程跟进业务发展全过程，所提供的数据接入服务或风控模型和策略过于静态，无法根据市场、客户的实际情况进行动态调整，这样的机制只适用一时，失效后缺乏迭代方案。而业务在发展过程中，由于市场情况发生变化、政策发生调整，或是某个环节没有执行到位，都会导致风控策略、模型失效，因此，静态的解决方案无法满足金融机构的业务发展。风控策略与模型需要根据市场、客户实际情况进行动态的调整，也需要根据数据积累、风险表现进行优化，以保障业务管理措施和业务发展当前现状相匹配。

（四）无法形成客户沉淀

一些互联网公司、大型电商企业、金融科技平台倾向于将客户触点留存在自身平台，在提供"导流＋风控服务"输出的过程中，将金融机构转化为单纯的"资金方"，金融机构无法留存住客户，形成不了有效沉淀。对于金融机构来说，这样的业务模式确实为机构带来了业务规模的快速增长，但这不是金融机构的目标，形成有效的客户新增是长期发展所必需的，否则不仅导致其风险管理没有抓手，同时难以分享客户持续经营过程中的价值升级。

因此金融机构还需回归金融服务的本质，将金融业务深入细分消费领域中，经营客户、了解客户需求，围绕客户做综合金融服务；主动管理风险，有差异定价能力，真正为客户提供"定制"的消费金融服务。

二、风险技术化（risktech）体系内容

为有效解决上述问题，形成机构自主风险管理能力，在充分有效使用金融科技的基础上，还需着力构建风险管理格局，将风险管理工作作为一项系统工程，由点及线、由线及面，形成"三四四"的风险管理：一是建立全面风险管理体系、风险治理体系、资产组合管理体系三个管理体系；二是培养从大数据、科技工具、业务策略、系统支撑四个层面以金融科技和人工智能为核心的风险管理能力；三是形成从客户准入到贷后管理的全流程风险管理的闭环，从业务案例到数据存储、数据交互的数据积累的闭环，从数据训练到算法优化的大数据应用的闭环，从风险战略到资产质量、资源分配的逐层优化的高层管理的闭环。图9.2展示了这种风险管理体系的闭环。

（一）全面风险管理体系

全面风险管理体系关键要实现大数据、科技工具、业务策略和系统支撑四个层面的功能，进行动态迭代和业务快速适应。

一是要强化数据的应用与治理。随着金融业务形态的演进，数据对于金融机构的风控而言已经越来越变得不可或缺，是整个风控体系的根基，大数据技术的日渐成熟也推动传统信贷数据之外的数据在风控方面的应用。在数据引入和应用层面，以实现应用效率、产出收益最优为准绳，有策略地拓宽内外部数据的应用范围和层次，建立有效的数据应用与评估机制，提升数据应用的价值创造力。在数据治理层面，梳理各类系统数据逻辑和外部数

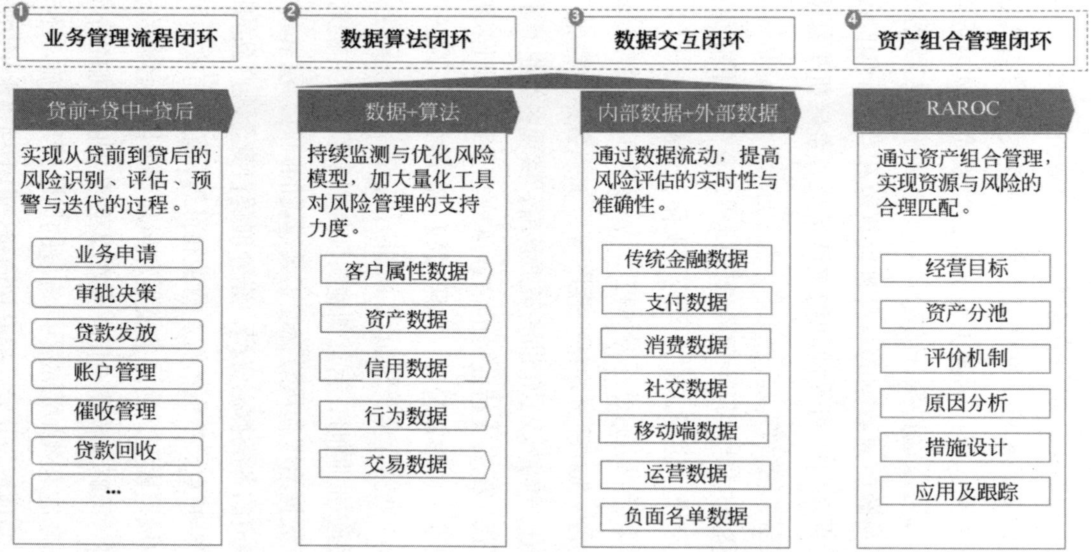

第九章 风险管理

图 9.2 风险管理体系的闭环

① 业务管理流程闭环 — 贷前+贷中+贷后

实现从贷前到贷后的风险识别、评估、预警与迭代的过程。

- 业务申请
- 审批决策
- 贷款发放
- 账户管理
- 催收管理
- 贷款回收
- ……

② 数据算法闭环 — 数据+算法

持续监测与优化风险模型,加大量化工具对风险管理的支持力度。

- 客户属性数据
- 资产数据
- 信用数据
- 行为数据
- 交易数据

③ 数据交互闭环 — 内部数据+外部数据

通过数据流动,提高风险评估的实时性与准确性。

- 传统金融数据
- 支付数据
- 消费数据
- 社交数据
- 移动端数据
- 运营数据
- 负面名单数据

④ 资产组合管理闭环 — RAROC

通过资产组合管理,实现资源与风险的合理匹配。

- 经营目标
- 资产分池
- 评价机制
- 原因分析
- 措施设计
- 应用及跟踪

据结构，打通数据生命周期关键节点，推动各类风险数据和派生数据的标准化存储、转化、入库和管理，为风险计量工具及风险应用积累高质量数据，实现业务数据化、数据资产化。

对于消费金融风控，常用到的数据分为信息核查类、反欺诈类、信贷表现类、用户画像类等类型，消费金融风控所需要的数据绝大部分都可以通过第三方公司获得，由于个人数据会涉及用户隐私，当前政府对数据的监管越发规范和严格，因此无论从合规性还是数据本身的可靠性和稳定性考虑，金融机构都应当优先与正规的数据机构合作。

二是数据与技术手段为风险管理所用，充分利用机器学习、深度学习算法和模型应用，助力风险可视化、预测可量化和决策可优化的信贷决策管理。通过开发风控工具，如实时预警熔断机制、大数据分析平台、360度客户统一视图等，加强数据风控服务化工具的建设与应用，构造数据辅助决策工具库，实现各类业务评分模型、策略快速迭代，配套支持业务的快速落地。在此基础上实现数据与技术在信贷准入、限额管理、风险授权、资产分类、风险监控、绩效考核、清收处置等全流程管理中的应用，在稳步提高业务的风险管控和决策能力的同时，有计划地实现与资本管理工作的对接。

三是在数据治理和风险管理工具建设的同时，积累数字化、场景化和全渠道的各类数据资产，充分理解自身金融产品的特点，针对目标客户群特点、数据情况、行业特征等，给出有效的风控策略，设计有效的风控模型，为业务发展和风险管理提供必需的量化分析和决策支持。策略和模型会随着信贷表现数据的增加而不断地迭代优化，这样才能有效地形成不同维度的风险管理措施。不断进行模型理论技术的创新与开发，提升风险量化模型建设水平和管理水平，提高模型标准质量，更好地发挥模型的预测监控作用。信贷业务流程的每一个重要环节,从营销获客,到反欺诈,到审批,到贷后预警都需要制定相应的策略和模型,形成一个完整的风控方案。

四是建设重点业务系统,提升风险决策和流程运转效率。除了审批系统外,智能决策、反欺诈、预警管理、催收管理等核心功能也需以系统支撑,以提高决策效率和管理效率。金融机构往往比较重视业务系统,如进件和审批系统,却对数据管理、决策引擎两类系统重视不够。当业务发展到多条金融产品并行运营,并要求策略、模型快速迭代上线时,就会面临由于系统缺失或能力不足所造成的效率低下、管理混乱等问题。机构在发展初期可以结合各类落地系统的业务实践积累,以业务管理有效性、高效性为目标,以业务发展方向为导向建设风控流程系统,逐步实现各项流程的全系统覆盖,形成符合业务特点、管理特色的最优功能流程系统,并拥有产品和业务持续加载的支持机制。

通过数据层功能的建设,实现接入、存储、分析、管理等功能。工具层开发基于大数据、人工智能形成客户画像、实时预警、大数据模型平台等风险管理工具。在策略／模型层完成基于业务理解和数据制定的风控模型、风控策略。系统层则是数据管理、决策引擎、业务管理、贷后管理等系统平台。在以上四个层面功能建设的基础上,建立风控全流程回溯复盘机制,持续开展从授信准入到贷后处置全流程环节的回溯分析,从监管要求、业务特点、问题暴露、原因剖析、解决方式、解决效果、改进措施等角度,全方位地对风控流程进行切实的复盘管理,真正做好风险的闭环管控。

(二)风险治理体系

风险治理体系建设的主要工作包括健全风险治理架构、完善制度文件、形成报告机制、加强人才队伍及专业能力建设等。结合机构战略和业务实际,成立相应专业委员会与管理部门,明确职责、人员构成、工作程序、议事规则等事项，为风险管理工作顺利开展奠定基础。通过制度文件明确各类风险的归口管理及汇报路径，形成涵盖风险管理与资本管理的全面风险管理政策体系。建立重要指标体系，关注重点领域、重点业务的风险状况，以及风险管理和风险防范措施落实情况，形成报告机制。

（三）资产组合管理体系

信贷资产组合管理指通过在行业、产品、地区、期限、客群等多个组合维度对信贷资产进行管理，降低银行的信贷集中性风险。在风险可控的情况下，追求信贷组合风险调整后的收益最大化。资产组合管理是全面风险管理的核心理念。在各种约束的条件下，通过资源配置，调整资产结构从而达到金融机构的既定目标是资产组合管理要解决的问题。金融机构资产组合管理的基本思想是提高优质资产的资本配置，降低劣质资产的资本配置。金融机构通过客户细分、评价机制、原因分析、措施设计、监测体系五个环节，动态配置资源，调节资产结构，从而达到既定经营目标。

在这个过程中，有四个执行要点：一是资本层面和客户层面相互作用，评分模型是沟通两层面的介质；二是根据风险偏好、容忍度、规模等相关指标，进行风险—收益分析，决定资产组合；三是资产组合管理政策反映在新客户引入、交叉营销、存量客户管理以及账户管理中；四是不同分池的客户在各阶段有不同的结构、风险容忍度及风险—收益要求。总的来讲，依托风险管理系统建设，使数据、模型、流程及机制的建设得到深度应用，逐步实现单一风险的精确计量，产品、区域、风险、期限等维度的信贷资产组合管理，市场风险动态限额管理以及操作风险的标准化、系统化和日常化管理，进一步提升风险计量与管理效率。依托科技能力和信息系统建设，进一步优化风险管理机制建设，形成业务发展、信贷管理、风险管理及资本发展相平衡的流程与结构。

下 篇

发展方向与趋势

在国内消费升级的宏观政策支撑下，随着金融科技的发展、智能手机的普及、客户消费行为与习惯的变化，消费金融进入快速发展阶段，并在快速发展过程中呈现出多样化的创新。虽然，在发展过程中不乏摸着石头过河的情况，也有部分业务风险暴露的问题，但仍挡不住消费金融行业持续发展的大趋势。从长远来看，消费金融行业的发展一定是以合规经营为底线，以风险防控为核心，在各细分消费领域继续渗透，持续提升服务实体经济的质效。

第十章
消费金融发展趋势

第一节 完善机制及规范发展

消费金融业务在市场需求与政策支持的双重推动下,进入发展的快车道。在市场需求与利益的吸引下,业界不仅有积极创新、转型的传统持牌金融机构,也有新型的消费金融公司、网络小贷公司,还有大量非持牌机构参与,机构层次复杂、行业经验积累不一,某些机构的行为与其开展的业务超出现有的金融监管框架,不乏野蛮发展导致的风险与合规问题,对金融市场稳定及金融机构业务运营造成不利的冲击。在当下强监管引导行业规范发展的大政策背景下,消费金融行业发展也将日趋规范。

一、规范参与主体的资质管理

消费金融生态链中各专业机构都需具备相应的资质。例如,放贷机构需具备相应的牌照,不具备放贷资质的机构退出市场,停止放贷行为;具备合法放贷资质的机构在产品设计、定价与营销方面都应符合相关法律、法规要求。特别是,即使具有合法放贷资质的初创机构，在相应业务与风险管理能力不具备、能力培养阶段，也需谨慎发展。由地方金融办批准的网络小贷公司，可进行线上经营，不受注册地地域限制，受到无牌照的互联网平台的青睐。这类机构应额外加强授权管理和风险管理，不得将风险管理等核心能力外包，需对所开展的消费金融业务类型与区域进行充分的调研与评估。又如，对于金融机构与第三方助贷平台合作，无担保资质的主体不得提供任何形式的增信。融资担保公司、保险公司在提供增信服务时，也需具备穿透基础资产进行风险评估能力，筛选合格的消费金融资产进行担保增信；金融机构不能单纯作为通道业务，要求助贷机构进行"反担保"，真正代偿坏账的主体还是没有担保能力的助贷机构。

二、规范市场营销，加强消费者权益保护

行业发展初期为了跑马圈地，部分机构采取了较为激进的、诱导式的甚至是误导式的市场营销与拓展的手段，令缺乏自制力、社会经验不足的年轻人陷入超前消费、过度消费的陷阱，借新还旧，最终无力为继，出现恶性事件。例如，声称拥有 2.5 亿日活跃用户的某平台，其主体用户为 24~30 岁的年轻人，分布的区域从一线城市到农村，平台上有多达几十家的现金贷公司入驻，有的公司一天的广告费就高达 300 万元，用户每刷几分钟就跳出一个现金贷广告。各大高校的贴吧也曾是现金贷广告的重点阵地，诱导访问用户借贷。又如，贷款中介人员在办理贷款时隐瞒和误导借款人也是常见问题，尤其是在利息的计算口径方面，巧立各种名目的费用是常用的套路。谷歌从 2016 年起禁止所有的短期小额贷款公司在谷歌平台发布广告。谷歌称，短期小额贷款带有"欺骗性"，

会给借款人"带来不利影响";2018年10月,美国加州对线上贷款推介平台进行调研,评估其是否有诱导客户申请高利率贷款的行为,探寻"经纪人"式的管理模式。消费金融应严格管理营销渠道与推介平台,规范宣传内容,严禁误导性宣传、掠夺性放贷等。

三、完善消费金融产品设计与定价机制

消费金融在围绕居民消费、向细分市场进行深度渗透时,应通过合理的金融产品设计提高服务消费的质效,不应成为远超消费者经济实力的负担。部分机构已经针对不同场景开发出较为完整的产品体系,争取覆盖不同类型的消费需求。而多数机构的产品还是比较单一,集中于标准化的信贷产品。金融机构进入各消费场景前应做足调研与分析,结合场景中的消费需求,提供符合消费特征、符合借款人偿还能力的金融产品,防范盲目收费、过高定价与过度授信。也只有设计针对特定场景的金融产品,才有可能将金融服务全面嵌入众多的消费场景中,实现金融与场景的无缝对接,提升客户体验。例如,对于单价低、频次高的日用品消费,较易进行标准化的金融产品设计,主要关注产品的费率、额度的合理,以及还款的灵活性等因素。而单价高、频次高的消费,如为家具用品、电子产品、旅游、美容、培训等消费所提供的金融产品,在特定额度的需求下,贷款的期限与定价的设计是决定客户还款压力的关键因素。

四、完善数据管理与使用

大数据给各行业的发展带来了新动力,但是也带来了相应的风险。2018年拥有20亿用户的美国社交媒体公司Facebook卷

入史上最大个人信息泄露风波。受此影响，Facebook 股价大跌，Twitter、Snapchat 等社交媒体公司股票也被殃及而大跌。Facebook 的信息泄露事件并非单纯的侵犯个人隐私问题，还涉及其背后对数据的运作与使用方式。

近几年我国大数据行业快速发展，隐藏在数据背后的价值激起了各相关机构对数据的渴望。用户的身份、联系方式、工作、爱好等信息被收集、分析、整合成用户画像，用于营销、风控等金融服务关键决策方面。在商业利益驱动下，也出现了个人信息泄露、数据权属执行不到位、数据交易安全监督缺位等问题。随着网络数据越来越多、政府数据逐渐公开，完善数据管理，保障数据安全，从各国情况来看，都是未来很长一段时间内大数据行业发展的一个重要主题。欧盟《通用数据保护条例》(*General Data Protection Regulation*) 于 2018 年 5 月生效，该条例对数据的授权、数据收集和使用用途等方面都进行了明确规定。

我国数据安全建设任重道远，《中华人民共和国网络安全法》对网络数据安全进行了详细规定，涉及数据收集、保存、应用等多个方面；《中华人民共和国刑法修正案（九）》对非法获取、提供、出售公民个人信息行为给出相应的量刑依据。随着行业横向合作日益频繁，金融数据共享成为行业的趋势，不仅要完善数据安全立法，强化对数据应用的监管，而且需要用户、金融机构、科技公司与行业监管互相配合，形成四位一体的同步发展；尤其需加强数据治理能力，遵守在数据获得、使用、存储、传输方面的规范，在消费者授权范围内使用数据，并采用有针对性的技术保障数据安全；持续做好对消费者的数据安全教育工作。通过以上措施，确保数据的安全，并确保在客户授权情况下对数据进行合规使用。

五、完善社会征信体系

我国的个人征信市场独具特色，有别于以美国为代表的信用中介机构为主导的模式、以欧洲为代表的以政府和中央银行为主导的模式和以日本为代表的行业协会模式。我国目前的征信体系兼具以上特点，以人行征信为主导，有行业自发形成的联盟，也有大量的大数据公司提供各类征信业务。传统金融机构对接人行征信作为风险管理的重要依据；而在拓展新型业务时，传统金融机构面临对人行征信无法覆盖的客户如何进行风险评估的问题，这也正是众多经营消费金融的机构所面临的问题。因此建立多层次的征信体系是市场的需求。除此之外，消费金融发展至今，多头借贷的问题日益突出，由于信息不对称或平台风控不严格，贷款人在多个平台机构贷款，甚至出现以贷养贷的现象，这对行业建立起各机构之间信息共享机制提出迫切需求。信用数据源多、数据维度不一，做到数据共享的前提是建立统一的数据采集标准和评分标准，统一进行资源整合，从行业层面形成对行业老赖、多头借贷等行为的约束机制。

第二节　强化风险管理的能力

党的十九大报告明确指出，要着力加快建设实体经济、科技创新、现代金融、人力资源协同发展的产业体系，要健全金融监管体系，守住不产生系统性金融风险的底线。作为消费金融的核心，风控是至关重要的。消费金融的场景复杂多样，客群明显下沉，客户体验性要求高，这些特征使科技手段成为业务发展与风险控制的关键,技术驱动贯穿资产与资金对接全过程。面对各类新业务模式,必须用科技手段防范新的风险形式、提高风险管理准确性、提升风险管理效率、降低风险管理成本,risktech将是消费金融行业持续发展的根本。

一、提高风险管理科技化程度,增强快速应对各类新型风险问题的能力

消费金融面临的主要风险包括信用风险和欺诈风险。随着消费金融向机构各领域深度渗透,向边缘区域延伸,很多业务在新市场中进行开拓,不可避免地出现新的风险表现形式,游离在传统风控手段之外。例如,二手车贷款,有押车、非押车等不同模式,押车模式下,通常贷款金额按车辆当前估值的一定比例计算,在借款人无力偿还贷款时,通过处置车辆来偿还所欠贷款。非押车模式下,车辆仍然由借款人使用,虽然通常放贷机构会在车辆上安装GPS设备,随时了解车辆的行踪和状态。然而,个别借款人会想办法将GPS跟踪设备拆除,导致消费金融机构最终难以找到抵押车辆,借款人逃避履行还款义务。虽然这类风险不是新的风险类型,仍属道德风险范畴,但是防范此种新的表现形式的道德风险,却不是传统风控手段所能解决的。又如,医美分期业务日益活跃,美容顾问与中介机构合作,向客户营销分期业务以解决美容手术资金,并从中获取佣金回扣、好处费等,甚至有客户并无真实的美容需求,只是配合申请贷款并获取返点收入,直到被催收才意识到贷款需要偿付。诸如此类情况,如何绑定合作机构、防范销售人员内外勾结的欺诈风险是关键。

消费金融业务蓬勃发展,在社会征信体系不健全、违约成本

过低的情况下，欺诈行为盛行，尤其是团伙式欺诈，"专业化""科技化"程度高，欺诈形式多样。很多机构把欺诈风险的防控作为第一道关口。在面对新型欺诈模式时，欺诈风险防范手段也需进行创新，提升识别能力和及时防范能力，通过全维度数据的收集与挖掘，利用大数据、人工智能等相关技术，进行客户身份、申请材料的识别，关联关系的确认，设备行为的监控等，因此，提高风险管理科技化程度是风险管理发展的必然趋势。

二、提升风险管理的适配性与准确性

不同的业务模式、不同的客户群体，所面临的风险形式有所不同，采取的风险管理措施也会不一样，因此要提升风险管理能力就得提高风控措施的适配性。例如，日常消费类的客户、培训贷款客户、二手车贷款客户，客户的属性不同，处于人生不同阶段，还款来源不一样，对资金需求体量与期限也不同，在金融产品设计时，需充分考虑客群的特性，并采取有针对性的风控措施。另外，提升风险管理能力还要提高风控的准确性。风险的产生多是由于信息不对称。多维度的客户信息有利于了解客户及其行为，充分利用大数据的广度和深度，特别是实时性数据的支持，提高风险管理的颗粒度，精准描述客户，客观地、准确地反映客户风险水平。基于此，从金融产品设计阶段准确定价开始，到客户引入时额度的确定，甚至在贷后阶段对客户采取有针对性的管理措施，全流程打通信息，随时掌握客户还款能力的变化，从而实现细小颗粒度的风险管理。

三、提高全流程风险管理效率

在传统信贷风险管理上，存在风控决策效率低下的问题；提高风险管理的效率是提升客户体验、满足客户需求非常重要的一环。因此，要"提升金融服务的质量和效率"，其中最重要的一点是提高风险管理的效率。

随着近几年消费金融的发展，客户引入发生了质的变化，行业通过多维数据和更详细的消费者互联网足迹，识别客户的消费行为和信用状况，简化审批流程，缩短审批周期，提升审批效率，优化客户体验。而高效率的客户管理，是留存客户、提升客户价值的关键，行业进入成熟发展阶段迫切需要提高客户管理效率。存量客户管理中风险预警和价值提升是数据与技术发挥作用的重要维度，通过对客户进行分层管理，有针对性地进行预警、产品推介和客户维护。例如，在预警体系中，利用机器学习及流式处理技术，建立审批、放款、客户管理及行业基于时间窗的指标异常预警体系，识别风险事件，并采取对应的风险化解措施。

贷后催收是客户管理中较为特殊的阶段，效率的提升对于资产质量的控制至关重要。消费金融业务传统催收是操作型的工作，严重受限于人员的投入，有着较大的效率提升空间。如通过数据分析、进行客户逾期账龄滚动预测，形成智能化催收方案，实现案件计算、自动分案、自动外拨等功能，并在适当阶段使用催收机器人，进一步提高催收效率，并降低催收人力成本。

随着科技的发展，科技能力已经成为新型平台与传统机构差异化竞争或互补的关键，是金融机构发展的核心竞争力之一。未来对大数据、机器视觉、语言识别、智能设备等新科技的使用将会越来越普遍，随着消费金融的发展，科技驱动的特征会愈发明显。虽然科技手段在风险管理全流程中某些环节已经开始应用并发挥作用，但是，还有很多问题没有解决。在金融业强监管大势下，消费金融行业正逐步进入良性竞争阶段，在未来几年依旧前景广阔。除了一些刚性的生活需求之外，在娱乐、健康、教育等细分市场同样需要消费金融的支持。随着消费金融场景细化，在差异化的发展方向上，不仅金融服务的适配性、定价的合理性、客户沉淀管理等问题迫切需要解决，而且欺诈风险、黑灰产业等问题依然存在。这就需要从体系化的视角来评估和应用新科技，要清晰认识新科技对金融革新和风险管理的影响与作用，从宏观到微观层面，有效结合新科技与行业积累，尊重金融本质，让新科技为金融服务，以科技为支撑建立多元化、多层次的风险管理体系，在数据层、系统层、模型层、业务层等层面使科技嵌入与快速迭代。

第三节　提高金融服务的质效

互联网金融借助移动互联网技术的发展，获取流量红利，催生了一批互联网巨头，其利用多元化、综合化的业务，形成了C端客户入口的优势。针对C端客户的消费金融业务实现了流量的变现。例如，它们以海量的客户与数据，与金融机构进行合作；当然，也不乏很多流量方取得了相关金融牌照，直接开展金融业务。当对流量的追逐达到一定的程度之后，出现了大量流量运营机构，通过短信、电话、网络游戏、其他网络平台来进行金融业务的推荐与营销，流量成本一路高企；而摒弃了场景的现金贷产品无处不在，目标客群"同质化"、重复授信、借新还旧现象愈发普遍与严重，引发了一系列的行业性问题。

随着金融监管不断完善，套利空间收窄，移动用户的流量红利逐渐消失，市场发展从跑马圈地进入规模与质量并重的时代，消费金融业务发展模式也将发生一些变化。基于流量带动的信贷规模的增长，回归到金融服务实体经济的本质。从大的趋势来看，通过深挖细分领域的金融需求，消费金融与供应链金融形成纵横格局，打通金融服务的毛细血管；而金融科技更需注重通过技术手段提升运营效率，为客户提供差异化服务，深度挖掘存量客户的价值。

一、再谈场景，此场景非彼场景

场景之所以重要，不外乎有两类需求：①依托于与场景的紧密结合，客群本身就带有场景的属性。同一类场景下批量获取的信贷客户特征比较一致，具备类似的消费需求，也属于类似的客户群体。因此，切入一个恰当的场景，意味着金融机构可以批量获取想要定位的客户。②除对客群进行精准定位，场景本身传递了诸多信息，如客户资质、消费需求、交易行为、购买偏好等，这些信息可以帮助金融机构更好地完成客户评估，成为有效的客户识别、风险评估、交叉营销的抓手。

如果说在竞争初期可以通过同质化竞争拓展大市场，那么在玩家甚多的现阶段，无论是稳扎稳打的先行者还是来势汹汹的后进者，实行差异化发展、深耕细分领域都是机构发展的最优选择。因此，消费金融与场景相结合是长期发展的趋势。

金融服务回归到场景中，场景的种类继续进行横向拓展，服务广度持续增加，在各个消费领域中寻找金融服务场景，涵盖"衣、食、住、行、游、学、玩、美"等场景，构建线下、线上场景消费金融生态体系，并在细分市场形成发展的比较优势。线下也具有天然的消费场景，具有丰富的基于场景运营的大数据，如线下客户的相关消费信息，购买产品的品类价格、客户配送安装、收货地址等信息。移动互联、人工智能及 5G 的发展，将赋能线下场景的线上化，打通线下消费与线上金融服务的通道。

伴随数字化进程，移动互联网正在从上半场的消费互联网向下半场的产业互联网方向发展。个人客户获得更好的产品与金融服务建立在产业良性发展的基础上。把数字金融创新下沉到生产制造的产业链中，将数字化推进到供应链的每一个环节，打通从生产制造到消费服务的价值链，形成从消费到产业（C2B）的生态协同。而要满足产业链金融服务需求，关键在于企业授信方式的创新，传统模式是将高信用评级企业的信用分享给上下游的中小企业，新型模式是利用大数据与金融科技手段，升级供应链金融的风控能力，降低业务的综合成本。

金融服务领域横跨众多产业，如汽车、旅行、教育、数码、家电、家具、房产等，各细分领域之间的生产经营模式、产业链格局均有不同发展特征，这对金融机构也提出了更高的要求。相对于无场景支撑的"现金贷"业务，场景金融与业务深度绑定，针对不同的场景特征及客群属性，实施差异化、更为适配的风险管理手段，否则，业务结构、流程和参与者的复杂性将导致特定风险点无法覆盖的问题，如"培训贷""医美贷"中 B 端合作机构欺诈风险等。

二、金融赋能，消费与产业支撑

伴随着金融服务在各细分领域深度渗透，市场需求推动金融需求由消费端向产业供应链拓展。以家电市场为例，经销商进行经营、采购都面临较大的资金压力，缺少灵活高效的融资渠道，导致发展速度及整体服务水平受到抑制。供应链金融服务升级上下游对接，清除资金不足、资金周转周期等问题对业务发展形成的阻碍，促进整个行业链条的高效发展。B端各级经销商能力的提升，使得家电市场产业链触角能够更好地、更深入地满足消费者日益增长的需求，更进一步带动了为C端提供消费能力支持的消费金融业务的发展。这种B与C联动的经营能力，对消费金融机构的金融产品设计、风险管理、客户运营能力均提出了更高要求。

以供应链的模式，对特定消费场景的深耕更是让风控得以发展为一个愈发严密安全的闭环。仍以家电市场为例，可以从经销商管理、订单数等方面衡量经销商融资需求的合理性和还款能力，以确定是否可以提供借贷服务。在厂商端，根据经销商对他们的认可度、产品需求度来衡量供货商的借贷需求。总之，通过深耕行业、获取上下游数据，完整地了解供需双方是否匹配，从而在家电零售行业周期更长的借贷服务中打造风控闭环，完整地维护一个用户的生命周期。在垂直领域打造行业壁垒，开辟新蓝海。细分消费金融领域往往具有一定的行业壁垒，进入门槛高，不易被复制和洗牌，因此未来的发展潜力大，更容易形成竞争优势。

在相当长一段时间，银行类金融机构一直是供应链金融服务市场的"主角"。传统的银行融资模式要求的资产资质、抵押物等"高门槛"以及复杂的审批流程，让轻资产、抵押物少的各级经销商难以承受。此外，行业利润偏低，而上下游客户的往来款项却占用了大部分的流动资金，供应链下游长期面临缺少金融服务之困。供应链金融可以为合作伙伴提供资金支持，帮助合作伙伴整合产业链，扩大双方合作规模。细分领域的垂直挖掘，为供应链金融的发展提供了新的发展模式。供应链金融的平台化、线上化运作，大大降低了运营成本，提高了金融供给的效率。另外，对行业的影响因素有比较全面的认识，包括产业政策、行业格局、风险因素等，将大数据征信应用到小微企业贷款领域，注重历史交易数据、外部数据积累和挖掘，动态数据的监控，实现数据支持下的金融服务支持。

三、精耕细作，资产发掘与风控

细分场景下的金融赋能，成为一种重要的信贷市场切入方式；金融机构必须转变思路，着眼于市场上的细分领域，充分进行流量挖掘。但细分场景的切入和开发，真正成功下沉到每个场景或渠道，意味着需要打造一套适合该领域或场景特点的产品和流程、风险管理策略及运营模式。根据场景内圈定的目标客群，充分挖掘客群金融服务需求，通过提供有针对性的产品和流程设计，使之转化为信贷用户。在这个过程中，尤其是流量导入的前期，需要完成大量差异化的设计、开发和整合工作，如果开拓的场景众多，势必对金融机构提出很大挑战，但如果业务仅局限在个别领域内，又无法实现信贷规模的突破。流量的深度挖掘是另一方面，金融机构更应关注细分场景下的数据信息。其中一些信息可作为客户风险识别和资质评估的依据，但数据普遍具有个性化、零散化等特点，很难实现和金融机构的平滑对接与有效应用，需要大量的数据筛选、清洗、加工和标准化的工作。

想要撬动细分场景金融，风控是核心。从某种角度上来说，细分场景的切入不单纯是为了获客，更重要的是为了风控。不同场景下的风险控制的重点有所不同，针对细分领域流量，需要进行差异化的风险管理，在场景中做风控。如在反欺诈方面，除了身份欺诈之外，还要对场景端的风险有清晰的认知。每个领域、每个细分场景有着天然的差异性，不是依赖通用风控策略就可以解决所有细分领域流量风控的问题，需针对特定场景设计对应的风控流程、使用有针对性的风险管理工具。只有与具体场景业务相结合的风险管理才是真正有意义的。同时，细分场景下，风控重点不仅在于C端借款人，同时也要综合考虑B端场景方，两个层次的风控都要做，且两个层次的风控要互相结合。

场景以及产业纵深是各家金融机构激烈争夺的领地，但同时也面临进入和开发的难度。依赖金融机构后台硬功夫的打磨，并非易事，还很可能失去抢占市场的先机。鉴于此，可以依靠专业的金融科技平台，打通场景下的金融服务通道，圈定目标信贷用户，聚合不同细分场景下的流量，实现数据的有效整合和标准化处理，在与金融机构双方优势互补、双向赋能下，构建"场景+金融"的生态圈。

四、纵横格局，构建金融毛细功能

很多行业的发展在一定程度上都存在消费金融和供应链金融的需求，如医美、旅游、汽车，拥有大量用户基础的行业，其首先瞄准的是最容易切入的消费金融，通过金融挖掘市场潜力，摆脱低频市场烧钱、补贴引流的畸形发展，提升公司主营业务的变现能力。然而，还有大量分散、弱小的上游批发商亟须在业务层面的供应链金融整合，填补供应链金融领域的市场空白。例如，旅游市场的B2B2C平台+供应链金融+消费金融模式。随着面向C端的旅游互联网红利的悄然消退，旅游金融正在逐渐向上游的旅行社延伸，为中小旅行社提供供应链金融新模式。

随着场景横向拓展、纵向延伸，金融服务深入消费与产业发展的各个环节中。在场景化要求愈加明显的情况下，聚焦细分领域的线下场景和线上的中小型电商平台、垂直领域的电商平台将成为消费金融从业机构争抢的蛋糕。通过对场景金融的研究与挖掘不断加深，消费者的实际需求可通过统计数据而真实获得，根据不同的需求支付与融资场景在流程中反复整合叠加，形成具有强关联度的金融场景体系。场景消费金融朝着垂直化、生态化、技术化、个性化、合规化等方向发展，针对"长尾"客户的消费场景将会不断细分与个性化，大类商品的销售渠道会进一步细分化，从而带来不同的业务场景。物流、电商、公共服务也会对消费金融的渗透起到关键作用，金融服务与产业无缝链接的特征会更加明显。各个场景背后由金融同质属性所关联的各项指标则对于不同的场景都有参考价值，消费场景通过金融属性形成体系，从而促进场景金融向更贴近用户实际需求的方向进行横向扩展与纵深挖掘。伴随着场景的丰富和底层支持能力的强化，把金融业务渗透到社会的各个毛细血管当中去，引导金融"脱虚向实"，更好服务实体经济特别是制造业转型升级，才可以真正做到普惠金融。

第十一章

金融科技发展趋势

国内消费金融业务的发展与金融科技的发展一直密不可分，金融科技手段的运用，使得消费金融业务的服务客群拓展、触客渠道多元化、服务效率提升、运营成本降低、风险管理手段更为丰富，从而使消费金融业务在规模上实现了跨越式发展、模式上不断创新，进入一个新的发展阶段。金融科技与消费金融乃至整个金融业务的融合不断加强，从而影响着未来金融行业的发展面貌。以银行业为例，金融科技的发展趋势呈现出几大特征。

第一节　金融科技在业务中应用趋势

一、从银行外部向银行内部进化

银行是各行业中运用科技手段和数据较早的行业之一。早在20世纪90年代，银行就开始了金融电子化和信息化的改造，通过推行IOE建立银行核心系统，对银行会计账务实现电子化改造，金融业务实现初步数字化。进入2000年以后，伴随着互联网热潮，银行业务普遍进行了互联网化融合，网上银行、电话银行等都成为银行业务经营的标配。

但银行在后续的移动化过程中稍显落后，各大互联网平台更早地抓住了这个重要的客户入口，随后各类互联网金融服务从该渠道快速跟进；同时，依托移动互联渠道，人脸识别、OCR、数据埋点等更多的新的技术手段得以在场景内发挥作用。除了抓住了客户入口渠道外，更重要的是，互联网金融平台依托科技手段进行的产品创新成为吸引客户的关键武器。如曾在2013年大放异彩的余额宝产品，底层投资的是货币市场基金，此类产品在银行代销及理财业务中早已出现，但余额宝却通过降低购买起点份额、提升到账速度等产品服务关键点的改善，再加之支付宝牢牢占据的客户基数与获客入口优势，使得余额宝成为现象级产品，促进了互联网金融元年的到来，这背后与移动互联服务渠道、强大的系统计算能力、低成本线上运营手段都密不可分。其后，依托大数据、人工智能、云计算的发展以及与金融业务的深度融合，互联网金融快速进入自动化和智能化发展的阶段，刷脸支付、智能投顾、客服机器人等创新科技手段与创新金融产品形态层出不穷，使得金融服务的便利性不断提升，客户体验友好，服务响应异常高效，这都对金融用户产生了强大的吸引力，互联网金融与银行金融开始正面交锋。

另外，不可否认的是，银行亦拥有相当的客户、技术、资金实力优势。在感受到市场的冲击后，商业银行也快速做出了反应，开始在金融科技的运用上进行多种尝试。银行开始自建移动互联渠道，自建或与互联网端场景进行合作，并在业务过程中普遍使用了人脸识别、指纹技术、大数据等技术工具。

以招商银行为例，作为银行业的"零售之王"，其推出的招商银行APP以及掌上生活APP，月活跃用户数（简称"月活数"）极高，在中国金融 APP TOP50 排行榜中月活数分列第 6 位和第 5 位。[①] 招行发布的 2017 年年报行长致辞中称,招商银行 APP、掌上生活 APP 用户数合计过亿,月活跃用户超过 4 500 万户。至 2018 年 9 月,招商银行 APP 上线了 7.0 版本,通过该 APP 向用户提供包括账户收支管理、支付结算、投资理财、贷款、城市便民生活在内的综合金融服务,同时对 APP 内的智能分发、智能推荐、智能提醒功能做了全新升级。APP 端嵌入智能助手,实现语音识别与语音交互;通过指纹识别、人脸识别、活体动态捕捉等技术实现快速登录、快速转账;提供"收支账本"功能,为用户提供智能化现金流管家,支持用户随时记录自己的收支账务,同时一键轻松分享;同时,APP 还嵌入更多的生活服务场景,用户吃喝、出行、观影、生活缴费等日常生活需求,均可在招商银行 APP 中得以连接与融合。这些智能服务的背后都离不开金融科技的支撑,银行服务向着自动化、智能化以及自主化的方向发展。银行对于那些在互联网平台采用过的技术手段,特别是那些实践证明较为有效的金融科技工具,进行了引入、嫁接和应用,银行业务和金融科技开始了深度融合。

需要说明的是,银行外部的科技手段运用并非都是由金融服务而始的,更多的是在具有中国特色的电子商务的基础上发展而来的技术运用,其核心是以更优体验、更快效率、更低成本服务好客户。而金融业务除了客户服务之外,更关注业务风险管理这一内核。金融科技在其发展与应用中经过了不断的试错与完善,而一些互联网金融平台也走了一些弯路。在银行对金融科技手段兼收并蓄的过程中,除了在客户体验上向互金平台看齐外,银行也更加注重科技手段对业务管理与风险管理的提升作用,同时也

---

① 来自 QuestMobile 发布的《中国移动互联网 2017 年春季全景报告 TOP1000》。

密切关注新的科技手段运用中可能带来的新的风险。

二、从消费金融向其他领域延伸

尽管市场上提及金融科技时，多数更为关注其在消费金融或大零售业务领域的应用，但实际上金融科技手段也正在广泛应用于其他金融业务领域。

以大数据及大数据算法为例，其已经深入地运用于资本市场的量化交易、自动交易、高频交易领域。大数据算法被引入交易模型，用以自动化地做出交易决策；同时模型中开始引入新闻网站、社交媒体的相关信息，随着各渠道数据的快速更新，大数据模型能够在几秒内做出买入或卖出的决定，并通过程序自动化执行。又如，京东数科推出的"JT^{2}智管有方"，则是在资管领域的金融科技应用尝试，该系统旨在通过将报价信息、询价信息、聊天工具进行集成，打造智能销售交易一站式平台。该系统通过提供聊天网络 API（应用程序编程接口），帮助金融机构连通内部系统和外部的即时通信工具，对询价议价过程进行嵌入与留痕，更运用了 NLP 技术，将聊天过程中的信息结构化，简化价格发布的流程，提升询议价效率。银行对公业务领域一直被外界普遍认为较少应用金融科技手段，但实际上，新的技术对银行对公业务的改造升级也起到了不可忽视的积极作用：大型银行开始尝试将人脸识别、移动办公、OCR 等技术手段应用于对公金融服务上，优化信贷流程，提高对公信审效率；运用金融科技手段，支持线上自助式、预约式的对公开户，提升服务效率；从交易银行业务入手，为对公企业打造聚合了企业资金流、信息流、业务流的服务平台，支持票据电子化应用，通过银企直连升级代收代付服务，强化对公现金管理服务等。

除此之外,金融科技已经逐渐从一种插件式的技术工具转变为一种基础设施,全面改造了银行的中后台体系,服务于整体金融业务。以云服务为例,近年来金融上云的趋势已经越发明显。云计算以其强大的计算能力、低成本的资源投入展现出明显的优势,在数据传输速度已经产生质的飞跃的当下,云端的计算能力与金融业务运营过程能够无缝融合。云计算通过引入微服务架构,使计算资源得到充分利用,从而对人工智能所需的算力提供了强大的支持;通过对接云服务,接入云端部署的技术能力与业务功能,可以对银行内部已不再适用于新型业务的旧有系统形成局部替代,使银行快速具备新业务的上线能力,这也逐渐成为越来越多银行的技术优化路径选择。金融上云是金融科技应用的一个典型代表,金融云不再仅仅是金融科技工具的局部单点应用,而是对整体金融技术体系的融合。

三、从新增业务向存量业务渗透

在市场的眼球普遍被金融科技支持下所产生的新产品、新模式、新系统所吸引的同时,不得不指出的是,金融科技对存量业务的提升与改造也非常关键,甚至可以说是更为重要的。截至2018年末,国内商业银行管理的总资产接近210万亿元[1],其中传统业务与存量业务占据了绝大部分。上述存量业务在持续经营的过程中,也需要通过新的科技手段进行升级与优化,提升业务运营效率,增强风险管理能力,这是金融科技与金融业务融合过程中的客观需求与必然选择。

---

[1] 银保监会网站统计信息《2018年总资产、总负债》。

以传统线下零售业务为例，传统经营模式多采取线下获客、实地访问、专家审批的作业方式。但由于缺乏风险计量手段和科技手段的运用，这些存量业务普遍面临风控效率低下、风险压力逐渐增大的现实挑战。以人工为核心的风控模式，难以适应与支撑业务的规模化发展；风控标准不统一，人工操作风险凸显；数据运用不充分、信息不对称问题严重。此类传统业务资产规模占比通常较高，银行在开展新型业务的同时，对存量业务的运营与风控优化需求也非常迫切。这就需要深入思考金融科技手段在新业务上的实践结果与借鉴意义，把部分新技术工具融入存量业务中来。例如，通过移动设备的使用，改造传统的线下营销、填写纸质申请表的业务流程，实现O2O（在线离线/线上到线下）的营销与进件模式，并前置部分风控决策判断；将原有人工判断的政策性规则纳入系统自动化决策流程，同时整合并应用内外部多维大数据，丰富风险评估维度；引入模型算法及风险计量工具，对信用风险与欺诈风险进行量化评估；基于数据、算法及系统应用，在贷后阶段持续跟踪并有效识别存量客户的风险变化，实现智能预警等。

需要说明的是，新技术与存量业务的融合更需要恰当的安排。不同于全新业务上线时的一体化设计，金融科技在存量业务中的应用通常需要对原有业务流程、风控方式进行打破与重组，嵌入新的技术手段。在此过程中，特别需要注意新流程与原有流程的融合、新技术与原有技术体系的相互补足，切忌由于某个点上使用了新技术，就盲目忽略其他业务环节之间的关联关系，忌用单点创新替代全流程管理。在新的金融科技手段融入存量业务管理流程的实践中，建议循序渐进，不要轻易放松原有的业务管理节点，仔细观察新科技手段的实施效果，对原有的业务管理模式进行逐步替代与更新。

第二节 金融科技助力银行行业变革

一、智慧网点

2018年4月9日,建设银行第一家"无人银行"正式对外营业。该网点全程无须银行职员参与,业务办理高度智能化,通过充分运用生物识别、语音识别、数据挖掘等金融智能科技成果,整合并融入机器人、VR、AR、语音导航、全息投影等前沿科技元素,为客户呈现出一个以智慧、共享、体验、创新为特点的全自助智能服务空间。

以建设银行的"无人银行"网点为代表,各家银行已经开始了自己的智能银行网点布局。现有银行网点普遍使用了自助设备,将原来必须到柜台办理的大部分业务分散到营业大厅服务中去,由网点的客户经理引导并协助客户自助办理开户、存取款、转账、缴费、查询、申办信用卡、购买理财产品等多种类银行业务。这些自助设备多数具备了人脸识别、语音识别、智能客服等多种金融科技能力,从而可与客户实现流畅的互动,提高了金融业务办理效率。另外,在金融科技的支持下,银行网点轻型化的趋势越发明显,自助银行、社区支行等小型线下网点重新开始活跃起来,这些网点经常不设置高柜柜台,只承接部分银行业务,少量工作人员引导客户通过VTM机、STM机等智能设备,自助完成银行相关业务的办理。

这些智能化网点的出现,多种金融科技手段的综合运用,并不仅仅是为了提升客户体验,也不单纯是为了压缩网点运营成本,更多的是期望将与用户的物理触点进行在线化、智能化的升级,从而打通银行客户服务的线上线下渠道,提升客户服务的综合性。在智慧网点服务的过程中,以客户需求为中心,获取维度更为多样的数据,编织更为丰富的客户服务网络,从而对金融服务与非金融服务进行充分延伸,增加客户黏性。智慧网点只是银行触达客户的渠道之一,通过这一个点的接触,将客户深度融入银行的服务生态圈,才是智慧网点想要达成的目标。

二、虚拟银行

与智慧网点相对,虚拟银行进入客户服务的另一端,是完全摆脱线下物理网点的金融服务模式。2019年1月14日,香港特区行政长官林郑月娥在第12届亚洲金融论坛上表示,香港将引入虚拟银行交易机制,第一批虚拟银行牌照在2019年第一季度落地实施。截至2019年4月,香港金管局已经发出了4张虚拟银行牌照,拿到牌照的公司包括 Livi VB Limited、SC Digital Solutions Limited、众安虚拟金融、WeLab Digital Limited。其中,Livi VB Limited 由中银香港、京东数科及怡和集团成立;SC Digital Solutions Limited 则是由渣打银行(香港)、电讯盈科、香港电讯及携程金融成立的合资公司;众安虚拟金融由众安在线及百仕达集团合资成立;2019年4月收到第4张虚拟银行牌照的 WeLab Digital Limited,其股东则包括 TOM 集团、阿里巴巴创业者基金、马来西亚主权基金、世行集团成员 IFC、红杉资本、建银国际等。

虚拟银行并不是全新的事物,早在1994年美国就诞生了第一家互联网银行"第一安全网络银行 SFNB"(Security First Network

Bank），该银行没有任何分支网络，是一家纯网络银行。香港的虚拟银行，依据香港金融管理局给出的定义，是指主要通过互联网或其他形式的电子传送渠道而非实体分行，提供零售银行服务的银行。按照此定义，虚拟银行与无网点的互联网银行类似，不过香港的虚拟银行更强调了该类银行主要"提供零售银行服务"，限制了业务范畴。在内地也有类似的经营模式尝试，以微众银行为代表的互联网银行正在通过互联网方式进行银行业务实践。同时，近年来成立的多家民营银行，也多采取了"一行一店"的发展模式，由于线下物理网点的限制，这些新型民营银行期望依托金融科技手段，充分发挥互联网优势，依托线上渠道开展业务并服务客户，在股东及合作伙伴的生态圈内深度嵌入银行服务，打造创新的移动金融模式。

  虚拟银行是金融科技集中应用的典型代表，虚拟银行的客户触达途径转为以移动互联渠道为主的线上，同时为了远程服务客户，必须将生物识别、语音识别、智能机器人、大数据挖掘等自动化、智能化科技手段灵活运用在业务过程中，才能在保证服务效率和客户体验的同时，保障金融业务风险管理能力，对传统业务中线下亲见客户和线下采集信息的过程，形成完善的替代方案。

三、开放银行

  在新的市场竞争态势下，银行确实面临互联网科技公司的冲击，找到自己的差异化核心竞争力才是银行的根本出路。经过多年积累，银行的核心价值体现在其账户体系、客户体系、风控能力上；同时金融业务作为强监管领域，银行所持有的牌照也具有特殊价值。因此，将银行现有的业务能力与数据对外输出将成为未来金融科技的重要发展趋势之一。

近年来对于开放银行的讨论日渐增多。开放银行模式大体有两类：一是"引进来"，即银行通过搭建平台，开发渠道接口，引入其他服务商，在银行端统一为银行客户提供综合服务。二是"走出去"，即银行将内部业务能力、系统功能、客户数据等整合成为标准化接口，开放给外部机构使用，将银行服务嵌入其他场景中去。

开放银行在国外已经有了实践案例。以欧洲地区为例，成立于2016年、总部位于德国柏林的Solaris Bank，是一个拥有完整银行业务执照的银行业务平台，该公司通过自己的技术平台支持其他外部企业为客户提供各种金融服务。Solaris Bank向它的合作伙伴提供标准API接口，使得外部企业可调用Solaris Bank在电子货币、即时信贷和数字银行方面的软件模型。欧洲最大的在线汽车服务公司Autoscout24就将Solaris Bank的快速信贷服务整合到自己的平台上，为汽车买家提供即时贷款，从而增加了平台销售额。国内银行也有类似的业务尝试，如华瑞银行就推出了自己的"极限"SDK产品，该产品聚合了账户、支付、投资、融资、企业服务等综合金融服务能力，通过开发软件包和银行接口开放给其他企业使用，陆续对接了在线购物、在线旅游、企业服务、生活服务等多个行业场景。

无论采取何种开放合作模式，"开放"本身都绕不开能力的输出和数据的输出。目前国内银行对外开放的重点还是放在金融服务能力的输出上，将银行体系内的金融服务资源和专业化能力集成为可对接的服务接口，与外部机构合作共建针对客户的服务体系，从而达到互利互惠的发展目标。但是，对于数据的开放，国内银行普遍较为审慎，一方面考虑到对行内客户资源的保护，另一方面也牵扯到个人隐私保护的问题。从国外的监管或司法实践来看，要想促进开放银行的规范发展，对于数据的开放以及对隐私的保护规范都要充分考虑。以欧盟的情况为例，2018年在政府主导下欧盟发布了《欧盟支付服务修订法案第二版》（*Payment Service Directive 2*），即PSD2，其中明确规定，欧洲各大银行必须对第三方支付服务商（third-party payment service providers）开放用户账户信息权限，并提供全部必要的API。这意味着欧盟银行客户可以通过第三方支付服务商提供的工具管理日常消费支出，而不需要和银行打交道。该法案强制推动银行走开放路线，以促进金融与银行外部生态的进一步融合。而在隐私保护方面，欧盟用户同样拥有《通用数据保护条例》的保护，该条例对于数据主体的知情权、访问权、更正权、被遗忘权、限制处理权以及自动化个人决策权等进行了明确规定，从而对银行与外部合作伙伴之间在客户数据的传递与共享行为的管理方面提供了法律依据。

从发展趋势来看，国内银行业的开放银行及平台化战略可能将在较长的一段时间内处于技术能力和金融服务功能输出的阶段。而在用户授权下向合作伙伴输出银行客户数据，也是需要整个行业关注并思考的创新开放模式。

不得不说，金融科技的发展是一个厚积薄发的过程，从量变到质变，还需要经历多轮的技术锤炼。就像人脸识别技术的运用，在2013年深度学习算法应用到人脸识别之前，各种技术方法下人脸识别的成功率都不足93%，低于人眼95%的识别率，无法在实际业务中进行应用。而随着深度学习算法的不断更新，人脸识别的成功率提升到97%，这才为人脸识别的商业化应用奠定了基础。同理，金融科技的发展曲线具有缓慢铺垫、突破关键节点后快速提升的特点。在突破性的新技术出现之前，如何对金融科技创新形成持续支撑，是全行业乃至全社会需要关注的问题。国内金融行业的巨头普遍增加了对金融科技的投入，以中国平安为例，就宣布"All in"金融科技，并表示预计在未来10年的科研投入将达人民币1 000亿元，用以巩固其在金融服务行业的领先优势。除了金融巨头的行动之外，我们也更加期盼其他专注于科技研发的专业企业能够进一步聚合资源，深度开展科技创新，并期待更多新型科技成果与金融业务发生化学反应，促成金融市场新一轮的业务模式变迁与升级。